図説
建築法規

小嶋 和平　著

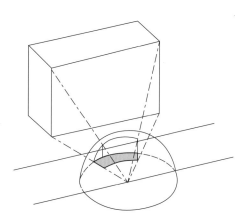

学芸出版社

まえがき

　人々が集まって暮らし、相互に安全で快適な生活を営める社会を形成するには、様々な法令によって定められたルールが必要です。私たちの日常生活は、こうしたルールによって成り立っています。建築物も、建築基準法をはじめとする様々な建築関連法規に基づいて成り立っています。当然、私たちはこれらのルールを遵守しなければなりません。

　建築基準法は、社会情勢や時代的背景によって大きく影響を受けるものです。そうした時代の要請に相応するように法律が度々改正されることから、建築基準法及び建築関連法規は今後ますます複雑で多岐なものになっていくものと考えられます。

　そこで、本書は建築を専攻する学生や社会人諸氏が「建築法規」を学ぶためのテキストとして執筆したものです。本書は、著者が永年大学の講義で培ってきたノウハウを活かして、できるだけわかりやすい文章表現に努め、建築基準法の条項順に沿ってタイトルを並べ、法文にできるだけ条項を加筆し、かつ図と表を多く取り入れるなど法文の内容を的確に理解できることに重点を置いた構成となっています。

　法令を理解するには、法令の目的・趣旨を十分把握することが大事です。そのためには、法令の原文を何度も読みながら理解していくことが必要です。しかし、法文は小説を読むような訳にはいきません。この法文を読んで理解するのが至難の業であり、難しいことだと思います。そこで、その理解を手助けする手段として、本書を活用していただければ幸いです。

　なお、本書は大学・専門学校などの講義、建築実務家の方々の初期の研修や建築士試験の受験準備にも、有効に活用していただけるものと確信しています。

小嶋和平

※本書は、令和5年4月の建築基準法改正に対応しています。

※本書での法令名の表記について
　本書において頻出する法令の名称については、下記の略称を採用し、下記以外の法令については、正式名称を採用しています。
・建築基準法：「法」　例：建築基準法第○条⇒「法第○条」
・建築基準法施行令・施行規則：それぞれ「令」「施行規則」　例：建築基準法施行令第○条⇒「令第○条」
　ただし、建築士法・建設業法等、建築基準法以外の法令に関する項目においては、下記の略称を採用します。
・例：建築士法第○条→「法第○条」
・例：建設業法施行令第○条→「令○条」
　　　建築士法施行規則第○条→「施行規則第○条」

もくじ

まえがき 2

1章　建築基準法の概要
1・1　建築基準法の概要 ... 5
1・2　法の体系と構成 ... 5
1・3　法令の見方と用語 ... 7

2章　総則
2・1　用語の定義 ... 9
2・2　面積及び高さ等の算定 ... 21
2・3　建築手続き等 ... 25
2・4　建築基準法の適用除外 ... 41
2・5　工事現場の安全 ... 51

3章　一般構造・建築設備規定
3・1　一般構造 ... 54
3・2　建築設備 ... 70

4章　防火・避難規定
4・1　防火規定 ... 76
4・2　避難規定 ... 90

5章　構造強度規定
5・1　構造設計の原則 ... 107
5・2　各種構造 ... 113

6章　都市計画関係規定
6・1　建築物と道路 ... 128
6・2　用途地域 ... 134
6・3　容積率 ... 138

6・4	建蔽率	143
6・5	敷地面積の最低限度	145
6・6	外壁の後退距離	146
6・7	高さ制限	146
6・8	防火地域・準防火地域	162
6・9	総合設計制度	165
6・10	地区計画	167
6・11	高度地区・高度利用地区	169
6・12	特定街区	171
6・13	その他の地域・地区の制限の特例	172
6・14	複数建築物に関する特例	174
6・15	建築協定	176

7章　建築士法

7・1	目的	179
7・2	建築士の種類と免許	179
7・3	設計と工事監理の定義	179
7・4	建築士でなければできない設計及び工事監理	180
7・5	業務	180
7・6	建築士事務所	182

8章　その他の関係法令

8・1	都市計画法	185
8・2	建設業法	192
8・3	高齢者、障害者等の移動等の円滑化の促進に関する法律（バリアフリー新法）	196
8・4	消防法	199

練習問題解答　203
索引　207

1章 建築基準法の概要

1・1 建築基準法の概要

　建築基準法の目的は、第1条にあるように「この法律は、建築物の敷地、構造、設備及び用途に関する最低の基準を定めて、国民の生命、健康及び財産の保護を図り、もって公共の福祉の増進に資することを目的とする」ことである。国家、社会及び集団の資産を形成する基本的生活基盤としての性格を有している建築物を、その災害等における安全性を確保し、質の向上を図ることにより、国民の生命、健康及び財産の保護並びに公共の福祉の増進に資することである。

　この法律は建築物に関する事項についての技術的規定であり、国民として守るべき最低の基準を定めたものであるので、この法律に適合しているだけでは必ずしも良好な建築物とは言えないことに留意しておくことが必要である。

1・2 法の体系と構成

　建築基準法の体系を大別すると、概ね下記のようなものとなっている（表1、2）。

- ●法律　　：制度規定、単体規定、集団規定について、主として基本的な事項を規定したもの（建築基準法）。
- ●施行令　：法の委任によって、建築構造物、防火設備等の技術的基準や用途に関する基準及びその具体的な事項を規定したもの（建築基準法施行令）。
- ●施行規則：法律や政令を施行するため、主として手続関係の事項を規定したもの（建築基準法施行規則）。
- ●告示　　：法律や政令の委任によって、より詳細な技術的基準を規定したもの（国土交通省告示）。

　また、地方公共団体の条例及び規則には、法律や政令の委任によって、地方の事情等により定められる事項、法令を施行するための細部的な事項等が規定されている（東京都建築安全条例、

単体規定

その建築物を使用・利用する人の生命と健康等を守るための規定

安全
- 日常活動（生活）の安全（階段やエレベータなど）
- 地震や台風時に壊れにくい（構造耐力）
- 火災が起こりにくい、また万一火災が起きても被害が少ない（防火）
- 万一の場合に逃げやすい（避難）
- その他（避雷設備など）

健康
- 採光・換気・敷地の衛生など

集団規定

市街地（都市計画区域及び準都市計画区域内）における良好な街づくりを図るための規定

- **道路**：都市機能の確保
- **用途地域**：土地利用の純化
- **形態規定**：容積率（交通、その他の都市機能の確保）、建蔽率（空地の確保）、高さ（日照、採光等）、日影規制（日照阻害の防止）
- **防火地域**：過密地区の防火を図る
- **景観地区**：良好な街区・景観の維持
- **地区計画**：良好な街区づくりのために、面的に総合的な規制を図る

図1　単体規定と集団規定

表1　建築基準法の構成

制度規定	行政手続き	第1章	総則
		第4章	建築協定
		第4章の2	指定資格検定機関等
		第4章の3	建築基準適合判定資格者等の登録
		第5章	建築審査会
	雑則	第6章	雑則
	罰則	第7章	罰則、附則
単体規定		第2章	建築物の敷地、構造及び建築設備
集団規定		第3章	都市計画区域及び準都市計画区域における建築物の敷地、構造、建築設備及び用途

表2　建築基準法の内容

章	内容	関係政令
1章（1条〜18条の3）総則	用語の定義や手続き、行政機関に関する規定、指定構造計算適合性判定機関による適合性判定の実施、確認審査等に関する指針	1章、4章
2章（19条〜41条）建築物の敷地、構造及び建築設備	（単体規定）個々の建築物の衛生、安全、防災、避難等に関する規定で全国一律に適用される	2章、3章、4章、5章、5章の2、5章の3、5章の4
3章（41条の2〜68条の9）都市計画区域内の建築物の敷地、構造及び建築設備	（集団規定）都市を構成する要素として、建築物の守るべき、道路、用途、規模、形態、防火、美観等に関する規定で、都市計画区域及び準都市計画区域内に適用される	6章、7章、7章の2、7章の2の2、7章の3
3章の2（68条の10〜68条の26）型式適合認定等	建築材料又は建築物の部分の構造上の基準その他の技術的基準に関する政令で定める一連の規定に適合するものであることの認定	7章の5
4章（69条〜77条）建築協定	市民の合意による環境基準の協定	
4章の2（77条の2〜77条の57）指定建築基準適合判定資格者検定機関・指定資格検定機関等	指定建築基準適合判定資格者検定機関、指定構造計算適合判定資格者検定機関、指定確認検査機関、指定構造計算適合性判定機関、指定認定機関等、指定性能評価機関等	7章の6
4章の3（77条58〜77条の66）建築基準適合判定資格者等の登録	建築基準適合判定資格者及び構造計算適合判定資格者の登録	7章の7
5章（78条〜83条）建築審査会	建築主事、特定行政庁、建築監視員等の職務が公正かつ適正に行われるための制度	
6章（84条〜97条の6）雑則	法の適用除外、工作物等に対する準用、現場の危害防止など	7章の8、7章の9、8章、9章、10章
7章（98条〜107条）罰則	違反者に対する罰則	

東京都建築基準法施行細則、大阪府建築基準法施行条例、大阪府建築基準法施行細則等）。

建築基準法の技術的基準には、一部の規定を除き全国一律に適用される規定（**単体規定**）と、都市計画法で定められた都市計画区域及び準都市計画区域のみ適用される規定（**集団規定**）とがある。

単体規定は、建築物の安全及び衛生に関するもので、敷地の衛生・安全、建築物の構造・耐力、防災・防火、居室の採光・換気、建築設備等についての規定がある（≫法第 2 章）。

集団規定は、建築物が都市を構成する最も重要な要素の一つであるという都市計画上の見地から定められたもので、高さ、建蔽率、容積率等についての規定がある（≫法第 3 章）。

1・3　法令の見方と用語

1 法令の見方

法令文は、以下の階層性に従って、精巧に組み立てられている。

a) 条

法文の基本となるまとまりは条である。法律の文章は、条から成り立っている。条が集まって、編・章・節・款などとまとめられるが、条はすべて通し番号になっている。条の番号には枝番（法改正によって、後で条を追加する場合〔法第 5 条の 2 など〕）、孫枝番（更に後で条を追加する場合〔令第 109 条の 2 の 2 など〕）が付けられることがある。条には、見出しが付く（同じ見出しのときは、後の条文には付かない）。

b) 項

1 つの条のなかで、類似の内容を規定するときは、条の中を幾つかの項に分ける。項は算用数字（2 項、3 項など）で表現するが、慣例上第 1 項は数字を書かない。項には枝番を付けずに、法改正などがあったときは、順送りその他の方法で整理される。

c) 号

号は、条文の中で事物の羅列などをするときに、漢数字（一号、二号など）で表現する。項と違って、第一号も省略しない。文章でなく単語止めが原則である。

2 法令の用語

法令には、用語の使い方や読み方に一定のルールがある。

a)「以上・以下」と「超える・未満」

「以上・以下」は起算点を含み、「超える・未満」は起算点を含まない。

- ●起算点を含む　　　　以上 ……… $A \geqq 1000\text{m}^2$　　以下 ……… $A \leqq 1000\text{m}^2$
- ●起算点を含まない　　超える …… $A > 1000\text{m}^2$　　未満 ……… $A < 1000\text{m}^2$

b) 接続詞（「及び・並びに」と「又は・若しくは」）

接続詞には、「AとBとC…」というような併合的接続詞と、「AかBかC…」というような選択的接続詞がある。英語でいうと、併合的接続詞は「and」に相当し、選択的接続詞は「or」に相当する（表3）。

- 併合的接続詞「及び・並びに」

  併合的接続が同じ段階の場合（並列する語句に意味上の区別を設ける必要のない場合）には、「及び」を用いる。接続する語句が二つのときは、読点を用いないで「及び」で結び、三つ以上のときは、最後の二つの語句だけを読点を用いないで「及び」で結び、それより前の接続は読点で結ぶ。

  ＊例：「A及びB」「A、B及びC」「A、B、C及びD」

  併合的接続が二段階になる場合（並列する語句に意味上の区別がある場合）には、小さな意味の接続に「及び」（小結合）を用い、大きな意味の接続に「並びに」（大結合）を用いる。

  ＊例：「A及びB並びにC」（AとBが接続し、これとCが接続する場合）

- 選択的接続詞「又は・若しくは」

  選択的接続が同じ段階の場合（並列する語句に意味上の区別を設ける必要がない場合）には、「又は」を用いる。接続する語句が二つのときは、読点を用いないで「又は」で結び、三つ以上のときは、最後の二つの語句だけを読点を用いないで「又は」で結び、それより前の接続は読点で結ぶ。

  ＊例：「A又はB」「A、B又はC」「A、B、C又はD」

  選択的接続が二段階になる場合（並列する語句に意味上の区別がある場合）には、大きな意味の接続に「又は」（大結合）を用い、小さな意味の接続に「若しくは」（小結合）を用いる。

  ＊例：「A若しくはB又はC」（AとBが接続し、これとCが接続する場合）

c) 確認、許可、認可

- 「確認」：特定の事実又は法律関係の存否あるいは正否について、公の権威をもって判断すること。客観的な判断で、裁量の余地はない。建築基準法の確認は建築主事又は指定確認検査機関が行う。
- 「許可」：法令又は行政行為による特定の行為の一般的禁止を、特別の場合に解除し、適法にこれをすることができるようにする行為をいう。裁量行為である。建築基準法では、許可は特定行政庁が行う。
- 「認可」：法律上の行為が公の機関の同意を得なければ有効に成立できない場合に、その効力を完成させるために公の機関が与える同意の行為のこと。建築協定の認可があり、特定行政庁が行う。

表3 接続詞

		単純併列	二段階併列
選択的接続詞	用語	又は	小結合 …… 若しくは 大結合 …… 又は
	例	A又はB A、B又はC	（A若しくはB）又は（C） （A）又は（B若しくはC） （A若しくはB）又は（C若しくはD）
併合的接続詞	用語	及び	小結合 …… 及び 大結合 …… 並びに
	例	A及びB A、B及びC	（A及びB）並びに（C） （A）並びに（B及びC） （A及びB）並びに（C及びD）

2章

総則

2・1 用語の定義

1 建築物等の定義

a) 建築物 ≫法第2条第1号

建築物とは、土地に定着する工作物のうち、次のものを言う。
①屋根及び柱もしくは壁があるもの（これに類する構造のものを含む）
②①に附属する門、塀（附属しないものは含まない）
③観覧のための工作物（野球場、競技場等のスタンドを言い、屋根がないものも含む）
④地下又は高架の工作物内の事務所、店舗、興行場、倉庫等（地下商店街、テレビ塔上にある展望台等。テレビ塔自体は建築物ではない）
⑤①〜④に付随する建築設備

ただし、次のものは建築物の定義から除外される。
　ア　鉄道及び軌道の線路敷地内の運転保安施設（駅舎は建築物である）
　イ　跨線橋、プラットホームの上屋、貯蔵槽等

b) 特殊建築物 ≫法第2条第2号

特殊建築物の一般定義として、学校（幼稚園、専修学校、各種学校を含む）、体育館、病院、劇場、観覧場、集会場、展示場、百貨店、市場、ダンスホール、遊技場、公衆浴場、旅館、共同住宅、寄宿舎、下宿、工場、倉庫、自動車車庫、危険物の貯蔵場、と畜場、火葬場、汚物処理場など住宅や事務所等に比べて、用途が特殊な建築物を言う。ここに言う「特殊」とは、次のような特性を有するものであり、特段の規制対象となる。特に用途の特殊性から、一般の建築物より防火・避難規定等においては厳しい制限が課せられる。
①不特定多数の人の用途に供する。
②火災発生の恐れ又は火災荷重が大きい。
③周囲に及ぼす衛生上又は環境上の影響が大きい。

c) 建築設備 ≫法第2条第3号

建築物に設ける電気、ガス、給水、排水、換気、暖房、冷房、消火、排煙、汚物処理の設備、

煙突、昇降機、避雷針を言う。建築物と一体となって、建築物の機能を維持増進するための設備である。必ずしも浄化槽のように建築物の内部になくてもよい。

d) 居室　≫法第 2 条第 4 号

居住、執務、作業、集会、娯楽などのために人が継続的に使用する室を言う。通常、居室とされているものの例を表 1 に示す。

表 1　居室としてみなすもの

用途	居室の例
住宅	居間、応接室、家事室（ユーティリティ）、寝室、書斎、食堂、台所等
病院	病室、診察室、ナースステーション、処置室、手術室、待合室（ロビー）、宿直室
学校	教室、準備室、特別教室、体育館、職員室、保健室、給食調理室等
事務所	事務室、応接室、会議室、守衛室、食堂及び厨房等
店舗	売場、店員の休憩室、食堂及び厨房等
工場	作業場、食堂、娯楽室、事務室、集会室等
ホテル・旅館	ロビー、宿泊室、レストラン、喫茶室の客席及び厨房等
映画館・劇場	客席、ホール、切符売り場等
公衆浴場	脱衣室、浴室等

また、非居室とされているものは、玄関、廊下、便所、洗面所、浴室、階段、物置、納戸、無人の機械室、車庫、更衣室などである。

- 「継続的に使用する」の意義は、特定の者が継続的に使用する場合のみならず、不特定の者が入れ替わり立ち代わり特定の室を継続的に使用する場合も含む。
- 鉄道及び軌道の線路敷地内の運転保安に関する施設は、鉄道関係法によって安全上支障ないものとして、建築基準法の適用から除外されている。
- 「土地に定着する」のうち、「土地」とは、通常の陸地のみでなく、建築的利用が可能な水面、海面、水底、海底等を含み、「定着する」とは、必ずしも物理的に強固に土地に結合された状態だけでなく、桟橋による係留、鎖その他の支持物により固定されたものも含む。また、JR の貨車又はキャンピングカーのような移動可能なもの、あるいはコンテナであっても、長期間にわたって一定の場所に置かれる場合は、「土地に定着する」ものとして扱われる。

2　防火・構造用語の定義

a) 主要構造部　≫法第 2 条第 5 号

建築物の主要部分に対して、防火上の観点から定められており、壁、柱、床、はり、屋根、階段を言い、基礎は含まれない。

　①外壁：構造上重要でないものも主要構造部である。
　②内壁：構造上重要でない間仕切壁は、主要構造部でない。
　③柱　：間柱、付け柱は主要構造部でない。
　④床　：揚げ床、最下階の床、廻り舞台の床は主要構造部でない。

⑤はり：小梁は主要構造部でない。
⑥屋根：庇は主要構造部でない。
⑦階段：局部的な小階段、屋外階段は主要構造部でない。

なお、構造強度の観点から構造部材に関して、令第1条第3号に規定する「構造耐力上主要な部分」という概念がある。

b）**構造耐力上主要な部分** ≫令第1条第3号

建築物の自重、荷重、外力を支える部分を言い、壁、柱、小屋組、土台、基礎、基礎杭、斜め材（筋かい、方杖、火打材等）、床版、屋根版又は横架材（はり、桁等）などである。

c）**延焼のおそれのある部分** ≫法第2条第6号

隣地境界線、道路中心線又は同一敷地内の2以上の建築物（延べ面積の合計が500m²以内の建築物は、1の建築物とみなす）相互の外壁間の中心線から、1階にあっては3m以下、2階以上にあっては5m以下の距離にある建築物の部分を言う。

図1～3のように、隣地境界線、道路中心線又は同一敷地内の建築物外壁相互の中心線を基準とし、**延焼曲線**を描き、1階では基準線から3m以内が、2階以上では5m以内が延焼の範囲に入り、これを「**延焼のおそれがある部分**」とし、その部分の外壁・軒裏の防火措置、あるいは、外壁の開口部に防火設備（防火戸）等を設ける措置を講じなければならない。

ただし、次のような場合は延焼のおそれがないものとして除く。

①防火上有効な公園、広場、川などの空地又は水面等に面する部分。
②耐火構造の壁等に面する部分。
③建築物の外壁面と隣地境界線等の角度に応じて、周囲から発生する火災時の火熱により延焼するおそれがないものとして国土交通大臣が定める部分。

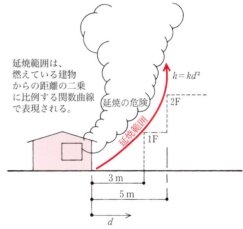

図1　延焼のおそれのある部分（延焼曲線）

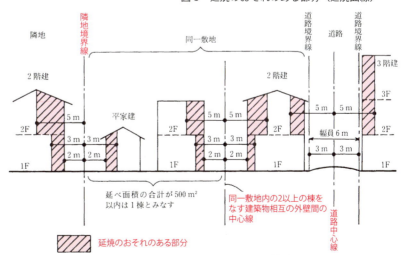

図2　延焼のおそれのある部分（延焼線）

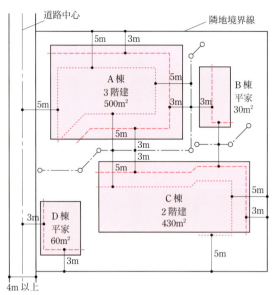

図3 延焼のおそれのある部分

d）耐火構造　≫法第2条第7号、令第107条

　壁、柱、床、はり、屋根、階段の部分のうち、**耐火性能**（**通常の火災**が終了するまでの間、その火災による**建築物の倒壊及び延焼を防止する**ために建築物の部分に必要とされる性能）に関して政令で定める技術的基準に適合する鉄筋コンクリート造、れんが造等の構造で、国土交通大臣が定めた構造方法（≫平成12年告示第1399号）を用いるもの、又は国土交通大臣の認定を受けたものを言う。例えば、壁、柱、はり、床、屋根等の各部位について、最上階から数えた階数（4階以内、5階以上9階以内、10階以上14階以内、15階以上19階以内、20階以上）別に、非損傷性、遮熱性、遮炎性などの要件が政令に定められている（図4、5、表2、3）。

※「**通常の火災**」とは、一般的に建築物において発生することが想定される火災を表す用語として用いられており、屋内で発生する火災、建築物の周囲で発生する火災の両方を含むものである。特に火災を限定する場合には、「屋内において発生する通常の火災」又は「建築物の周囲において発生する通常の火災」という用語を用いている。

図4 耐火構造・防火構造等の包含関係

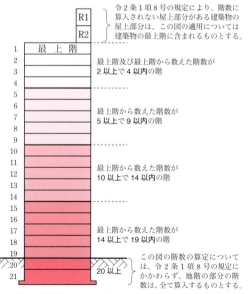

図5 階数によって求められる耐火時間が違う

表2　防火関係構造一覧

構造の種類	令	部分	火災の種類	時間	要件
耐火構造	法2条7号 令107条	耐力壁・柱・床・はり・屋根・階段	通常の火災	1時間を基本とし、建築物の階に応じて3時間まで割増（屋根及び階段については30分間）	非損傷性
		壁・床		1時間（外壁の延焼のおそれのない部分は30分間）	遮熱性
		外壁・屋根	屋内において発生する通常の火災	1時間（屋根及び外壁の延焼のおそれのない部分は30分間）	遮炎性
準耐火構造	法2条7号の2 令107条の2	耐力壁・柱・床・はり・屋根・階段	通常の火災	45分間（屋根及び階段については30分間）	非損傷性
		壁・床・軒裏		45分間（外壁及び軒裏の延焼のおそれのない部分は30分間）	遮熱性
		外壁・屋根	屋内において発生する通常の火災	45分間（屋根及び外壁の延焼のおそれのない部分は30分間）	遮炎性
	法27条 令110条～110条の3	耐力壁・柱・床・はり	通常の火災	1時間（特定避難時間）	非損傷性
		壁・床・軒裏（延焼のおそれのある部分）			遮熱性
		外壁	屋内において発生する通常の火災		遮炎性
防火構造	法2条8号 令108条	外壁（耐力壁）	周囲において発生する通常の火災	30分間	非損傷性
		外壁・軒裏			遮熱性
準防火構造	法23条 令109条の9	外壁（耐力壁）	周囲において発生する通常の火災	20分間	非損傷性
		外壁			遮熱性
屋根の構造	法22条、法62条、令109条の9、令136条の2の2	屋根	通常の火災	20分間	遮炎性
床(天井)の構造	令109条の3 令115条の2	床・直下の天井	屋内において発生する通常の火災	30分間	非損傷性 遮熱性
ひさし等の構造	令115条の2	ひさし等	通常の火災	20分間	遮炎性

表3　耐火構造の耐火時間

性能 （火災の種類）	建築物の部分		最上階及び最上階から数えた階数	最上階から数えた階数			
			2以上で4以内の階	5以上で9以内の階	10以上で14以内の階	15以上で19以内の階	20以上の階
令107条1号 非損傷性 （通常の火災）	壁	間仕切壁（耐力壁に限る）	1時間	1.5時間	2時間	2時間	2時間
		外壁（耐力壁に限る）	1時間	1.5時間	2時間	2時間	2時間
	柱		1時間	1.5時間	2時間	2.5時間	3時間
	床		1時間	1.5時間	2時間	2時間	2時間
	はり		1時間	1.5時間	2時間	2.5時間	3時間
	屋根		30分間				
	階段		30分間				
令107条2号 遮熱性 （通常の火災）	壁	一般	1時間				
		延焼のおそれのある部分以外の非耐力壁	30分間				
	床		1時間				
令107条3号 遮炎性 （屋内側からの通常の火災）	外壁	一般	1時間				
		延焼のおそれのある部分以外の非耐力壁	30分間				
	屋根		30分間				

非損傷性　：火災により、構造耐力上支障のある損傷（変形・溶融・破壊等）を生じないこと。
遮熱性　　：加熱面以外の面の温度が、その面に接する可燃物の燃焼のおそれのある温度※ 以上に上昇しないこと。
遮炎性　　：屋外に火炎を出すおそれのある損傷（き裂等）を生じないこと。
通常の火災：一般的に建築物において発生することが想定される火災を表す用語として用いており、屋内で発生する火災、建築物の周囲で発生する火災の両方を含むものである。特に火災を限定する場合には「屋内において発生する通常の火災」又は「建築物の周囲において発生する通常の火災」という用語を用いている。

※可燃物燃焼温度：当該面に接する可燃物が燃焼するおそれのある温度として国土交通大臣が定める温度（平均温度160℃、最高温度200℃）〔平成12年告示1432号〕。

表4 構造種別による耐火構造一覧（平成12年建設省告示1399号）

構造部分	構造	被覆材料または材料	30分 B	30分 t	1時間 B	1時間 t	2時間 B	2時間 t	3時間 B	3時間 t	備考
壁	鉄筋コンクリート造 鉄骨鉄筋コンクリート造	コンクリート			7		10				t：非耐力壁では2cm以上
	鉄骨コンクリート造	コンクリート			7		10	3			
	鉄骨造	鉄網モルタル			3		4				塗下地は不燃材料とする
		コンクリートブロック れんが 石			4		5				
	コンクリートブロック造 無筋コンクリート造 れんが造 石造	コンクリートブロック等			7						
	鉄材補強のコンクリートブロック造 れんが造 石造 $B=b_1+b_2$	コンクリートブロック等			5	4	8	5			
	木片セメント板モルタル造 ≧1cm	木片セメント板の両面にモルタル塗					8	1			t：モルタル塗厚
	軽量気泡コンクリート製パネル	軽量気泡コンクリート					7.5				
	パーライト気泡コンクリート充填の中空鉄筋コンクリート製パネル $t_1+t_2=5cm$	コンクリートパネル 気泡コンクリート パーライト					12	5			
外壁の非耐力壁	気泡コンクリート 繊維混入ケイ酸カルシウム板 の両面に厚さ3mm以上の繊維強化セメント板（スレート波板、スレートボード）、厚さ6mm以上の繊維混入ケイ酸カルシウム板を張ったもの		3.5								かさ比重 0.3以上～1.2以下
柱	鉄筋コンクリート造 鉄骨鉄筋コンクリート造	コンクリート			3	25	3	40	3		
	コンクリート鉄骨	コンクリート造			3	25	3	40	6		
	鉄骨造	鉄網パーライトモルタル			4	25	6	40	8		
		鉄網モルタル			3		5		7		
		コンクリートブロック れんが 石			5		7		9		
		軽量コンクリートブロック			4		6		8		
	鉄骨造	鉄網パーライトモルタル			25	4					

構造部分	構造		被覆材料または材料	耐火［単位：cm］							備考
				30分		1時間		2時間		3時間	
				B	t	B	t	B	t	B	t	
2 柱		鉄材補強のコンクリートブロック造れんが造石造	コンクリートブロック等				5					
3 床		鉄筋コンクリート造鉄骨鉄筋コンクリート造	コンクリート				7		10			
		鉄骨造	鉄網モルタル				4		5			塗下地は不燃材料
			コンクリート				4		5			
		鉄材補強のコンクリートブロック造れんが造石造	コンクリートブロック等			5	4	8	5			
4 はり		鉄筋コンクリート造鉄骨鉄筋コンクリート造	コンクリート				3		3		3	
		鉄骨コンクリート造	コンクリート				3		5		6	
		鉄骨造	鉄網モルタル				4		6		8	
			鉄網軽量モルタル				3		5		7	
			コンクリートブロックれんが石				5		7		9	
			軽量コンクリートブロック				4		6		8	
			鉄網パーライトモルタル						4		5	
		床面からはりの下端までの高さが4m以上の鉄骨造の小屋組	天井のないもの、または、不燃材料、準不燃材料で造られた天井（1時間耐火のみ）									

5 屋根
30分耐火性能を有する屋根はつぎのいずれかに該当するものとする〔令187条1号、3号〕
①鉄筋コンクリート造、または、鉄骨鉄筋コンクリート造
②鉄材によって補強されたコンクリートブロック造、れんが造または石造
③鉄筋コンクリートもしくはふいたものまたは鉄網コンクリート、鉄網モルタル、鉄材で補強されたガラスブロックもしくは網入ガラスで造られたもの
④鉄筋コンクリート製パネルで厚さ4cm以上のもの
⑤高温高圧蒸気養生された軽量気泡コンクリート製パネル

6 階段
階段はつぎのいずれかに該当するものとする〔令107条1号〕
①鉄筋コンクリート造または鉄骨鉄筋コンクリート造
②無筋コンクリート造、れんが造、石造またはコンクリートブロック造
③鉄材によって補強されたれんが造、石造またはコンクリートブロック造
④鉄造

B：モルタル、プラスターその他これらに類する仕上げ材料の厚さを含む
t ：かぶり厚さ、塗り厚さ、覆った厚さ

e) 準耐火構造　≫法第 2 条第 7 号の 2、令第 107 条の 2

　壁、柱、床、その他の建築物の部分の構造のうち、準耐火性能（通常の火災による延焼を抑制するために建築物の部分に必要とされる性能）に関して政令で定める技術的基準に適合するもので、国土交通大臣が定めた構造方法（≫平成 12 年告示第 1358 号）を用いるもの、又は国土交通大臣の認定を受けたものを言う。耐火性能時間は、主要構造部の部位別及び延焼のおそれのある部分等により、90 分、75 分、60 分、45 分、30 分間と定められている（表 5、6）。

・75 分間準耐火構造：準耐火構造のうち、主要構造部の壁・柱・はり・屋根の軒裏の準耐火性能が 75 分間のもの。

・90 分間準耐火構造：準耐火構造のうち、壁・屋根の軒裏の耐火構造が 90 分のもの。

f) 防火構造　≫法第 2 条第 8 号、令第 108 条

　建築物の外壁又は軒裏の構造のうち、防火性能（建築物の周囲において発生する通常の火災による延焼を抑制するために外壁、軒裏に必要とされる性能）に関して政令で定める技術的基準に適合するもので、国土交通大臣が定めた構造方法（≫平成 12 年告示第 1359 号、平成 13 年告示第 1684 号）又は国土交通大臣の認定を受けたものを言う。防火性能時間等が定められている（表 2、7）。

g) 防火材料

（イ）不燃材料　≫法第 2 条第 9 号、令第 108 条の 2

　不燃性能（通常の火災による火熱が加えられた場合に、加熱開始後一定時間、令第 108 条の 2 各号の要件を満たしていること）に適合するもので、国土交通大臣が定めたもの（≫平成 12 年告示第 1400 号）又は国土交通大臣の認定を受けたもの。不燃材料ではこの一定時間が 20 分間となる（表 8）。

表 5　1 時間準耐火

壁	間仕切壁（耐力壁）	1 時間
	外壁（耐力壁）	1 時間
柱		1 時間
床		1 時間
はり		1 時間
屋根の軒裏の延焼のおそれのある部分		1 時間

注）1 時間の耐火性能（仕様等）については告示規定としている〔平成 12 年告示第 1380 号、平成 12 年告示第 1358 号〕。

表 6　準耐火構造（45 分準耐火）の耐火時間

性能 （火災の種類）	建築物の部分		耐火時間
令107条の2、1号 非損傷性 （通常の火災）	壁	間仕切壁（耐力壁に限る）	45 分間
		外壁（耐力壁に限る）	45 分間
	柱		45 分間
	床		45 分間
	はり		45 分間
	屋根（軒裏を除く）		30 分間
	階段		30 分間
令107条の2、2号 遮熱性 （通常の火災）	壁	一般	45 分間
		延焼のおそれのある部分以外の非耐力壁	30 分間
	軒裏	延焼のおそれのある部分	45 分間
		上記以外の部分	30 分間
	床		45 分間
令107条の2、3号 遮炎性 （屋内からの通常の火災）	外壁	一般	45 分間
		延焼のおそれのある部分以外の非耐力壁	30 分間
	屋根		30 分間

表 7　防火構造・準防火構造

防火構造（防火性能）

性能（火災の種類）	建築物の部分	防火時間
令第 108 条第 1 号 非損傷性（周囲の通常の火災）	外壁（耐力壁）	30 分間
令第 108 条第 2 号 遮熱性（周囲の通常の火災）	外壁	30 分間
	軒裏	30 分間

準防火構造（準防火性能）

性能（火災の種類）	建築物の部分	防火時間
令第 109 条の 6 第 1 号 非損傷性（周囲の通常の火災）	外壁（耐力壁）	20 分間
令第 109 条の 6 第 2 号 遮熱性（周囲の通常の火災）	外壁	20 分間
	軒裏	―

> ●令第108条の2に定める要件は下記に示す3つの要件である（建築物の外部の仕上げに用いるものにあっては、①及び②）。
> ①燃焼しないものであること。
> ②防火上有害な変形、溶融、き裂その他の損傷を生じないものであること。
> ③避難上有害な煙又はガスを発生しないものであること。

(ロ) **準不燃材料** ≫令第1条第5号

不燃性能に適合するもので、国土交通大臣が定めたもの（≫平成12年告示第1401号）又は国土交通大臣の認定を受けたもの。準不燃材料ではこの一定時間が10分間となる（表8）。

(ハ) **難燃材料** ≫令第1条第6号

不燃性能に適合するもので、国土交通大臣が定めたもの（≫平成12年告示第1402号）又は国土交通大臣の認定を受けたもの。難燃材料では加熱開始後の一定時間が5分間となる（表8）。

表8　不燃材料等の要件

材料の種類	時間	要件
不燃材料	20分間	①燃焼しないこと ②防火上有害な損傷（変形・溶融・き裂等）を生じないこと ③避難上有害な煙又はガスを発生しないこと
準不燃材料	10分間	
難燃材料	5分間	

h) **防火戸等の防火設備**　≫法第2条第9号の2ロ、令第109条、令第109条の2、令第112条第1項

防火戸・ドレンチャー設備その他政令で定める防火設備は、その構造が**遮炎性能**（通常の火災時における火炎を有効に遮るために防火設備に必要とされる性能）に関して政令で定める技術的基準に適合するもので、国土交通大臣が定めた構造方法を用いるもの又は国土交通大臣の認定を受けたものを言う。防火設備には、一般の**防火設備**（遮炎性能時間10分、20分、30分、75分間）と**特定防火設備**（遮炎性能時間1時間）とがある。これらに適合するものとして平成12年告示第1360号、1369号に定められている（表9）。

- ●防火設備（≫平成12年告示第1360号）
    - イ　鉄製で板厚0.8mm以上1.5mm未満のもの
    - ロ　鉄骨コンクリート製又は鉄筋コンクリート製で厚3.5cm未満のもの
    - ハ　土蔵造の戸で厚15cm未満のもの
    - ニ　鉄及び網入ガラスで造られたもの
    - ホ　骨組を防火塗料で塗布した木材製とし、屋内面に厚1.2cm以上の木毛セメント板又は厚0.9cm以上の石膏ボードを張り、屋外面に亜鉛鉄板を張ったもの
- ●特定防火設備（≫平成12年告示第1369号）
    - イ　骨組を鉄製とし、両面にそれぞれ厚0.5mm以上の鉄板を張った防火戸とすること
    - ロ　鉄製で鉄板の厚さが1.5mm以上の防火戸又は防火ダンパーとすること
    - ハ　鉄骨コンクリート製又は鉄筋コンクリート製で厚3.5cm以上の戸とすること
    - ニ　土蔵造で厚15cm以上の防火戸とすること

表9　防火設備の種類と性能

防火設備の種類	防火設備の設置場所	防火性能 (火災の種類)	遮炎性能	要件
防火設備	・耐火建築物の外壁の開口部に設ける防火設備（法2条9号のロ、令109条、令109条の2） ・準耐火建築物の外壁の開口部に設ける防火設備（法2条9号の3、令109条）	遮炎性 (通常の火災)	20分間	加熱面以外の面に火炎を出さない
防火設備	防火地域又は準防火地域内建築物の外壁の開口部に設ける防火設備（法61条、令136条の2）	準遮炎性（周囲において発生する通常の火災）	20分間 (屋内面)	加熱面以外の面に火炎を出さない
防火設備	界壁の風道貫通等に用いる防火設備（令114条5項）	遮炎性（通常の火災）	45分間	加熱面以外の面に火炎を出さない
特定防火設備	防火区画に用いる防火設備（令112条1項）	遮炎性（通常の火災）	1時間	加熱面以外の面に火炎を出さない

＊上記以外に、その遮炎性能により10分、30分、75分の防火設備がある。

（イ）特定主要構造部（主要構造部のうち、防火上及び避難上支障がないものと令第108条の3で定める部分以外の部分）が、次の①又は②のいずれかに該当するものであること。

i ）耐火建築物　≫法第2条第9号の2、令第108条の3、令第108条の4

次の（イ）及び（ロ）の両方の基準に適合する建築物である。

（イ）特定主要構造部（主要構造部のうち、防火上及び避難上支障がないものとして政令［令108条の3］で定める部分以外の部分）が次の①又は②のいずれかに該当するものであること。

　①耐火構造であること。

　②次のa及びbの性能（外壁以外の特定主要構造部はaのみ）について、政令で定める技術的基準に適合するものであること（令108条の4）。

　　a）その建築物の構造、建築設備及び用途に応じて屋内で発生が予測される火災による火熱に対して、火災が終了するまで耐えること。

　　b）その建築物の周囲の通常の火災による火熱に対して、火災が終了するまで耐えること。

（ロ）延焼のおそれがある部分にある外壁の開口部に政令で定める防火設備を設けること。

　一般的に、（イ）②＋（ロ）の組合せに該当する構造のものは「耐火性能検証法」によるものである。

◆「主要構造のうち防火上及び避難上支障がない部分」とは（令第108条の3）

法第2条第9号の2イの政令で定める部分は次に該当する部分とする。

・当該部分が床、壁、防火設備（当該部分において、通常の火災が発生した場合に建築物の他の部分又は周囲の延焼を有効に防止できるものとして、国土交通大臣が定めた構造方法を用いるもの又は認定を受けたもの。）で区画されたもの。

・当該部分が避難の用に供する廊下等の一部となっている場合にあっては、通常の火災時において、建築物内に存するすべての者が、当該通路を経由しないで、地上までの避難を終了することができるもの。

j ）準耐火建築物　≫法第2条第9号の3、令第109条の2の2、109条の3

耐火建築物以外の建築物で、次の（イ）及び（ロ）の両方の基準に適合する建築物である。

（イ）主要構造部が次の①又は②のいずれかに該当するものであること。

　①主要構造部を準耐火構造としたもの（イ準耐）（図6、表10）

　②①に掲げる建築物以外の建築物で、①に掲げるものと同等の準耐火性能を有するものとして、主要構造部の防火の措置その他について政令で定める技術的基準に適合するもの（ロ準耐）

　（図6、表11、12）

表10　イ準耐

主要構造部	準耐火構造としたもの
外壁の開口部（延焼のおそれのある部分）	遮炎性能を有する防火設備を設ける

注）建築物の地上部分の層間変形角は、1/150以内でなければならない。ただし、主要構造部が防火上有害な変形等の損傷を生じないことが計算又は実験によって確認されている場合は、この限りでない。

表11　ロ－1準耐（外壁耐火構造）

外壁		耐火構造
屋根	一般	法22条1項に規定する構造・不燃材料で造る又は葺いたもの
	延焼のおそれのある部分	準耐火構造（一般）又は準耐火構造（20分間遮炎〔平成12年告示1367号〕）としたもの
外壁の開口部（延焼のおそれのある部分）		遮炎性能を有する防火設備を設ける

表12　ロ－2準耐（不燃構造）

柱及びはり		不燃材料としたもの
壁		準不燃材料としたもの
外壁	一般	準不燃材料としたもの
	延焼のおそれのある部分	防火構造としたもの
床	2階以上	準不燃材料としたもの
	3階以上（直下の天井を含む）	準耐火構造（一般）又は準耐火構造〔平成12年告示1368号〕としたもの
屋根		法22条1項に規定する構造・不燃材料で造る又は葺いたもの
外壁の開口部（延焼のおそれのある部分）		遮炎性能を有する防火設備を設ける
階段		準不燃材料としたもの

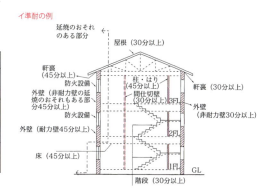

図6　準耐火建築物

（ロ）延焼のおそれのある部分にある外壁の開口部に政令で定める防火設備を設けること。

〔耐火建築物・準耐火建築物のイメージ〕
　耐火建築物：所定の火災時間を経過した後も倒壊・延焼しない
　準耐火建築物：所定の火災終了時間経過まで倒壊・延焼しない

3　その他の用語の定義

a）建築　≫法第2条第13号

次の①〜④の行為を総称して建築という（図7）。
①新築：建築物の存しない土地の部分（更地）に建築物を建てること。
②増築：一つの敷地内の既存建築物の延べ面積を増加させること。別棟で建てる場合は、棟として新築であるが、敷地単位では増築となる。
③改築：建築物の全部又は一部を除却して、以前と用途・構造・規模が著しく異ならないように建て直すこと。
④移転：同一敷地で建築物を移動させること。建築物を一の敷地から他の敷地へ移すと、新し

い敷地について新築、又は増築となる（法第3条、法第86条の7の適用建築物は除く）。

b) **大規模の修繕** ≫法第2条第14号

主要構造部の一種以上について行う過半の修繕のこと。

「**修繕**」とは、既存建築物の部分に対して、**概ね同様の形状、寸法、材料により行われる工事**を言う。

c) **大規模の模様替** ≫法第2条第15号

主要構造部の一種以上について行う過半の模様替のこと。

「**模様替**」とは、**形状、寸法、構造、種別等が異なるような、既存建築物の部分に対する工事**を言う。例えば、木造の柱を鉄骨造の柱としたり、土塗壁を組積造の壁としたり、あるいは、茅葺屋根を亜鉛引き鉄板屋根にするなどの工事が模様替に該当する。

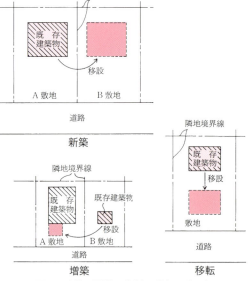

図7 建築（増築・新築・移転の違い）

d) **設計図書** ≫法第2条第12号

建築物、その敷地又は準用工作物に関する工事用の図面（原寸図の類を除く）及び仕様書を言う。

e) **特定行政庁** ≫法第2条第35号（36頁表22参照）

建築主事を置く地方公共団体の長。

①建築主事を置く市町村（都の特別区を含む）の区域 ➡ 当該市町村長（特別区長）が特定行政庁
②その他の区域 ➡ 都道府県知事

> ● **建築主事**（≫法第4条）
>
> 確認申請等の事務を執るために、地方公共団体の長の指揮監督の下に置かれる職で、都道府県及び人口25万以上の市（政令で指定）には必ず置かれるほか、その他の市町村の吏員で建築基準適合判定資格者の登録を受けた者の内から、それぞれ都道府県知事又は市町村長によって任命される。

f) **敷地** ≫令第1条第1号

一つの建築物又は用途上不可分の関係にある二以上の建築物のある一団の土地を言う。例えば、次のようなものは、「用途上不可分の関係にある」と言える（図8）。

- ●工場：作業場、倉庫、事務所等
- ●学校：教室棟、体育館、食堂、給食場、クラブハウス等

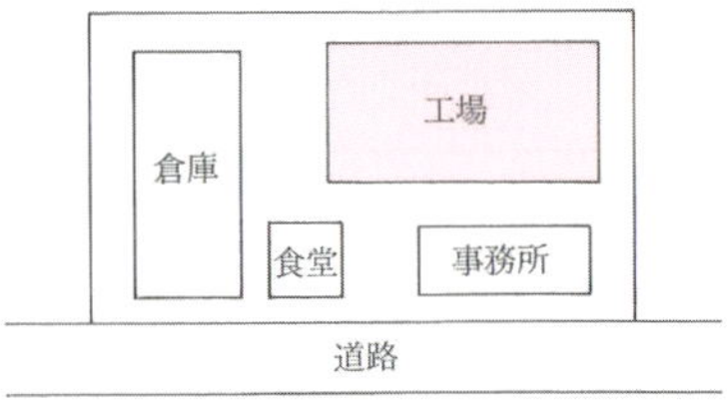

図8 用途上不可分の関係にある例

g) **地階** ≫令第1条第2号

床が地盤面下にある階で、床面から地盤面までの高さがその階の天井高の1/3以上のもの（図9）。

h) 避難階　≫令第13条第1号

　直接地上に通ずる出入口のある階を言う。通常の建築物では1階が避難階となるが、地盤面の形状によっては、地階や2階が避難階となる場合もある。

i) 基準時　≫令第137条

　新たに制定又は改訂された法令の規定が、既存の建築物に適用されない始期。

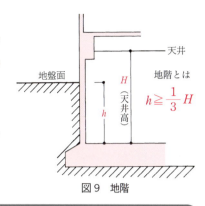

図9　地階

2・2　面積及び高さ等の算定

1　面積の算定

a) 敷地面積　≫令第2条第1項第1号

敷地の水平投影面積による。

　ただし、法第42条第2項、第3項又は第5項の規定により道路の境界線とみなされる線と道路（道）の間の部分の敷地は、算入しない（図10）。

b) 建築面積　≫令第2条第1項第2号

建築物の外壁又はこれに代わる柱の中心線で囲まれた部分の水平投影面積による。ただし、次のような建築面積算定上の特例がある（図11、12）。

①地階で地盤面上1m以下にある部分は算入しない。

②軒、庇、はね出し縁等で当該中心線から水平距離1m以上突出したものがある場合には、その端から水平距離1m後退した線までは算入する。ただし、工場又は倉庫の用途に供する建築物において専ら貨物の積卸し等のために設ける軒、庇等（特例軒等）でその端と敷地境界線との

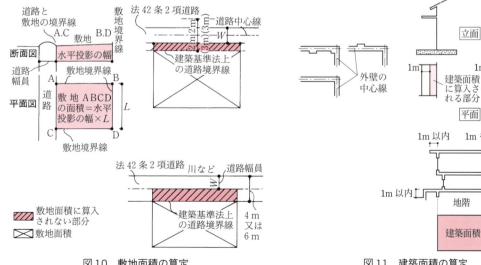

図10　敷地面積の算定　　　　図11　建築面積の算定

間の敷地の部分に有効な空地が確保されているなど告示の要件を満たしているものは、その端から一定距離（5m）後退した線より外部側の部分は建蔽率の基礎となる建築面積に算入しない。
（令和5年告示第143号）

◆不算入となる要件

・軒等の端から敷地境界線までの水平距離の最小が5m以上
・軒等の各部分の高さは敷地境界線までの水平距離に相当する距離以下（1：1）
・軒等の全部が不燃材料で造られている
・軒等の上部に上階を設けない（ただし、令第126条の6の非常用の進入口に係る部分及び空気調和設備の室外機等を設ける部分については除く。）
・「敷地面積」×「建蔽率の最高限度」×「1/10」以下の面積を限度とする

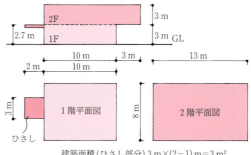

建築面積（ひさし部分）3 m×(2−1) m＝3 m²
　　　　　　　　　　　8 m×13 m＝104 m²
　　　　　　　　合　　計　　　107 m²

延べ面積（1階床面積）8 m×10 m＝80 m²
　　　（2階床面積）8 m×13 m＝104 m²
　　　　　　　合　　計　　184 m²

図12　面積の計算例

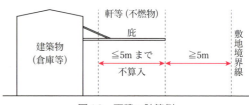

図13　面積の計算例

表13　床面積の算定方法について（昭和61年4月30日建設省住指発115号通達）

1	ピロティ	十分に外気に開放され、かつ、屋内的用途に供しない部分は、床面積に算入しない。
2	ポーチ	原則として床面積に算入しない。ただし、屋内的用途に供する部分は、床面積に算入する。
3	公共歩廊、傘型又は壁を有しない門型の建築物	ピロティに準じる。
4	吹きさらしの廊下	外気に有効に開放されている部分の高さが、1.1m以上であり、かつ、天井の高さの1/2以上である廊下については、幅2mまでの部分を床面積に算入しない。
5	バルコニー・ベランダ	吹きさらしの廊下に準じる。
6	屋外階段	次の各号に該当する外気に有効に開放されている部分を有する階段については、床面積に算入しない。 イ　長さが、当該階段の周長の1/2以上であること。 ロ　高さが、1.1m以上、かつ、当該階段の天井の高さ1/2以上であること。
7	エレベータシャフト	原則として、各階において床面積に算入する。ただし、着床できない階であることが明らかである階については、床面積に算入しない。
8	パイプシャフト等	各階において床面積に算入する。
9	給水タンク又は貯水タンクを設置する地下ピット	タンクの周囲に保守点検用の専用の空間のみを有するものについては、床面積に算入しない。
10	出窓	次の各号に定める構造の出窓については、床面積に算入しない。 イ　下端の床面からの高さが、30cm以上であること。 ロ　周囲の外壁面から水平距離が50cm以上突き出ていないこと。
11	機械式駐車場	吊上式自動車車庫、機械式立体自動車車庫等で、床として認識することが困難な形状の部分については、1台につき15m²を床面積として算定する。なお、床としての認識が可能な形状の部分については、通常の算定方法による。
12	機械式駐輪場	床として認識することが困難な形状の部分については、1台につき1.2m²を床面積として算定する。なお、床としての認識が可能な形状の部分については、通常の算定方法による。
13	体育館等のギャラリー	原則として床面積に算入する。ただし、保守点検等一時的な使用を目的としている場合には、床面積に算入しない。

注）7のエレベータシャフトについては平成26年7月1日付法改正により、容積率の対象外として各階の床面積から除外することになった。

③国土交通大臣が高い開放性を有すると認めて指定する構造（≫平成5年告示第1437号）の建築物は、その端から水平距離1m以内の部分の水平投影面積は、算入しない。

c）**床面積**　≫**令第2条第1項第3号**

建築物の各階又はその一部で、壁その他の区画の中心線で囲まれた部分の水平投影面積を言う。一般的に、「3階の床面積」あるいは「居室の床面積」などと、建築物の部分に限定的に用いられる（図12、表13）。

d）**延べ面積**　≫**令第2条第1項第4号、第3項**

各階の床面積の合計を言う。ただし、容積率の制限（≫法第52条第1項）における延べ面積には、次に掲げる建築物の部分の区分に応じ、当該敷地内の建築物の各階の床面積の合計（同一敷地に2以上の建築物がある場合は、それらの建築物の各階の床面積の和）に当該各号に定める割合を乗じて得た面積を限度として床面積に算入しない（図12、14）。

①自動車車庫等部分 ……………………… 1/5
②備蓄倉庫部分 …………………………… 1/50
③蓄電池設置部分（床に据え付けるもの）… 1/50
④自家発電設備設置部分 ………………… 1/100
⑤貯水槽設置部分 ………………………… 1/100
⑥宅配ボックス設置部分 ………………… 1/100

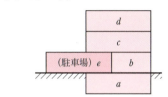

また、建築物の地階で住宅及び老人ホーム等の用途に供する部分については、当該建築物の住宅及び老人ホーム等の用途に供する部分の床面積の1/3を限度として、算入しない（≫法第52条第3項）。

図14　延べ面積の算定

加えて、エレベーターの昇降路（シャフト）部分又は、共同住宅、老人ホーム等の共用の廊下もしくは階段の部分についても算入しない（≫法第52条第6項）。

e）**築造面積**　≫**令第2条第1項第5号**

工作物の水平投影面を言う。ただし、機械式駐車場の面積は $\{15m^2 \times 収容台数\}$、機械式駐輪場の面積は $\{1.2m^2 \times 収容台数\}$ で表す（≫昭和50年告示644号）。

2　高さの算定

a）**建築物の高さ**　≫**令第2条第1項第6号**

建築物の高さ算定は、各条文によって異なり、一般的には地盤面から、最上部までの高さを言い、棟飾り、防火壁の屋上突出物は高さから除外される。高さを測る起点は、原則として地盤面だが、道路斜線制限（≫法第56条第1項第1号）の規定では、前面道路の中心からの高さになる。また、屋上突出部（階段室、昇降機塔、装飾塔、物見塔、屋窓等で屋上部分の水平投影面積の合計が建築面積の1/8以下の場合）については、避雷設備の設置（≫法第33条）、北側斜線制限（≫法第56条第1項第3号）、北側斜線にかかわる高度地区（≫法第58条）の制限の場合を除き、その部分の高さが12m（第1種・第2種低層住居専用地域・田園住居地域及び日影規制地域にあっては5m）までは当該建築物の高さに算入しない（図15、表14）。

b) 軒の高さ　≫令第2条第1項第7号

地盤面から小屋組又はこれに代わる横架材を支持する壁、敷げた又は柱の上端までの高さになる。ただし、道路斜線制限での建築物後退の特例規定（令第130条の12第1号イ）の場合においては、前面道路中心からの高さによる（図16）。

c) 階数　≫令第2条第1項第8号

建築物の最大に数えられる階をいう。屋上突出部の昇降機塔、装飾塔、階段室等と地階部分の機械室、倉庫等でその面積が建築面積の1/8以内のものは、階数に算入しない。

①建築物の一部が吹き抜けとなっている場合、建築物の敷地が斜面の場合等、建築物の部分によって階数を異にする場合においては、これらの階数のうち最大のものによる。

②屋上部分の昇降機塔、階段室などの用途で建築面積の1/8以内のものは高さが12mを超えても階数に算入しない。

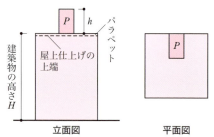

P：屋上突出部（階段室など）
$P \leq 1/8 \times$（建築面積）のときはhが12m（5m）までなら建築物の高さはHである。

図15　高さ不算入の例

表14　建築物の高さの制限

条　文	内　容		基準面	屋上突出部で高さに算入されない限度
法55条1項及び2項	第1種及び第2種低層住居専用地域内の高さの制限		地盤面	5mまで
法56条の2・1項、4項 法別表4	日影による中高層の建築物の制限			
法59条の2 法55条1項に係る部分に限る	敷地内に広い空地を有する場合の高さの特例			
法56条1項1号	道路幅員による斜線制限		前面道路の路面の中心	12mまで
法56条1項2号	隣地境界線からの斜線制限		地盤面	12mまで
法56条1項3号	第1・2種低層及び第1・2種中高層住居専用地域内の北側斜線制限			0
法33条	避雷針の設置			
法58条	高度地区	北側斜線の場合		
		その他の場合		12mまで
その他の場合				12mまで

注1）地盤面が傾斜している場合はその平均の高さによる。
注2）傾斜の高低差が3mを超える場合の高低差3m以内ごとにその平均の高さをとる。

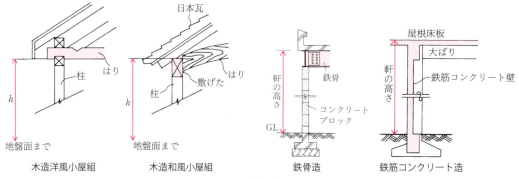

図16　軒の高さ

③建築面積の 1/8 以内の屋上部分でも、そこに居室、倉庫等があるときは、階数に算入される。

d）**地盤面**　≫令第 2 条第 2 項

建築物が周囲の地面と接する位置の平均の高さにおける水平面を言う。高低差が 3m を超える場合は、その高低差 3m 以内ごとの平均の高さにおける水平面を言う。3m を超えると、同一の建築物で、部分によって高さが異なる場合がある（図 17、18）。

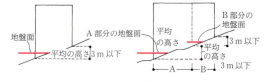

図 17　地盤面

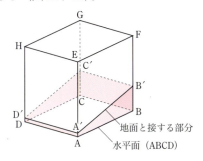

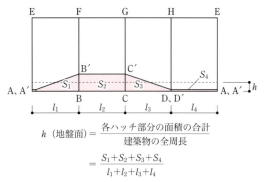

図 18　地盤面の算定

$$h\text{（地盤面）} = \frac{\text{各ハッチ部分の面積の合計}}{\text{建築物の全周長}}$$

$$= \frac{S_1 + S_2 + S_3 + S_4}{l_1 + l_2 + l_3 + l_4}$$

2・3　建築手続き等

1　確認申請

a）**建築確認申請を要する建築物等**　≫法第 6 条、第 6 条の 2、第 6 条の 3

建築主は、建築物の工事着手前に、その計画内容が**建築基準関係規定**（≫令第 9 条、表 15）に適合するものであることについて、規則（≫規則第 1 条の 3）に基づく所定の書式により、添付図書を添えた**確認申請書**を建築主事等に提出し、**確認済証**の交付を受けなければならない。**建築主事等**は、申請を受けた建築物の計画が、建築基準関係規定に適合することを確認したときは、期限内に確認済証を交付しなければならない。

また、建築主は、申請に係る建築物が**特定構造計算基準**又は**特定増改築構造計算基準**に適合するかどうかの確認審査を要するものであるときは、**構造計算適合性判定**の申請書を提出して都道府県知事（**指定構造計算適合性判定機関**）の構造計算適合性判定（特定構造計算基準又は特定増改築構造計算基準に適合するかどうかの判定）を受けなければならない。

建築主事等は確認申請に係る建築物の計画が、法第 6 条の 3 第 1 項の構造計算適合性判定を要するものであるときは、建築主から、法第 6 条第 7 項に規定する**適合判定通知書**又はその写しの提出を受けた場合に限り、確認済証を交付することができる。

なお、建築主事等の確認を受ける場合には、建築主は適合判定通知書を確認の法定審査期間の

表15　建築基準関係規定（令第9条）

法律名	関係条文
①消防法	9条・9条の2・15条・17条
②屋外広告物法	6条
③港湾法	40条1項
④高圧ガス保安法	24条
⑤ガス事業法	20条
⑥駐車場法	40条の4
⑦水道法	16条
⑧下水道法	10条1項・10条3項・30条1項
⑨宅地造成等規制法	8条1項
⑩流通業務市街地の整備に関する法律	5条1項
⑪液化石油ガスの保安の確保及び取引の適正化に関する法律	38条の2〜13
⑫都市計画法	29条1項、2項、35条の2、1項・41条2項・42条・43条1項・53条1項
⑬特定空港周辺航空機騒音対策特別措置法	5条1項〜3項
⑭自転車の安全利用の促進及び自転車等の駐車対策の総合的推進に関する法律	5条4項
⑮浄化槽法	3条の2、1項
⑯特定都市河川浸水被害対策法	8条
⑰高齢者、身体障害者等の移動等の円滑化の促進に関する法律（バリアフリー新法）	14条4項
⑱建築物のエネルギー消費性能の向上等に関する法律（建築物省エネ法）	10条2項

建築基準関係規定（確認・検査対象法令）
├ 建築基準法の規定（建築基準法、施行令、施行規則及び同法に基づく命令・条例の規定）
└ 建築基準法令以外の法令の規定（令第9条）

表16　確認審査に関する期間（法第6条第4項）及び消防長の同意に要する期間（法第93条）

建築物等の種類	確認期間	消防長の同意期間
・法6条1項1号〜3号の建築物 ・昇降機、観覧車等の工作物 ・製造施設、貯蔵施設等の工作物	35日	7日
・法6条1項4号の建築物 ・建築設備 ・一般の工作物	7日	3日

＊確認審査の期間には、消防長等の同意の期間が含まれる。
＊確認審査の期間には、構造計算適合性判定の期間も含まれる。

表17　確認審査の延長期間及び構造計算適合性判定の延長期間

確認審査の最長の延長限度期間	70日	通常の期間35日＋延長期間35日
構造計算適合性判定の延長限度期間	49日	通常の期間14日＋延長期間35日

末日の3日（末日の2日前）までに提出しなければならない。ただし、構造計算に関する高度の専門的知識及び技術を有する者として国土交通省令で定める要件を備える建築主事等が、構造計算適合性判定を行うことが必要とされている構造計算のうち比較的容易である許容応力度等計算（いわゆる「ルート2」）の確認審査を行う場合には、構造計算適合性判定の対象外とし、指定構造計算適合性判定機関の審査は必要ないものとする。

なお、確認済証を受けた建築物の計画を変更する場合も、軽微な変更（≫規則第3条の2）を除き、再度確認（計画変更）を受けなければならない（表16〜18）。

表18　確認申請を要する建築物等

区域	条文	用途・構造	規模	工事の種類
全国	法6条1項1号	①「劇場、映画館、演芸場」、観覧場「公会堂、集会場」、病院、「診療所（患者の収容施設があるものに限る）、児童福祉施設等」、「ホテル、旅館」、「下宿、寄宿舎」、共同住宅、学校、「体育館、ボーリング場、スケート場、水泳場、スキー場、スポーツの練習場」、「百貨店、マーケット、物品販売業を営む店舗（＞10m²）」、展示場、「キャバレー、カフェー、ナイトクラブ、バー、ダンスホール、遊技場、公衆浴場、飲食店、「待合、料理店」、倉庫、自動車車庫、自動車修理工場、「映画スタジオ、テレビスタジオ」	用途に供する部分の床面積の合計＞200m²　※	建築（新築・増築・改築・移転）大規模の修繕大規模の模様替特殊建築物への用途変更
	法6条1項2号	②大規模の木造建築物	階数≧3　※ 又は延べ面積＞500m² 高さ＞13m、軒高＞9m	
	法6条1項3号	③木造以外の建築物	階数≧2　※ 又は延べ面積＞200m²	
都市計画区域、準都市計画区域及び知事指定区域内	法6条1項4号	④①～③以外のすべての建築物	規模に関係なし	建築（新築・増築・改築・移転）
全国	法87条の2、1項	⑤建築設備（令146条1項）	・エレベーター、エスカレーター ・特定行政庁が指定するもの	設置
都市計画区域、準都市計画区域及び知事指定区域内	法88条1項	⑥工作物	・煙突（高さ＞6m） ・木柱、鉄柱、RC柱の類（高さ＞15m） ・広告塔、記念塔、広告板、装飾塔の類（高さ＞4m） ・高架水槽、サイロ、物見塔の類（高さ＞8m）〔令138条1項〕	築造
全国			・観光用の乗用エレベーター、エスカレーター ・高架の遊技施設（ウォーターシュート、コースターの類） ・原動機を使用する回転遊技施設（メリーゴーランド、観覧車、オクトパス、飛行塔の類）〔令138条2項〕	
用途地域等によって制限	法88条2項		・コンクリートプラント、クラッシャープラント、アスファルトプラントの類 ・ごみ焼却場、その他の処理施設 ・自動車車庫（機械式）〔令138条3項〕	

※増改築するとこれらの規模になる場合も含む。
注1）確認申請を必要としないものは次のとおりである。
　　①防火地域及び準防火地域以外で、増築、改築、移転しようとする場合で、その部分の床面積の合計が10m²以内のもの。
　　②災害があった場合の応急仮設建築物〔法85条1項、2項〕。
　　③工事用仮設建築物〔法85条5項〕。
　　④令137条の17各号の類似の用途間の用途変更（表18の「　　」内部分の用途間を変更する場合）〔法87条1項〕。
注2）国、都道府県又は建築主事を置く市町村の建築物については、確認申請を必要とせず、建築主事あてに計画通知を提出する〔法18条〕。

（指定構造計算適合性判定機関）
　確認申請に係る建築物の計画が一定の高さ以上であるとき、建築主の求めにより、当該建築物が法第20条第1項第2号又は第3号に定める基準（特定構造計算基準）、又は法第3条第2項の規定により法第20条の規定の適用を受けない建築物について法第86条の7第1項の政令で定める範囲内において増築・改築をする場合における同項の政令で定める基準（特定増改築構造計算基準）に適合するかどうかの確認審査をする委任都道府県知事指定の機関のことを言う（≫法第18条の2、法第77条の35の2～第77条の35の21）（図19～22、表19）。

表19 指定構造計算適合性判定機関による構造計算適合性判定が必要な建築物

建築物の規模（H: 高さ、A: 延べ面積、F: 階数）	構造計算の方法等	判定
Ⅰ 超高層建築物〔法20条1号〕（$H > 60m$ の工作物を含む）	■時刻歴応答解析〔大臣認定〕	不要
Ⅱ 大規模な建築物【高さ≦60m】〔法20条2号〕 　①木造の建築物で、$H > 13m$ 又は軒高 $> 9m$ 　②鉄骨（S）造の建築物で、F（地階を除く）≥ 4、$H > 13m$ 又は軒高 $9m$ 　③鉄筋コンクリート（RC）造又は鉄骨鉄筋コンクリート（SRC）造またはそれぞれを併用する建築物で $H > 20m$	■時刻歴応答解析〔大臣認定〕	不要
④組積造又は補強コンクリートブロック造で、F（地階を除く）≥ 4 　⑤木造、組積造、補強コンクリートブロック造、S造のうち2以上の構造を併用する建築物で、F（地階を除く）≥ 4、$H > 13m$ 又は軒高 $> 9m$ 　⑥木造、組積造、補強コンクリートブロック造、S造のうち1以上の構造と RC 造又は SRC 造と併用する建築物で、F（地階を除く）≥ 4、$H > 13m$ 又は軒高 $> 9m$ 　⑦その他告示で定めるもの 　※②〜⑥については $F \geq 2$ 又は $A > 200m^2$ に限る	・許容応力度等計算［ルート2］ 　（$H \leq 31m$ の場合） ・保有水平耐力計算［ルート3］ ・限界耐力計算 ・上記と同等以上の基準	必要
Ⅲ 中規模な建築物【上記A、B以外】〔法20条3号〕 ①木造の建築物で、$F \geq 3$ 又は $A > 500m^2$ ②木造以外の建築物で、$F \geq 2$ 又は $A > 200m^2$ ③石造・れんが造・コンクリートブロック造・無筋コンクリート造・その他これらに類する建築物で、$H > 13m$ 又は軒高 $> 9m$	■時刻歴応答解析〔大臣認定〕	不要
	・許容応力度等計算［ルート2］ ・保有水平耐力計算［ルート3］ ・限界耐力計算 ・上記と同等以上の基準 ・許容応力度計算［ルート1］の構造計算で大臣認定プログラムによるもの	必要
Ⅳ 小規模な建築物【上記A、B、C以外】〔法20条4号〕	・限界耐力計算	必要
	その他（時刻歴応答解析を含む）	不要

※特定構造計算基準：法第20条第1項第2号もしくは第3号に定める基準（同項第2号イ又は第3号イの政令で定める基準に従った構造計算で、同項第2号イに規定する方法もしくはプログラムによるもの又は同項第2号イに規定するプログラムによるものによって確かめられた安全性を有することに係る部分に限る）。

※特定増改築構造計算基準：法第3条第2項の規定により第20条の規定を受けない建築物について第86条の7第1項の政令で定める範囲内において増築もしくは改築する場合における同項の政令で定める基準（特定構造計算基準に相当する基準として政令で定めるものに限る）。

※委任都道府県知事：法第18条の2第1項により指定構造計算適合性判定機関にその構造計算適合性判定を行わせることとした都道府県知事。

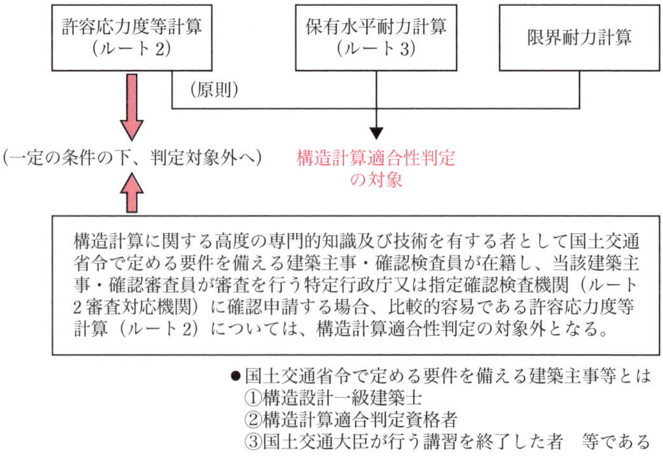

図19 構造計算適合性判定の対象となる構造計算

●国土交通省令で定める要件を備える建築主事等とは
①構造設計一級建築士
②構造計算適合判定資格者
③国土交通大臣が行う講習を終了した者　等である

b) 確認申請を必要としない場合

　①防火地域及び準防火地域以外で、増築、改築、移転しようとする場合で、その部分の床面積

（適合判定通知書）
　建築物の計画が特定構造計算基準又は特定増改築構造計算基準に適合するものであると判定された旨が記載された通知書を言う。

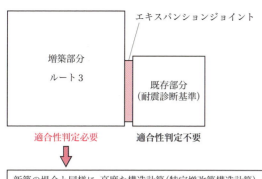

図 20　増改築時の構造計算適合性判定（法第 6 条の 3、第 86 条の 7）

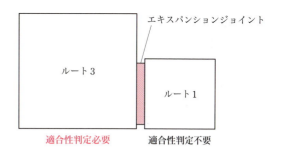

図 21　部分ごとの構造計算適合性判定対象の判断（法第 20 条第 2 項）

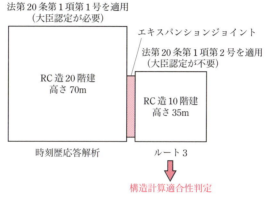

図 22　大臣認定を取得する場合（法第 20 条 2 項）

　の合計が 10m² 以内のもの（≫法第 6 条第 2 項）

②災害があった場合の応急仮設建築物（≫法第 85 条第 1 項、第 2 項）

③工事用仮設建築物（≫法第 85 条第 2 項）

④類似の用途相互間の用途変更（表 18 の「　」内部分の用途間を変更する場合）（≫法第 87 条第 1 項、令第 137 条の 18）

⑤法第 6 条第 1 項第 4 号の都市計画区域内等にある建築物の大規模の修繕、大規模の模様替え

⑥国、都道府県又は建築主事を置く市町村の建築物（ただし、建築主事に計画通知を提出する）
　（≫法第 18 条）

c）指定確認検査機関　≫法第 6 条の 2

　指定確認検査機関の確認済証の交付を受けたときは、その確認済証は、建築主事により交付されたものとみなす。

　指定確認検査機関は、法第 6 条の 2 第 1 項の規定により確認の申請を受けた場合において、申請に係る建築物の計画が法第 6 条の 3 第 1 項の構造計算適合性判定を要するものであるときは、建築主から法第 6 条の 3 第 7 項の適合判定通知書等の提出を受けた場合に限り、確認することができる（図 23）。

d）建築確認における審査の特例
　≫法第6条の4

法第6条第1項の建築確認にあっては、建築物の計画が建築基準関係規定に適合しているかどうか、建築主事等が審査することとされているが、次の①又は②について、一部の単体規定（≫令第10条）は、建築確認審査の対象から除外される。

①法第6条第1項第1号～第3号の住宅で、材料・構法が規定された型式（国土交通大臣指定）の新築のもの。

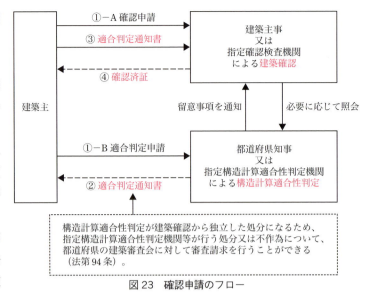

図23　確認申請のフロー

②法第6条第1項第4号の建築物で、建築士の設計したもの。

除外する規定は、次の四つの区分によって異なっており、令第10条に定められている。

①（ア）　一戸建住宅
　（イ）　長屋住宅・共同住宅
②（ウ）　防火・準防火地域外の一戸建住宅（住宅以外の部分が、延べ面積の1/2以上又は50m²を超えるものを除く）
　（エ）　（ウ）以外の4号建築物

e）建築工事届、建築物除却届　　≫法第15条、規則第8条
- **建築工事届**：建築主から建築主事を経由して都道府県知事へ提出（10m²以内は除く）
- **建築物除却届**：除却施工者から建築主事を経由して都道府県知事へ提出（10m²以内は除く）

また、火災、震災等の災害により建築物が滅失、又は損壊した場合は、市町村長等が都道府県知事に報告する。

これらの届は、建築物の統計（建築物動態統計）上の必要性から義務付けられているもので、10m²以内はこの限りでない。

2　完了検査・中間検査

a）完了検査　　≫法第7条

確認を要する工事が完了したときは、建築主は工事完了後4日以内に、建築主事あてに検査の申請をしなければならない。ただし、国土交通省令（≫規則第4条の3）で定めるやむを得ない理由があるときは、申請の期日を延長することができる。建築主事が完了検査の申請を受理した場合は、受理した日から7日以内に検査を行い、建築基準関係規定に適合している場合には、検査済証を交付しなければならない（図24）。

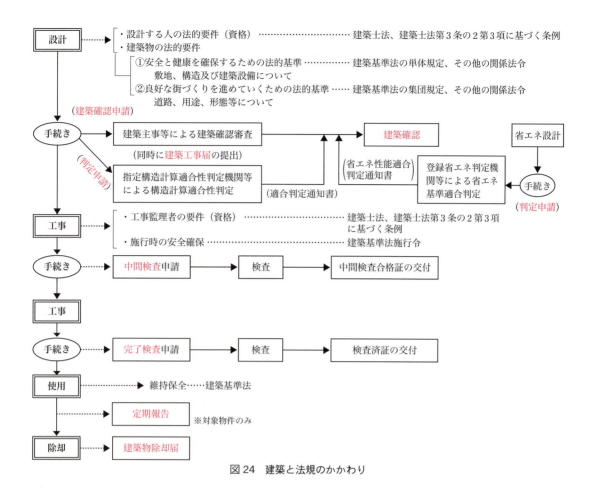

図24　建築と法規のかかわり

b）指定確認検査機関による完了検査　≫法第7条の2

　指定確認検査機関が完了検査を引き受けた場合は、建築主事の完了検査の申請を不要とし、指定確認検査機関が建築主に対して交付した検査済証は、建築主事により交付された検査済証とみなす。

①指定確認検査機関は、完了検査の引き受けを行ったときは、その旨を証する書面を建築主に交付する。また、完了検査を引き受けた旨を建築主事に通知する。

②指定確認検査機関は、工事完了の日又は完了検査の引き受けを行った日の遅い日から、7日以内に完了検査をしなければならない。

c）中間検査　≫法第7条の3、令第11条、第12条

　建築主は、特定工程を含む建築工事をする場合、特定工程に係わる工事を終えたとき、建築主事の検査を申請しなければならない。

　建築主事は、中間検査をし、工事中の建築物等が法令に適合しているときは、中間検査合格証を交付する。特定行政庁が定める特定工程後の工事は、中間検査合格証の交付を受けた後でなければ施工できない（図25、26）。

d）指定確認検査機関による中間検査　≫法第7条の4

　指定確認検査機関が中間検査を引き受けた場合、建築主事への中間検査の申請を不要とし、指

表20 建築申請にともなう手続き

条文	種類	申請者	申請先
法6条 法6条の2 （法18条） 法87条 法87条の2 法88条	確認申請 （計画通知）	建築主 （国、都道府県等）	建築主事 指定確認検査機関
法15条	建築工事届	建築主	都道府県知事
	建築物除却届	工事施工者	
法43条 法44条 法48条 法51条 法52条 法53条 法55条 法59条の2 法85条等	許可申請	建築主 築造主	特定行政庁
法90条の3	工事中における安全上の措置に関する計画届	建築主	特定行政庁
法7条の6	仮使用の認定申請	建築主	特定行政庁 建築主事
法7条 法7条の2	完了検査の申請	建築主	建築主事 指定確認検査機関
法7条の3 法7条の4	中間検査の申請	建築主	建築主事 指定確認検査機関
法42条1項5号	道路の位置の指定申請	築造しようとする者	特定行政庁

特定工程とは
- 階数≧3の共同住宅の2階の床及びこれを支持するはりに鉄筋を配置する工事の工程（法第7条の3第1項第1号、令第11条）
- 特定行政庁が、区域、期間又は建築物の構造、用途もしくは規模を限って指定する工程（1項第2号）。特定行政庁が特定工程を指定するときは、中間検査を開始する30日前までに、次の事項を公示しなければならない（規則第4条の11）
① 中間検査を行う区域
② 中間検査を行う期間
③ 中間検査を行う建築物の構造、用途又は規模
④ 指定をする特定工程
⑤ 指定する特定工程後の工程
⑥ その他特定行政庁が必要と認める事項

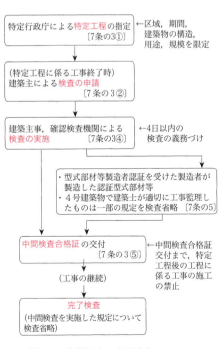

図25 中間検査・完了検査のフロー

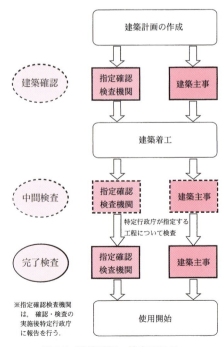

図26 建築確認・検査のフロー

定確認検査機関が交付した中間検査合格証は、建築主事により交付された中間検査合格証とみなす。また、中間検査を引き受けた旨を建築主事に通知するとともに、中間検査の結果を特定行政庁に報告しなければならない（図25、26）。

e）検査の特例 ≫法第7条の5

　法第6条の4に規定する審査の特例を受けた建築物で、建築士である工事監理者により設計図書どおり施工されたことが確かめられたものは、審査から除外された規定に限り、完了検査対象から除外される。

f）検査済証交付前の使用制限（仮使用認定制度） ≫法第7条の6、令第13条

　次の①又は②に該当する場合、検査済証の交付を受ける前の工事中の建築物は、原則として使用が禁止されている。

①法第6条第1項第1号から第3号までの建築物を新築する場合。

②①の建築物（共同住宅以外の住宅及び居室を有しない建築物を除く）の増築、改築、移転、大規模の修繕又は大規模の模様替の工事で、廊下、階段、出入口などの避難施設等に関する工事を含む場合。

　ただし、以下の場合は検査済証の交付を受ける前であっても、当該建築物又はその部分を仮に使用し、又は使用させることができる（≫第1項）。

Ⅰ　特定行政庁が、安全上、防火上及び避難上支障がないと認めたとき

Ⅱ　建築主事又は指定確認検査機関が安全上、防火上及び避難上支障がないものとして国土交通大臣が定める基準に適合していることを認めたとき

Ⅲ　建築主事に完了検査の申請が受理された日（指定確認検査機関が検査の引き受けを行った場合には、引き受けに係る工事が完了した日又は引き受けを行った日いずれか遅い日）から7日を経過したとき

　ところで、Ⅱの建築主事等が、安全上、防火上及び避難上支障がないものとして国土交通大臣が定める基準に適合すると認めたときは、検査済証の交付前であっても建築物を仮に使用させることができることとされているが、具体的な基準としては、大きく次の3点に分かれている（≫平成27年告示第247号）。

①工事完了前で、外構工事（敷地に係る工事）以外の工事が完了している場合（≫同告示第1第3項第1号）

②工事完了前で、①以外の場合（建築物が工事中の場合）（≫同告示第1第3項第2号）

③工事完了後の場合（≫同告示第1第2項）

のそれぞれについて告示において定められている。

　③の場合については、工事が完了しているため、認定に当たり仮使用する期間には制限は設けられていない。また、仮使用の認定基準としては、完了検査と同様、建築物及び敷地について建築基準関係規定に適合することを規定している。①及び②の場合は、どちらも完了前であるため、仮使用期間は、3年を超えない範囲内で認定することとする。

　指定確認検査機関が仮使用を認めたときは、仮使用認定報告書を特定行政庁に提出しなければならない。特定行政庁は、当該建築物が基準に適合しないと認めるときは、建築主及び指定確認

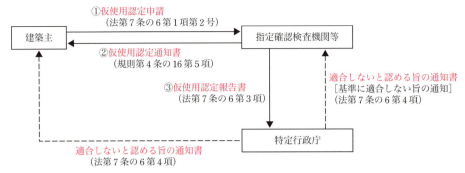

図27 指定確認検査機関による仮使用認定フロー

> ●仮使用の認定基準のポイント
> 　以下の内容を満たしているものについては、指定確認検査機関又は建築主事が認定した場合、仮使用できる（図27）。
> 　・工事部分と仮使用部分が防火上有効に区画されていること
> 　・工事作業者等の経路と、仮使用部分を利用する者の経路が重複しないこと
> 　・仮使用部分が建築基準関係規定に適合していること

検査機関にその旨を通知し、当該認定を失効させることができる（»第3項、第4項）。

3 特定行政庁の許可等

a）許可申請

　建築基準法は一般的な条件の前提のもとに規定しているから、特例的な方法をもって、例外を認める制度を設けている。即ち、特定行政庁による許可である。

　建築基準法の許可の申請は、建築主から特定行政庁に対して行う。許可は禁止されている事項を解除する行為であるため、例えば、法第48条第1項の規定には「第一種低層住居専用地域内においては、別表第二（い）項に掲げる建築物以外の建築物は、建築してはならない。ただし、特定行政庁が第一種低層住居専用地域における良好な住居の環境を害するおそれがないと認め、又は公益上やむを得ないと認めて許可した場合においては、この限りでない」とされている。

　このような第48条ただし書きによる許可をする場合にあっては、住環境等に与える影響が大きいことから、すべての用途地域の許可について、原則として、あらかじめ利害関係を有する者の出頭を求めて公開による意見の聴取を行い、建築審査会の同意を得なければならない。

　なお、建築基準法上、特定行政庁が行う許可の主なものは、表21のものである。

b）定期報告　»法第12条、令第13条の3第2項、令第14条の2第2号、令第16条第2項（表23）

　建築物は長期間の使用に伴い建築物本体の劣化や、附帯設備に機能の低下が生じる。建築物を適正に維持管理し、危険を未然に防ぐことが定期報告の目的である。

　建築基準法では、すべての建築物の所有者又は管理者等に維持保全の義務（»法第8条）を規定し、常時適法に維持するよう努めなければならないとする努力義務を課しており、特に百貨店、

表 21　特定行政庁が行う許可

許可事項	条文	公開による意見の聴取	建築審査会の同意
(1) 広い空地を有する建築物の許可	法 43 条	×	○
(2) 道路内の建築物の許可	法 44 条	×	○
(3) 壁面線を超える歩廊の柱等の建築の許可	法 47 条	×	○
(4) 用途地域内の用途禁止建築物の解除の許可又は法 88 条 2 項の規定に基づき、政令で指定する工作物制限の許可	法 48 条	○	○
(5) 卸売市場等の特殊建築物の位置の許可	法 51 条※	×	×
(6) 計画道路を前面道路とすることの許可	法 52 条	×	○
(7) 壁面線指定に係わる容積率の緩和	法 52 条	×	○
(8) 容積制限を超える建築物の許可	法 52 条	×	○
(9) 建蔽率の緩和	法 53 条	×	○
(10) 建築物の敷地面積	法 53 条の 2	×	○
(11) 第 1 種・第 2 種低層住居専用地域・田園住居地域内の高さ制限を超える建築物の許可	法 55 条	×	○
(12) 日影による中高層の建築物の高さ制限の例外許可	法 56 条の 2	×	○
(13) 特例容積率適用地区内の建築物の高さの緩和	法 57 条の 4	×	○
(14) 高度利用地区内の建築物の例外許可	法 59 条	×	○
(15) 敷地内に広い空地を有する場合の容積率、絶対高、斜線制限の例外許可	法 59 条の 2	×	○
(16) 都市再生特別地区内の建築物の許可	法 60 条の 2	×	○
(17) 仮設建築物の建築許可	法 85 条	×	×
(18) 一団地内の建築物の許可	法 86 条	×	○
(19) 一団地内の建築物の許可	法 86 条の 2	×	○

※都道府県都市計画審議会又は市町村都市計画審議会の議を経る。
注 1）建築審査会の同意を要する場合は、上記の外、国宝等の再現に対する適用除外（法 3 条）、幅員 1.8m 未満の道路指定（法 42 条）、壁面線の指定（法 46 条）。住宅地高度利用地区計画の区域内の制限緩和（法 68 条の 4）、再開発地区計画の区域内の制限緩和〔法 68 条の 3〕。予定道路の指定、予定道路の容積率緩和（法 68 条の 7）。
注 2）建築審査会は同意の外、不服申立ての裁決を行う（法 94 条）。
注 3）公開による意見の聴取を必要とする場合は、上記(4)の外、壁面線の指定（法 46 条）、建築協定の認可（法 73 条）。ただし、壁面線の指定には建築審査会の同意を要する。
注 4）許可の条件（法 92 条の 2）。許可には、建築物又は建築物の敷地を交通上、安全上、防火上又は衛生上支障のないものとするための条件その他必要な条件を付することができる。

　ホテル等不特定多数の人が利用する一定規模以上の特殊建築物、建築設備、昇降機等の所有者又は管理者等は、その点検、診断のために専門知識を有する資格者に定期的に調査、検査をさせ、その結果を特定行政庁に報告（定期報告）しなければならない。なお、定期報告の対象は以下に示す。

　①法第 6 条第 1 項第 1 号に掲げる建築物で特定行政庁が指定するもの
　②事務所その他これに類する用途に供する建築物（①を除く）で階数が 3 以上、かつ、延べ面積が 200m^2 を超える建築物で特定行政庁が指定するもの
　③昇降機で特定行政庁が指定するもの
　④①、②の建築物の昇降機以外の建築設備で特定行政庁が指定するもの

　定期報告の時期は、当該建築物もしくは建築設備の規模、用途、構造等により概ね 6 か月から 3 年までの間隔をおいて特定行政庁が定める時期となる。
　また、国・都道府県及び建築主事を置く市町村所有の特殊建築物等については点検の義務がある。特定行政庁は、建築基準法令の規定による処分に係わる建築物の敷地、構造、設備又は用途に関する台帳を整備し、保存する。

表 22 建築基準法の執行機関とその主な役割

執行機関	主な役割の内容	条文
国土交通大臣	特定行政庁に対する勧告、助言又は援助	法 14 条 2 項
	特定行政庁等に対する監督	法 17 条
	建築基準適合判定資格者検定	法 5 条
	その他	法 77 条の 30、法 77 条の 48
知事	特定行政庁に対する指導・監督	法 14 条 1 項、法 17 条 3 項
	都道府県の建築主事の任命	法 4 条 6 項
	都道府県の建築主事に対する指揮監督	法 4 条 5 項
	その他	法 77 条の 30、法 77 条の 35 の 11
市町村長	市町村の建築主事の任命	法 4 条 6 項
	市町村の建築主事に対する指揮監督	法 4 条 1 項、2 項
	建築協定書の公告等	法 71 条、法 72 条
特定行政庁	違反建築物に対する措置	法 9 条等
	ただし書きに基づく許可	法 48 条等
	建築協定の認可	法 73 条
	総合的設計による一団地の建築物の取扱いの承認	法 86 条
建築審査会	特定行政庁が行う許可に対する事前の同意	法 43 条 1 項、法 48 条等、法 78 条 1 項
	審査請求に対する裁決	法 78 条 1 項、法 94 条 2 項
	重要事項の調査・審議	法 78 条 1 項
	関係行政庁への建議	法 78 条 2 項
建築主事	建築確認申請書の受理、審査及び確認	法 6 条（法 6 条の 2）
指定確認検査機関	工事完了検査、中間検査	法 7 条（法 7 条の 2）、法 7 条の 3（法 7 条の 4）
消防（署）長	許可又は確認に関する同意	法 93 条
指定構造計算適合性判定機関	構造計算適合性判定の実施	法 18 条の 2
指定建築基準適合判定資格者検定機関	建築基準適合判定資格者検定の実施に関する事務	法 5 条の 2
指定認定機関等	型式適合認定	法 68 条の 24
指定性能評価機関	構造方法等の認定のための審査に必要な評価	法 68 条の 25

表 23 定期検査・検査の報告を必要とする建築物等（法 12 条 1 項、3 項、5 項）

建築物などの種類		法 12 条による調査・検査資格者（規則 4 条の 20）
(1)劇場、映画館、演芸場、観覧場、公会堂、集会場、病院、診療所（患者の収容施設があるものに限る）児童福祉施設等（令 19 条参照）ホテル、旅館、下宿、寄宿舎、共同住宅、学校、体育館、ボーリング場、スケート場、水泳場、スキー場、スポーツの練習場、博物館、美術館、図書館、百貨店、マーケット、物品販売業を営む店舗（> 10m²）、展示場、キャバレー、カフェー、ナイトクラブ、バー、ダンスホール、遊技場、公衆浴場、飲食店、待合、料理店、倉庫、自動車車庫、自動車修理工場、映画スタジオ、テレビスタジオ等の特殊建築物	これらの用途に供する建築物で特定行政庁が指定したもの	特定建築物調査員等
(2)事務所その他これに類する用途に供する建築物（金融機関の店舗、学習塾、研究施設等）（令 16 条）のうち、階数 ≧ 3 で延べ面積 > 200m² の建築物		
(3)昇降機		昇降機等検査員
(4)遊戯施設	特定行政庁が指定したもの	昇降機等検査員
(5)上記(1)(2)の建築物の建築設備	特定行政庁が指定したもの	建築設備検査員
(6)防火設備	特定行政庁が指定したもの	防火設備検査員

注）一級・二級建築士は、調査・検査の資格者である。

c) 建築審査会　▶法第78条～第83条

　建築審査会は、委員5人又は7人で、法律、経済、建築、都市計画、公衆衛生又は行政に関する知識と経験のある学識経験者から構成される。

　建築基準法による許可等に際しての同意、特定行政庁、建築主事、建築監視員、指定確認検査機関及び指定構造計算適合性判定機関の処分又は不作為についての審査請求（不服申立て〔▶法第94条第1項〕）を審査し、裁決等を行うために、建築主事を置く市町村及び都道府県に設置される。

　建築審査会の権限に属する事務は下記の通りである。
　①特定行政庁の許可及び指定等に対する同意
　②審査請求（行政不服審査法に基づく）に対する裁決（▶法第94条～第96条）（図28）
　③特定行政庁の諮問に対する答申及び建築基準法の施行に関する建議

d) 消防長の同意　▶法第93条、令第147条の3、消防法第7条

　特定行政庁、建築主事又は指定確認検査機関が許可又は確認をする場合には、その建築物の所在地を管轄する消防長又は消防署長の同意を得なければならない。ただし、防火地域又は準防火地域以外の区域内における専用住宅（住宅以外の用途に供する部分の床面積が延べ面積の1/2未満であるもの又は50m²を超えない兼用住宅を含む）の場合は、法文上、防火避難規定が適用されないため、同意でなく建築確認後、消防長への通知でよい。また、昇降機等の確認（▶法第87条の2）の場合も、同意でなく通知である（図29）。

e) 設計及び工事監理の選定　▶法第5条の6

　建築物の設計及び工事監理等の業務を行う者に対しては、建築士法によりその資格業務等について、それぞれ詳細な規定が設けられている。建築基準法においても建築物の設計及び工事監理をする場合には、それを行う者に対して再確認の意味で、その資格に適合した建築士でなければできないことを、さらに規定している。建築主は工事をする場合には、建築士法により工事監理

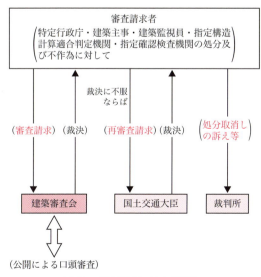

図28　審査請求に対する裁決

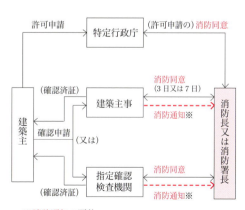

図29　消防通知の要件

できる建築士を選定しなければならない。この選定がなされていない工事は、することができない。また、建築士法の規定により構造設計一級建築士、設備設計一級建築士の関与（設計又は法適合確認）が必要な場合に、これらの建築士の関与がない工事もすることができない。

4 工作物への準用　》法第88条、令第138条〜第144条の2の4

建築基準法では、「土地に定着する工作物のうち、屋根及び柱若しくは壁を有するもの」を建築物と定義し、建築物を対象として規制するものである。工作物には原則、建築基準法は適用されない。ただし、工作物であっても、高さや種類によっては、確認申請が必要になり、場合によっては、用途規制の対象となり、法の規定が適用されたり、安全性から構造耐力などの法の一部が適用されることがある。このように建築基準法の適用を受ける工作物を準用工作物という。

a) 構造耐力規定の規制を受けるもの
（イ）土地等に固定されているもの
　　・高さ＞6mの煙突（ストーブの煙突を除く）
　　・高さ＞15mの柱（旗竿を除く）
　　・高さ＞4mの広告塔・装飾塔・記念塔等
　　・高さ＞8mの高架水槽・サイロ・物見塔等
　　・高さ＞2mの擁壁
（ロ）駆動装置を伴うもの
　　・乗用エレベーター又はエスカレーターで観光用のもの（一般の交通用は除く）
　　・ウォーターシュート、コースター等の高架の遊戯施設
　　・メリーゴーランド、観覧車、オクトパス、飛行塔等の回転運動をする遊戯施設で、原動機を使用するもの
（ハ）製造施設、貯蔵施設、遊戯施設等（自動車駐車場に供する工作物も含む）

b) 用途地域の規制を受けるもの
　・住居系、商業系地域内に設けるコンクリートプラント等
　・住居系地域内に設ける機械式自動車駐車場装置
　・高さ8mを超えるサイロ（飼料・肥料等の貯蔵槽）
　・汚物処理場、ごみ焼却場などの処理施設

5 建築設備への準用　》法第87条の4

昇降機その他の建築設備を法第6条第1項第1号〜第4号及び第1項第1号〜第3号に掲げる建築物の大規模の修繕もしくは大規模の模様替の建築物に設置しようとするときは、建築物と同様に確認申請を提出し、建築主事等の確認を受けなければならない。なお、建築物の計画変更の場合も同様である。また、既存の建築物に後から昇降機等だけを設置するときも、確認申請の手続きが必要である。　政令で指定する建築設備は、以下に掲げるものである。
　①エレベーター、エスカレーター（》令第146条第1項第1号）
　②法第12条第3項の規定により特定行政庁が指定する建築設備（し尿浄化槽及び合併処理浄

化槽を除く〔》令第146条第1項第2号〕)
＊特定行政庁が指定する建築設備：
定期報告を要する特殊建築物に設ける換気設備（機械換気設備）、排煙設備（排煙機を有するもの）、非常用の照明装置である。

6 用途変更　》法第87条

　建築物の**用途変更**とは、一旦適法に供された既存の建築物を構造的な変更を加えることなく、他の用途に転用することを言う。建築工事中に当初確認済証の交付を受けた建築物の用途を変更する場合には、計画変更確認申請か新たに確認申請が必要である。

　建築物の用途変更について確認申請が必要なものは、法第6条第1項第1号の特殊建築物のいずれかに用途を変更する場合であって、変更する用途が政令（》令第137条の18）で定める**類似の用途相互間**におけるものである場合は、確認申請は不要である。なお、既存不適格建築物の用途変更では、変更後の用途に準用される現行法が適用される（》法第87条第3項）。

　また、建築物の用途変更の場合、工事完了後の完了検査は原則実施されない。

a）確認申請を要しない類似用途　》令第137条の18

①劇場、映画館、演芸場
②公会堂、集会場
③診療所（患者の収容施設があるものに限る）、児童福祉施設等（第1種・第2種低層住居専用地域内では確認申請が必要）
④ホテル、旅館

表24　既存不適格建築物の用途変更時に準用される規定

制限項目	適用条項	規定
防火	法27条	耐火、準耐火建築物としなければならない特殊建築物
	法35条	特殊建築物等の避難及び消火に関する技術的基準
	法35条の2	特殊建築物等の内装
	法35条の3	無窓の居室等の主要構造部
採光換気	法28条1項	住宅、学校、病院等の居室の採光
	法28条3項	特殊建築物の居室等の換気設備
	法29条	地階における住宅等の措置
遮音	法30条	長屋、共同住宅の各戸の界壁の遮音
その他	法36条	構造、採光、防湿、防火等を補足する技術的基準
用途制限	法48条	用途地域内の用途制限（法第87条第3項第3号）
位置の決定	法51条	卸売市場等の建築物の位置の都市計画による決定
条例による制限	法39条2項	災害危険区域内の建築制限に関する条例
	法40条	地方公共団体による特殊建築物等の制限の付加
	法43条3項	特殊建築物等の接道義務に関する制限の付加
	法43条の2	狭隘道路のみ接する敷地の制限の付加
	法49条	特別用途地域の制限
	法50条	用途地域内における建築物の敷地、構造等の制限
	法68条の2第1項	地区計画等における市町村の条例に基づく制限
	法68条の9	都市計画区域外の区域内の建築物に係る制限

⑤下宿、寄宿舎

⑥博物館、美術館、図書館（第1種・第2種低層住居専用地域では確認申請が必要）

⑦体育館、ボーリング場、スケート場、水泳場、スキー場、ゴルフ練習場、バッティング練習場（第1種・第2種中高層住居専用地域、工業専用地域では確認申請が必要）

⑧百貨店、マーケット、その他の物品販売業を営む店舗

⑨キャバレー、カフェー、ナイトクラブ、バー

⑩待合、料理店

⑪映画スタジオ、テレビスタジオ

b）既存不適格建築物の用途変更時に準用される規定　≫法第87条第2項、3項（表24）

7 違反建築物に対する措置等

a）是正命令　≫法第9条

特定行政庁は、**違反建築物**の建築主、工事請負人、現場管理人などに対して、工事停止、使用禁止、使用制限、除去、修繕等の命令をすることができる。緊急の場合には、**建築監視員**も工事停止等を命ずることができる。

表25　違反建築物に対する措置

措置の種別	条文	権限を有する者			義務者（相手方）								
						工事関係者					権利者等		
		国交大臣	特定行政庁	建築主事	建築監視員	建築主	設計者	工事監理者	請負人	下請人	現場管理者	工事従事者	所有者	管理者	占有者
本命令（1項命令）	法9条1項		○			○		○	○	○	○		○	○	○
措置通知	法9条2項		○			○		○	○	○	○		○	○	○
仮命令（7項命令）	法9条7項		○		○	○		○	○	○	○		○	○	○
緊急工事停止命令（10項命令）	法9条10項		○		○	○		○	○	○	○				
緊急作業停止命令（10項命令）	法9条10項		○		○							○ 注1			
行政代執行	法9条11項、12項		○										○		○
違反の公示	法9条13項		○			○							○	○	○
設計者等の監督官庁に対する措置命令をした旨の通知	法9条の3・1項	○					○	○	○						
単体規定不適格既存建築物に係る措置命令	法10条1項		○										○	○	○
集団規定不適格既存建築物に係る措置命令	法11条1項		○												
工事完了検査	法7条			○		○									
定期報告	法12条1項		○										○ 注2	○	
定期検査	法12条2項		○										○ 注2	○	
工事計画・施工状況の報告	法12条5項	○	○	○		○	○	○	○	○	○		○	○	○
立入り検査・試験・質問	法12条7項		○	○		○	○	○	○	○	○		○	○	○
国等の違反建築物等に対する措置申請	法18条25項		○										○		

注1）緊急工事施工停止命令の義務者が現場にいない場合に限る。
注2）所有者と管理者が異なる場合においては、管理者が義務者となる。

b) 行政代執行　≫法第9条第12項

除却、移転等の是正命令に従わないとき、特定行政庁は、行政代執行法の定めるところに従い、これらを行うべき義務者に代わって除却等の工事を行うことができる。

c) 罰則　≫法第98条～第107条

次に示す者は、建築基準法による罰則の対象者となり、違反内容により3年以下の懲役又は300万円以下の罰金の過料が科せられる。また、法人の代表者、法人又は法人の代理人、使用人など従業員が、特定行政庁による是正命令に違反した場合には、その法人に対して、1億円以下の罰金が科せられる。

- 特定行政庁又は建築監視員の命令に違反した者
- 確認申請を要する建築物について、無確認で工事をしたとき：建築主、工事施工者
- 設計上の違反：原則として設計者、建築主の故意によるときは建築主も対象
- 申請、届、報告等の義務違反：各申請等の義務者

なお、違反建築物等の是正及び防止のための制度と、各制度の運営を担当する行政庁並びに相手方は表25に示す通りである。

2・4　建築基準法の適用除外

1　文化財建築物に対する緩和　≫法第3条第1項

国宝や重要文化財等に指定された建築物の保存や移築等による復元の際に、建築基準法を適用することは、我が国の古建築という文化的遺産を消滅させることになることから、建築基準法の適用が除外されている。次の①～④の建築物には、建築基準法のすべての規定が除外されている。

① 文化財保護法の規定により指定された国宝、重要文化財、重要有形民俗文化財など
② 旧重要美術品等の保存に関する法律の規定により認定された建築物
③ 文化財保護法第182条第2項の条例その他の条例により保存の措置が講じられている建築物（「保存建築物」と言う）で、特定行政庁が建築審査会の同意を得て指定したもの
④ ①～②の建築物であったものの原形再現のための建築物（特定行政庁が建築審査会の同意を得て、再現がやむを得ないと認めたもの）

2　既存不適格建築物に対する制限の緩和
≫法第86条の7第1項、令第137条の2～第137条の16

既存不適格建築物とは、既存の適法な建築物が法令の改正等により違反建築物とならないよう、新たな規定の施行時又は都市計画変更などによるものについては適用を除外することとし、原則として増改築等を実施する機会に当該規定に適合させる建築物を言う。一般的に建築行為が伴わなければ法令は遡及適用されないので、違反建築物と区別される。新法令の規定が施行された時に既に着工しているものも同様である（≫法第3条第2項、第3項）。

表26 既存建築物の制限の緩和（法86条の7、令137条～令137条の15）

不適格条項	内容	関係法令	緩和の範囲
法20条	構造耐力	令137条の2・1号（イ）	・増改築後の建築物の構造方法が一定の技術基準及び施行令第3章第8節に適合すること
		令137条の2・1号（ロ）	・増改築に係る部分がそれ以外の部分とエキスパンジョイント等で応力を伝えない構造方法で接し、かつ、一定の技術基準に適合すること
		令137条の2・2号	・増改築の床面積の合計が基準時の延べ面積の1/20（50m²を超える場合は50m²）を超え、1/2を超えないこと
		令137条の2・3号	・増改築の床面積の合計が基準時の延べ面積＜1/20（50m²を超える場合は50m²）　※ただし、技術基準に適合すること
法26条	防火壁等	令137条の3	・基準時以後の増改築の床面積の合計≦50m²
法27条	特殊建築物の耐火	令137条の4	・基準時以後の増改築の床面積の合計≦50m²（劇場の客席、病院の病室、学校の教室など特殊建築物の主たる用途に供する部分は増築できない。）
法28条の2	石綿等の飛散・発散措置	令137条の4の2～3	・増改築部分の床面積の合計＜1/2×基準時の延べ面積
法30条	長屋・共同住宅の界壁	令137条の5	・増築後の延べ面積≦1.5×基準時の延べ面積 ・改築部分の床面積≦1/2×基準時の延べ面積
法34条2項	非常用の昇降機の設置	令137条の6	・増築部分の高さ≦31m、かつ、増築部分の床面積の合計≦1/2×基準時の延べ面積 ・改築部分の高さ≦基準時の高さ、かつ、改築部分の床面積の合計≦1/5×基準時の延べ面積
法48条1項～14項	用途地域	令137条の7	・増改築部分が基準時の敷地内で、かつ、増改築後の容積率及び建蔽率が基準時の敷地に対して適合 ・増改築後の床面積の合計≦1.2×基準時の床面積の合計 ・増改築後の法48条に適合しない用途部分の床面積の合計≦1.2×基準時の当該部分の床面積の合計 ・増改築後の出力、台数、容量（適合しない事由が出力、台数、容量の場合）の合計≦1.2×基準時の出力、台数、容量の合計 ・用途の変更を伴わないこと
法52条1項～7項 法60条1項	容積率	令137条の8	・増改築部分の用途は、自動事車庫等部分、備蓄倉庫部分、蓄電池設置部分、自家発電設備設置部分又は貯水槽設置部分、EVの昇降路部分、共同住宅の共用の廊下・階段又は宅配ボックス設置部分に限る ・増改築前の自動車車庫等部分、備蓄倉庫部分、蓄電池設置部分・自家発電設備設置部分及び貯水槽設置部分以外の部分、EVの昇降路部分、共同住宅の共用の廊下・階段又は宅配ボックス設置の床面棟の合計は基準時の当該部分床面積の合計を超えないこと ・増改築後の自動車車庫等の部分の床面積の合計は増改築後の当該建築物の床面積の合計の1/5を超えないこと。ただし、改築の場合で1/5を超えているときはその範囲内 ・増改築後の備蓄倉庫部分の床面積の合計は増改築後の当該建築物の床面横の合計の1/50を超えないこと。ただし、改築の場合で1/50を超えているときはその範囲内 ・増改築後の蓄電池設置部分の床面積の合計は増改築後の当該建築物の床面積の合計の1/50を超えないこと。ただし、改築の場合で1/50を超えているときはその範囲内 ・増改築後の自家発電設備設置部分の床面積の合計は増改築後の当該建築物の床面積の合計の1/100を超えないこと。ただし、改築の場合で1/100を超えているときはその範囲内 ・増改築後の貯水槽設置部分の床面積の合計は増改築後の当該建築物の床面積の合計の1/100を超えないこと。ただし、改築の場合で1/100を超えているときはその範囲内
法59条1項 法60条の2・1項	高度利用地区 都市再生特別地区	令137条の9	・増築後の建築面積≦1.5×基準時の建築面積 ・増築後の延べ面積≦1.5×基準時の延べ面積 ・増築後の建築面積≧2/3×建築面積の最低限度 ・増築後の容積率≧2/3×容積率の最低限度 ・改築部分の床面積≦1/2×基準時における延べ面積
法61条 法67条	防火地域 特定防災街区整備地区	令137条の10	・木造の建築物は、外壁・屋内面・軒裏が耐火・準耐火・防火構造に限る ・基準時以後の増改築部分の床面積の合計≦50m²、かつ、基準時における延べ面積の合計 ・増改築後の階数≦2、かつ、延べ面積≦500m² ・増改築部分の外壁・軒裏は、防火構造とする
法61条	準防火地域	令137条の11	・木造の建築物は、外壁・屋内面・軒裏が耐火・準耐火・防火構造に限る ・基準時以後の増改築部分の床面積の合計≦50m² ・増改築後の階数≦2 ・増改築部分の外壁・軒裏は、防火構造とする
	大規模の修繕 大規模の模様替	令137条の12	・修繕または模様替のすべて

注）増改築をする場合、居室の採光、換気、シックハウス対策（ホルムアルデヒド対策）、便所（浄化槽含む）、電気設備、昇降機、排煙設備、非常用照明装置等の規定については、一の建築物であっても一定の技術基準に適合していれば、別の建築物（独立部分）とみなされ、当該増改築部分のみに規定の適用がある（法86条の7・2項、3項、令137条の13～15）。

基準時とは、その不適格になった時期の始まりを言う（≫令第137条）。既存不適格建築物を増改築する場合は、その規模に応じて現行法令の規定が適用されるのが原則だが、建築基準法では増改築時に適用が緩和される規定がある（≫令第137条の2〜第137条の11）。大規模の修繕、大規模の模様替えについては、増改築に対する緩和規定とは別に、例外的に不適格のまま増築等ができる規定がある（≫令第137条の12、表26）。

> ● **敷地外へ移転しても既存不適格建築物のまま**
>
>　既存不適格建築物は、一定の要件を満たせば、同一敷地内での移転だけでなく、他の敷地への移転であっても現行法令への適合は不要である（≫法第3条第3項、第86条の7第4項、令第137条の16）。
>
>（一定の要件とは）
> ・移転が同一敷地内におけるもの
> ・移転が交通上、安全上、防火上、避難上、衛生上及び市街地の環境の保全上支障がないと特定行政庁が認めるもの

　なお、既存不適格建築物が、そのまま放置すれば著しく保安上危険となり、又は衛生上有害となるおそれがあると認められる場合は、特定行政庁は相当の猶予期限を付けて所有者等に建築物の除却、修繕及び使用制限などを命令できる（≫法第10条）。

a）構造耐力規定の適用の特例　≫法第86条の7第2項、令第137条の2

　既存不適格建築物に一定規模以下の増築等を行う場合においては、令第137条の2の規定に基づく「**特定増改築構造計算基準**」によらなければならない（図30、表27）。

図30　既存不適格建築物の増改築に係る構造計算基準の適用（令第137条の2、国土交通省資料を参考に作成）

表27 構造耐力関係規定（令第137条の2）｛増改築部分の規模に応じて既存部分に適用される基準｝

	増改築部分	既存部分
一体増改築 （Ⅰ）	○建築物全体について、次の規定に適合すること（第1号イ(1)） ・令第3章第8節（構造計算）の規定 ○増改築部分について、次の規定に適合すること（第1号イ(2)） ・令第3章第1節～第7節の2（仕様規定） ・令第129条の2の3（建築設備の構造強度） ・法第40条の規定に基づく条例の構造耐力に関する制限を定めた規定	｛構造耐力上主要な部分｝ ○既存部分について、耐久性等関係規定に適合すること（第1号イ(3)） ｛建築設備・屋根ふき材等｝ ○既存部分について、次の規定に適合すること（平成17年告示第566号） ・高架水槽等（令第129条の2の4第3号） ・配管設備（令第129条の2の5第1項第2号、第3号） ・昇降機（令第129条の4、第129条の5、第129条の8第1項他） ・特定天井（平成25年告示第771号）
分離型増改築 （EXP/J） （Ⅱ）	○構造上分離された増改築部分について、次の規定に適合すること（第1号ロ(1)） ・令第3章（仕様規定・構造計算） ・令第129条の2の3（建築設備の構造強度） ・法第40条の規定に基づく条例の構造耐力に関する制限を定めた規定	｛構造耐力上主要な部分｝ ○既存部分について、耐久性等関係規定に適合すること（第1号ロ(3)） ○構造上分離された既存部分について、 ・地震時の構造計算又は耐震診断基準に適合すること（平成17年告示第566号） ・地震時以外の構造計算により安全確認 ｛建築設備・屋根ふき材｝ ・（Ⅰ）に同じ
1/2以下の増改築 （一体増改築） （Ⅲ）	｛構造耐力上主要な部分｝ ○耐久性関係規定に適合すること（第2号イ） ・地震時の構造計算（木造の4号建築物は、土台・基礎、柱の小径、壁量計算のみ） ・地震時以外の構造計算（木造の4号建築物は壁量計算のみ） ｛建築設備・屋根ふき材等｝ ・建築設備等は（Ⅰ）に同じ	
1/2以下の増改築 （EXP/J） （Ⅳ）	｛構造耐力上主要な部分｝ ○増改築部分について、次の規定に適合すること ・令第3章第1節～第7節の2（仕様規定） ・法第40条の規定に基づく条例の構造耐力に関する制限を定めた規定	
	｛構造耐力上主要な部分｝ ○構造上分離された増改築部分について、次の規定に適合すること ・令第3章第1節～第7節の2（仕様規定） ・法第40条の規定に基づく条例の構造耐力に関する制限を定めた規定	｛構造上主要な部分｝ ○構造上分離された既存部分について、 ・地震時の構造計算又は耐震診断基準に適合すること（平成17年告示第566号） ・地震時以外の構造計算により安全性の確認（木造の4号建築物は壁量計算のみ）
	｛構造耐力上主要な部分｝ ○耐久性関係規定に適合すること ｛建築設備・屋根ふき材等｝ ・建築設備等は（Ⅰ）に同じ	
1/20以下 かつ 50m²以下 （Ⅴ）	｛構造耐力上主要な部分｝ ○増改築部分について、次の規定に適合すること ・令第3章（仕様規定・構造計算） ・令第129条の2の3（建築設備の構造強度） ・法第40条の規定に基づく条例の構造耐力に関する制限を定めた規定	○既存部分において構造耐力上の危険性が増大しないこと

①増改築後の建築物の構造方法が次のいずれにも適合すること（一体増改築、≫令第137条の2第1号イ）
　1) 建築物全体として、現行基準の構造計算によって構造耐力上安全であることを確認すること。
　2) 増改築部分について、建築設備も含め、現行の仕様規定に適合すること。
　3) 既存部分が耐久性等関係規定に適合し、かつ、改正後の告示基準に適合すること。
②増改築部分は既存部分とエキスパンションジョイント等により相互に応力を伝えない構造方法のみで接し、かつ、増改築後の建築物構造方法は次のいずれにも適合すること（分離増改築、≫令第137条の2第1号ロ）
　1) 増改築部分は現行の構造計算基準に適合すること。
　2) 既存部分は耐震診断基準に適合すること。
　3) 増改築部分について、建築設備も含め、現行仕様規定に適合すること。
　4) 既存部分が耐久性等関係規定に適合し、かつ、改正後の告示基準に適合すること。
③基準時の延べ面積の1/2以下の増改築（≫令第137条の2第2号イ、ロ）
　増改築後の建築物が大臣が定める基準に適合(構造耐力上主要な部分について地震に係る一定の構造計算基準に適合等)
④基準時の延べ面積の1/20かつ50m²以下の増改築（≫令第137条の2第3号イ、ロ）
　1) 増改築部分は現行の構造計算基準に適合すること。
　2) 既存部分はエキスパンションジョイント等により、既存部分の危険性が増大しない構造方法を採用する。

b）**全体計画認定制度**　　≫法第86条の8

　全体計画認定制度は、既存不適格建築物を複数の工事に分けて段階的に建築基準法令の規定に適合させていく計画について、特定行政庁が認定を行う制度である。また、当該工事の間に法又は令もしくは条例の改正等があった場合でも、当該法令等は適用しない。この制度を利用すれば、概ね20年以内に建築物全体が建築基準法に適合するよう計画すればよい。

3 仮設建築物に対する制限の緩和　≫法第85条、令第147条

　建築基準法は基本的には恒久建築物を対象としているのに対して、仮設建築物については、一時的に使用する建築物であることから、建築基準法の規定をそのまま適用するのは合理的でないので、その内容に応じて一部の規定の適用が除外されている。緩和の対象となる仮設建築物には、災害時の応急の仮設建築物、工事現場用の仮設事務所、材料等の資材置き場の下小屋等の他、一時的に使用する興行場・博覧会場、建替え工事のための仮設店舗等がある。博覧会等及び仮設店舗については、特定行政庁の許可を受ける必要がある（表28、29）。

a）**応急仮設建築物**

　非常災害があった場合において、その発生した区域又は隣接区域で特定行政庁が指定する区域においては、災害により破損した建築物の応急の修繕又は次の①、②に該当する応急仮設建築物で、災害発生の日から1か月以内に工事に着手するものについては、建築基準法の規定は、適用しない。ただし、防火地域内に建築する場合は除く。

表28 仮設建築物に対する制限の緩和

仮設の種類		適用しない規定	存続期間	手続
非常災害	国、地方公共団体、日本赤十字社が災害援助のため建築するもの 被災者自家用（≦30m²）	全規定（ただし防火地域内は除く）	3月以内→不要 2年以内の存続→要許可	
一般災害	応急仮設（停車場、郵便局、官公署等公益上必要な建築物）	1章の手続き関係 2章の単体規定の一部（採光、換気等は適用） 3章の全規定*	同上	
工事用	工事現場用仮設（事務所 下小屋 材料置場等）		工事施工のため必要な期間	不要
一般仮設	特定期間の興行用（仮設興行場 博覧会用建築物）	1章の定期報告規定 2章の単体規定の一部（採光、換気、避難等は適用） 3章の規定のうち美観地区を除く全規定	1年以内（国際的規模の競技会等は除く）	要 ｛許可 確認
	建て替え工事のための仮設（仮設事務所 仮設店舗 等）		特定行政庁が必要と認める期間	

※防火、準防火地域内で50m²を超えるものは、法63条を適用する（屋根：不燃材料）。

①国、地方公共団体又は日本赤十字社が災害救助のために建築するもの
②被災者が自ら使用するために建築するもので延べ面積が30m²以内のもの

なお、応急仮設建築物の存続期間が3か月を超える場合は、特定行政庁の許可が必要である。特定行政庁はこの許可申請にあたって、安全上、防火上、衛生上支障がないと認めるときは、2年以内の期間を限って、その許可をすることができる。

加えて、特定行政庁は、被災者の需要に応ずるに足りうる適当な建築物が不足するなどの理由により、応急仮設建築物等（応急仮設建築物、災害救助用建築物及び公益的建築物）が定められた存続期間を超えて使用する特別な理由がある場合、当該建築物が安全上、防火上、衛生上支障がなく、かつ、公益上やむを得ないと認めるときは、最長2年3ヶ月を超えて、1年ごとに存続期間を延長することができる（≫法第85条第5項）。

ただし、この期間を延長する場合は建築審査会の同意が必要である。なお、官公署、病院、学校等の公益上特に必要なものとして省令で定める応急仮設建築物等の用途については、第5項の規定により許可の期間を延長する場合は、建築審査会の同意は必要ない（第8項）。

b）公益上必要な用途に供する応急仮設建築物等

災害があった場合において建築する停車場、官公署などの公益上必要な用途に供する応急仮設建築物又は工事現場事務所、下小屋、材料置き場等は、法第1章の手続関係、第2章の単体規定の一部、第3章の集団規定の適用を除外している。ただし、防火地域又は準防火地域にある延べ面積50m²を超えるものは、法第63条の規定（屋根を不燃材料等で葺く又は造る）を適用する。

当該応急仮設建築物の存続期間、許可等についてはa）に記載した応急仮設建築物と同じである。なお、工事現場事務所などの存続期間は、工事施工上必要とする期間とし、確認及び許可共に必要ない（2項）。

c）その他の仮設建築物

特定行政庁は、仮設興行場、博覧会建築物、仮設店舗などの仮設建築物について安全上、防火

表29　仮設建築物の適用範囲

区分		Ⅰ号	Ⅱ号	Ⅲ号	Ⅳ号
対象となる仮設建築物		法第85条第1項（防火地域以外で特定行政庁が指定する区域内で1か月以内に着手） ・第1号　国、地方公共団体、日本赤十字社が災害救助のために建築する応急仮設建築物 ・第2号　被災者自ら使用するために建築する応急仮設建築物（30m²以内）	法第85条第2項前段災害時の公益上必要な応急仮設建築物	法第85条第2項後段工事施工のための現場事務所、材料置場等の仮設建築物	法第85条第5項仮設興行場、博覧会建築物、仮設店舗、その他これらに類する仮設建築物
設置期間		建築完了後3ケ月 許可→2年以内	3ケ月 許可→2年以内	工事に要する期間	1年以内 許可→工事の間これに代える建物はその工事期間
許可の要否		不要 3ケ月を超える時、要	不要 3ケ月を超える時、要	不要	要
確認の要否（法第6条）		不要	不要	不要	要
第一章	法第7条の6　建築物に関する検査と使用承認	緩和 （構造規定を含めて法が全て適用されない）		緩和	
	法第12条第1項〜3項　定期報告			緩和	緩和
	法第15条　届出及び統計			緩和	
	法第18条　計画通知関係			緩和（第23項は適用）	
第二章	法第19条　敷地の衛生安全			緩和	
	法第21条　大規模建築物 法第22条　構造屋根 法第23条　外壁			緩和	緩和
	法第25条　木造大規模の外壁				緩和
	法第26条　防火壁			緩和	緩和
	法第27条　耐火建築物にすべき特建				緩和
	法第31条　便所			緩和	緩和
	法第33条　避雷設備			緩和	
	法第34条第2項　昇降機			第2項は緩和	第2項は緩和
	法第35条　特建の避難消火			緩和	
	法第35条の2　特建内装				緩和
	法第35条の3　無窓居室の主要構造部				緩和
	法第36条の中　令第19条に関する部分			緩和	
	〃　令第21条　〃			緩和	
	〃　令第26条　〃			緩和	
	〃　令第31条　〃			緩和	
	〃　令第33条　〃			緩和	
	〃　令第34条第2項　〃			緩和	
	〃　第35条　〃			緩和	
	法第37条　建築材料の品質			緩和	緩和
	法第39条　災害危険区域			緩和	
	法第40条　地方公共団体の制限付加			緩和	
第三章	法第62条　防火準防火地域の屋根の不燃化			（50m²を超えるものは適用）	緩和
	法第6節　景観地区			緩和	緩和
	上記以外の第3章の規定			緩和	緩和
施行令第147条	令第22条、第28条、第29条、第30条、第37条、第46条、第49条、第67条、第70条 第3章第8節、第112条、第114条 第5章の2、第129条の2の4の一部、第129条の13の2、第129条の13の3			緩和	緩和
	令第41条、第42条、第43条、第48条、第5章			緩和	

注）工作物の仮設については令第147条第2項、第3項、第4項参照のこと。

上、衛生上支障がないと認める場合、1年以内の期間（建替え工事中必要となる仮設店舗は特定行政庁が必要と認める期間）を定めて許可することができる。なお、法第1章の定期報告、法第2章の単体規定の一部、第3章の集団規定を適用しない（6項）。

また、特定行政庁は、国際的規模の競技会等の用に供するなどの理由により、1年を超えて使用する特別の必要がある仮設興行場等の仮設建築物について、安全上、防災上、衛生上支障がなく、公益上やむを得ないと認め、建築審査会の同意を得た場合には、1年を超えて許可することができる（7項、8項）。

4 簡易な構造物に対する制限の緩和　≫法第84条の2、令第136条の9〜11

土地の高度利用の必要性の増大、ライフスタイルの変化等に伴い従来の建築物とは異なる多様な建築物のニーズが高まっている。こうした状況を背景として、壁のない自動車車庫や、屋根を帆布としたスポーツ練習場等のような簡易な構造の建築物に建築基準法の一般規定を適用することは必ずしも合理的でないため、主として防火関係の制限を緩和する。

簡易な構造の建築物には、壁のない開放的簡易建築物と、屋根及び壁を帆布などの材料で造られた膜構造建築物の2種類がある。

これらの建築物については、防火地域・準防火地域・その他の地域、建築物の用途、主要構造部の構造・材料などによって、一部の規定（主に防火関係の規定）が緩和される。

図31　簡易な構造の建築物の例（自動車車庫とバス停上屋）

a）開放的簡易建築物

壁を設けない建築物、その他国土交通大臣が高い開放性があると認めて指定する建築物（≫平成5年告示第1427号）で、階数が1で床面積≦3000m²であるもので、間仕切壁を設けない次のもの（表30）。

①自動車車庫
②スケート場、水泳場、スポーツ練習場等
③不燃性物品保管庫等火災の発生のおそれの少ない用途
④畜舎、堆肥舎、水産物の増殖場又は養殖場

b）膜構造建築物

屋根、外壁が帆布などの建築物で階数が1で床面積≦3000m²であるもので、間仕切壁を設けな

表30　簡易な構造の建築物の指定（令136条の9）

	形態	規模	用途
(ア)開放的簡易建築物	壁を有しない又は高い開放性を有する（開放性の程度は国土交通大臣が告示で指定）建築物（間仕切壁を有しないものに限る）	階数が1かつ床面積が3000m²以内	a. 自動車車庫の用途に供するもの b. スケート場、水泳場、スポーツの練習場その他これらに類する運動施設 c. 不燃性の物品の保管その他これと同等以上に火災の発生のおそれの少ない用途に供するもの d. 畜舎、堆肥舎並びに水産物の増殖場及び養殖場
(イ)膜構造建築物	屋根及び外壁が帆布その他これに類する材料で造られている建築物（間仕切壁を有しないものに限る）	階数が1かつ床面積が3000m²以内	(ア)b～dの用途に供する建築物

注）いわゆる1層2段の自走式自動車車庫は、1階と屋上部分を自動車車庫に用いるものであり、階数が1であるため、形態の要件に合致するものについては、開放的簡易建築物になる。

い 次のもの（表30）。

　①スケート場、水泳場、スポーツ練習場等

　②不燃性物品保管庫等火災の発生のおそれの少ない用途

　③畜舎、堆肥舎、水産物の増殖場又は養殖場

c）構造制限と緩和

　簡易な構造の建築物の屋根、柱、はり、外壁（延焼のおそれのある部分）には不燃材料以上の性能が求められる。防火性能に関しては次のような緩和規定がある。

　①法第22条区域内の屋根の不燃構造等（>> 法第22条～第26条）

表31　簡易な構造の建築物の構造制限（法第84条の2、令第136条の10）

用途	地域・規模		柱・はり	外壁	屋根
自動車車庫	床面積≧150m²		・準耐火構造 ・不燃材料	・準耐火構造 ・不燃材料 ・大臣指定材料（平成5年告示第1428号）	・準耐火構造 ・不燃材料 ・大臣指定材料（平成5年告示第1428号）
	床面積≦150m²	防火地域			
		準防火地域 法22条区域（特定防災街区整備地区を除く）	・延焼のおそれのある部分 ・準耐火構造 ・不燃材料	・延焼のおそれのある部分 ・準耐火構造 ・不燃材料 ・大臣指定材料（平成5年告示第1428号）	
		その他地域	制限なし		
自動車車庫以外	防火地域		・準耐火構造 ・不燃材料	・準耐火構造 ・不燃材料 ・大臣指定材料（平成5年告示第1428号）	・準耐火構造 ・不燃材料 ・大臣指定材料（平成5年告示第1428号）
	準防火地域	床面積＞500m²			
		床面積≦500m²	・延焼のおそれのある部分 ・準耐火構造 ・不燃材料	・延焼のおそれのある部分 ・準耐火構造 ・不燃材料 ・大臣指定材料（平成5年告示第1428号）	
	法22条区域				
	その他地域	床面積＞1000m²			
		床面積≦1000m²	制限なし		

②特殊建築物の耐火建築物又は準耐火建築物の制限（≫法第 27 条第 3 項）

③特殊建築物の内装制限（≫法第 35 条の 2）

④防火地域・準防火地域内の防火性能（≫法第 62 条～第 64 条）

⑤特定防災街区整備区域内の防火性能（≫法第 67 条の 2）

⑥防火区画・界壁等の設置（≫令第 112 条、第 114 条）

なお、簡易建築物として緩和を受けるには、主要構造部が、地域、規模に応じて、準耐火構造、不燃材料等で造られていることなどの基準（≫令第 136 条の 10）が定められている（表31）。

(イ) 簡易建築物の構造基準（自動車車庫以外）

主要構造部が、地域、規模に応じて、耐火構造、準耐火構造、不燃材料等で造られていること。

(ロ) 自動車車庫の用途に供するものの構造基準

主要構造部が、地域、規模に応じて、準耐火構造、不燃材料等で造られていること。

5 伝統的建造物群保存地区内及び景観重要建造物の制限の緩和

a）伝統的建造物群保存地区内の制限の緩和　≫法第 85 条の 3

文化財保護法第 143 条第 1 項又は第 2 項による「伝統的建造物群保存地区」とは、伝統的建造物群及びこれと一体をなしてその価値を形成している環境を保存するため定められる地区であり、都市計画区域内においては、都市計画の地域地区として都市計画に定められ、都市計画区域以外においては市町村の条例で定められる。また、伝統的建造物群保存地区が都市計画又は条例で定められた場合は、市町村は、当該地区の保存のため、現状変更の規制及び保存のための措置を確保するため必要な措置を定める。

伝統的建造物群を構成している建築物の多くは、既存不適格建築物の取り扱いを受けるもので、これらの建築物について改築、大規模な模様替等を行う場合に、建築基準法をそのまま適用する

表 32　市町村が条例で建築基準法の緩和措置を講ずることができる条項

緩和の内容	伝統的建造物群保存地区内	景観重要建造物
法第 21 条（大規模建築物の防火措置）	○	○
法第 22 条～24 条（屋根不燃区域の屋根、外壁等の防火措置）	○	○
法第 25 条（大規模木造建築物等の外壁等の防火措置）	○	○
法第 28 条（居室の採光及び換気）	○	○
法第 43 条、44 条（接道義務、道路内の建築制限）	○	○
法第 47 条（壁面線による建築制限）	×	○
法第 52 条、53 条（容積率、建蔽率）	○	○
法第 54 条（第 1 種・第 2 種低層住居専用地域・田園住居地域内の外壁の後退距離）	×	○
法第 55 条（第 1 種・第 2 種低層住居専用地域・田園住居地域内の高さ制限）	○	○
法第 56 条（斜線制限）	○	○
法第 56 条の 2（日影規制）	×	○
法第 58 条（高度地区）	×	○
法第 61 条～64 条（防火・準防火地域内の建築制限）	○	○
法第 67 条（特定防災街区整備地区内の建築制限）	○	○
法第 68 条（美観地区内の建築制限）	×	○

と、歴史的、民俗的な価値の高い建築物群を保存することができなくなることから、市町村は国土交通大臣の承認を得て、条例で建築基準法の一部の規定を適用除外又は緩和することができる（表32）。

b) 景観重要建造物に対する制限の緩和　≫法第85条の2

景観法第19条第1項により指定された景観重要建造物のうち、良好な景観の保全のためその位置又は構造をその状態で保存すべき建築物については、市町村は、国土交通大臣の承認を得て、条例で建築基準法の一部の規定を適用除外又は緩和をすることができる（表32）。

2・5　工事現場の安全

工事中の安全等については、労働安全衛生法・同施行令に定められているが、建築基準法等においても以下のとおり工事現場における諸規定がある。

a) 工事現場における確認の表示等　≫法第89条、規則第11条

工事施工者は建築工事現場の見やすい場所に、規則第11条に定める様式により、建築主、設計者、工事施工者、現場管理者の氏名等及び当該工事に係る確認処分があった旨の表示をしなければならない。また、工事施工者は当該工事に係る設計図書を当該工事現場に常備しておかなければならない。

b) 工事現場の危害の防止　≫法第90条

建築物の建築、修繕、模様替又は除却のための工事施工者が危害防止上しなければならない必要な措置について規定されている。

建築工事現場においては、従業者等の関係人に及ぼす損害のほか、特に市街地にあっては、周囲の第三者に及ぼす影響が大きいので、工事関係人、一般通行人、隣接地盤等に関連して危害の防止措置の技術基準（≫令第136条の2の20〜第136条の8）が定められている。なお、この規定について違反があった場合は、特定行政庁により是正等の措置がとられる。

（危害防止に関する技術基準）

①仮囲い（木造で高さ13mもしくは軒高9mを超えるもの又は木造以外の建築物で2以上の階数を有するものの建築現場においては、周囲を1.8m以上の塀等を設置）（≫令第136条の2の20）

②根切り工事、山留工事等を行う場合の危害の防止（近隣建築物、埋設物等への配慮）（≫令第136条の3、昭和56年告示第1105号）

③基礎工事用機械等の転落による危害の防止（≫令第136条の4）

④鉄網、帆布等による落下物に対する防護

図32　鉄骨工事の現場

（»令第136条の5、昭和39年告示第91号）

⑤建築物の建て方等における安全対策（»令第136条の6）

⑥工事用材料の集積による倒壊、崩落の落下対策（»令第136条の7）

⑦火災の防止（火気を使用する場合、不燃材料の囲いを設ける）（»令第136条の8）

以上の諸規定に加えて、労働基準法、労働安全衛生法、火薬取締法、騒音防止法等の関係規定により工事現場の安全を支えている。

c) 工事中の特殊建築物等の使用制限　»法第90条の2

工事中の建築物を使用する際に発生することが考えられる災害を未然に防止するために、工事中の特殊建築物（»法第6条第1項第1号～第3号）が著しく安全上、防火上、避難上支障があると認める場合においては、特定行政庁は建築物の所有者等に対して、使用禁止などの必要な措置を命ずることができる。法第7条の6（建築物の使用制限）に対して、法第90条の2は、工事の種類、規模に関わらずすべての工事に適用され、確認に関わらない小規模の修繕等もその対象にしている。

d) 工事中の建築物の安全上の措置等に関する計画の届出　»法第90条の3

不特定多数の者が使用する大規模な特殊建築物等で、次の表33の建築物を、新築工事中又は避難施設等に関する工事の施工中（確認の対象外も含む）に使用する場合には、事前に工事中の防災措置に関する計画書を特定行政庁に提出することが義務付けられている（»令第147条の2、規則第11条の2）。

表33　工事中における安全措置に関する届出

	用途	規模
①	物品販売店（百貨店、マーケット等）、展示場	3階以上又は地階におけるその用途に供する部分の床面積の合計が1500m²を超えるもの
②	病院、診療所（患者の収容施設があるものに限る）、児童福祉施設等	5階以上におけるその用途に供する部分の床面積の合計が1500m²を超えるもの
③	劇場、映画館、演芸場、公会堂、集会場、ホテル、旅館、キャバレー、カフェー、ナイトクラブ、バー、ダンスホール、遊技場、公衆浴場、待合、料理店、飲食店又は①②の用途	5階以上又は地階におけるその用途に供する部分の床面積の合計が2000m²を超えるもの
④	地下の工作物内に設ける建築物	居室の床面積の合計が1500m²を超えるもの

練習問題

問題2-1　次の設問のうち、建築基準法上、**誤っている**ものはどれか。

1. 同一敷地内に二つの平屋建ての建築物（延べ面積はそれぞれ450m²及び300m²で、いずれも耐火構造の壁等はないものとする）を新築する場合、当該建築物相互の外壁間の距離を4mとする場合は、二つの建築物は「延焼のおそれのある部分」を有している。

2. 日影による中高層の建築物の高さの制限に関する規定において、日影時間を測定する水平面の高さを算定する場合における「平均地盤面からの高さ」とは、当該建築物が周囲の地面と接する位置の平均の高さにおける水平面からの高さを言い、その接する位置の高低差が3mを超える場合においては、その高低差3m以内ごとの平均の高さにおける水平面からの高さを言う。

3. 「準遮炎性能」とは、建築物の周囲において発生する通常の火災時における火炎を有効に遮る

ために防火設備に必要とされる性能を言う。
4. 宅地造成等規制法第8条第1項及び第12条第1項並びにこれらの規定に基づく命令及び条例の規定で建築物の敷地、構造又は建築設備に係るものは「建築基準関係規定」に該当する。

問題2-2 建築物の用途変更に関する次の設問のうち、建築基準法上、**誤っている**ものはどれか。ただし、大規模の修繕又は大規模の模様替を伴わないものとする。
1. 建築主は、指定確認検査機関から建築物の用途の変更に係る確認済証の交付を受けた場合において、工事完了届については、建築主事に届け出なければならない。
2. 木造、延べ面積500m²、地上2階建ての一戸建ての住宅の一部の用途を変更して、床面積100m²の飲食店とする場合においては、確認済証の交付を受ける必要はない。
3. 原動機の出力の合計が3.0kWの空気圧縮機を使用する自動車修理工場において、その建築後に用途地域が変更されたため、原動機の出力の合計が現行の用途地域の規定に適合せず、建築基準法第3条第2項の規定の適用を受けているものについては、原動機の出力の合計を3.5kWに変更することはできない。
4. 延べ面積800m²の共同住宅の用途を変更して、寄宿舎とする場合においては、確認済証の交付を受けなければならない。

問題2-3 下図に示す建築物における延べ面積、建築物の高さ又は階数の算定に関する次の設問のうち、建築基準法上、**誤っている**ものはどれか。ただし、建築物には、住宅、自動車車庫等の用途に供する部分はないものとする。また、昇降機塔の屋上部分の水平投影面積は建築面積の1/20とし、最下階の防災センター（中央管理室）の水平投影面積は建築面積の1/8とする。

1. 容積率の算定の基礎となる延べ面積は4150m²である。
2. 階数は6である。
3. 地階を除く階数は4である。
4. 避雷設備の設置の必要性を検討するに当っての建築物の高さは18mである。

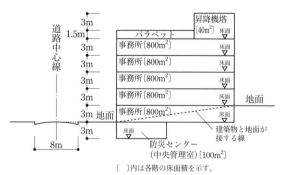

3章

一般構造・建築設備規定

3・1 一般構造

1 敷地の衛生及び安全　》法第19条

　建築物の敷地は、そこに住んでいる人たちの生命や財産を守るために、常に建築物が衛生上良好な状態、かつ安全性が確保されるように整備されていなければならない。従って、建築物の敷地には次のような制限がある。

①敷地は周囲の道（道路）の境より高く、また、周囲の土地より高い位置にして、敷地内の排水が容易に行えるようにし、建築物を湿気から防ぐ必要がある。ただし、敷地内の排水が容易に行える場合、又は建築物の用途により防湿の必要がない場合は緩和される。

②敷地が水田を埋め立てたような湿潤な土地、河川等の近傍の低地で洪水などによる出水のおそれのある土地などでは、適当な高さまで盛土をし、あるいは建築物の基礎を鉄筋コンクリート造等背の高いものにするなど、建築物を安全な状態に保護する。また、ごみ等で埋め立てられた土地においては、埋め土を入れ替えたり、基礎杭を安全な深さまで打ち込んだり、盛土、地盤改良等により、衛生上又は安全上の措置を講じること。

③敷地は雨水及び汚水を敷地外に排出し、又は衛生上無害なものに処理するための下水道管や下水溝、会所、汚物処理槽等の施設を設けること。

④敷地が傾斜地や崖地にある場合は、建築物が崖崩れや地滑り等の被害を受けることがないように崖の傾斜を緩くするか、崖地から建築物を離すとか、擁壁を設置する等安全上の措置を講じること。

2 階段の寸法等

　建築物に設置する階段の規定には、令第2章第3節（》令第23条〜第27条）一般構造として、階段の幅、踊場の幅、勾配等の安全性や使いやすさを規定したものと、令第5章第2節（》令第117条〜第126条）避難施設としての階段の規定で、火災時等の安全性を考慮したものの二通りに分けられる。ここでは、「一般構造」としての階段を取り上げる。

a）階段・踊場の幅、階段のけあげ・踏面の寸法　≫令第23条

建築物の用途等に応じて、階段・踊場の幅及び階段のけあげ・踏面は表1による。また、階段の規定には次のような規定がある（図1）。

- 回り階段の踏面寸法は、踏面の狭い方の端（内側）から30cmの位置において測る（≫令第23条第2項、図2）
- 手すり及び階段の昇降を安全に行うための設備でその高さが50cm以下のものについては、幅10cmを限度として、それを除外して、幅を算定する（≫令第23条第3項、図3）。例えば、階段の幅は内法寸法で測定するが、壁面から14cm突出する手すり等が設けられている場合は、4cm分だけ、階段の有効幅から除外する（≫令第23条第3項）。

表1　階段の寸法

	階段の種別	階段及びその踊り場の幅	けあげ寸法	踏面の寸法
(1)	小学校の児童用	140cm以上	16cm以下 (18cm以下)	26cm以上
(2)	中学校、高等学校の生徒用、物品販売業を営む店舗（>1500m²） 劇場、映画館、演芸場、観覧場、公会堂、集会場	140cm以上	18cm以下 (20cm以下)	26cm以上 (24cm以上)
(3)	直上階の居室（地上階）>200m² 居室（地下階）>100m²	120cm以上	20cm以下	24cm以上
(4)	(1)から(3)までに掲げる階段及び住宅以外	75cm以上	22cm以下 (23cm以下)	21cm以上 (19cm以上)
(5)	住宅	75cm以上	23cm以下	15cm以上
(6)	階数が2以下で延べ面積が200m²未満の建築物	(75cm以上)	(23cm以下)	(15cm以上)

ただし、下記の条件を満たす場合は、表中（　）内の寸法にすることができる。{令和元年告示第202号}
・階段の両側に手すりを設ける。
・階段の表面は粗面とし、又は滑りにくい材料で仕上げる。

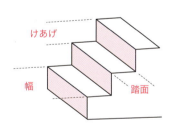

図1　階段の幅・けあげ・踏面

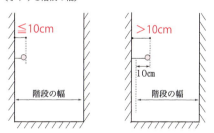

〔手すりと階段の幅〕

突出部分が10cm以下の場合　突出部分が10cmを超える場合

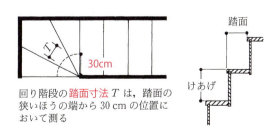

図2　踏み面とけあげ

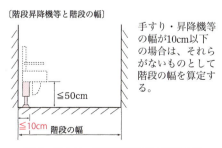

〔階段昇降機等と階段の幅〕

手すり・昇降機等の幅が10cm以下の場合は、それらがないものとして階段の幅を算定する。

図3　手すり・階段昇降機等と階段の幅

- 屋外階段の幅は、令第120条、121条の規定によるものは90cm以上、その他のものは60cm以上とすることができる（»令第23条第1項）。
- 利用者が安全に昇降できるものとして国土交通大臣が定めた構造方法*を用いる階段については、階段の寸法（»令第23条第1項）の規定は適用しない（»令第23条第4項）。
- 特殊用途の専用階段（昇降機機械室用階段、物見塔用階段等）には適用しない（»令第27条）。ちなみに、エレベーター機械室の階段については、けあげ23cm以下、踏面15cm以下で階段幅については任意である（»令第129条の9弟5号）。

b) 踊場の設置　»令第24条

小学校の児童用、中学校等の生徒用、物品販売店（＞1500m²）、劇場などの階段は高さ3mを超えるものは、高さ3m以内ごとに、その他の場合は4m以内ごとに踊場を設ける。ただし、この規定によって設ける直階段の踊場の踏幅（進行方向）は、1.2m以上必要である。なお、このような直階段の踊場の幅と折れ曲り階段の踊場の幅とは異なるので、注意が必要である（図4、5）。

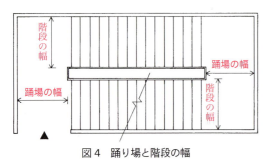

図4　踊り場と階段の幅　　　図5　中間の踊り場

c) 手すりの設置　»令第25条

階段には手すりを設け、階段及び踊場の側面（手すりが設けられた側を除く）には側壁等を設けなければならない。階段の幅が3mを超える場合は、中間にも手すりを設ける。ただし、けあげ15cm以下、踏面30cm以上の場合は必要ない。また、高さが1m以下の階段の部分については適用しない。

建築基準法では、階段の手すりの高さの規定はないが、屋上広場や2階以上に設けられるバルコニー等の手すりの高さについては、1.1m以上としなければならない規定がある（»令第126条第1項）。

d) 階段に代わる傾斜路　»令第26条

階段に代わる傾斜路（スロープ）の勾配は1/8以下とし、表面は粗面とし、又は滑りにくい材料で仕上げる。階段の規定のうち、けあげ、踏面に関する部分を除き、傾斜路にも適用する。

3 居室の天井の高さ　≫令第21条

a）居室の天井の高さ

基本的には天井の高さは 2.1m 以上としなければならない。居室は居住、執務、作業、集会、娯楽等の目的のため、継続的に使用される室であるので、作業動作の便、不便だけでなく、健康上、衛生上の観点から、最低限を決めるべきものとして、居室の天井の高さを 2.1m 以上とするよう定められている。

b）天井の高さの測り方

天井の高さは室の床面から測り、天井の高さの算定について、室の部分によって天井の高さが異なるときは、平均の高さによる。すなわち、室の体積を床面積で除す。断面が一様な室については、断面積を室の幅で除す（図6）。

- 居室の断面が一様でない場合

  平均天井高 ＝ 居室の体積 / 居室の床面積

- 居室の断面が一様な場合

  平均天井高 ＝ 居室の断面積 / 居室の室幅

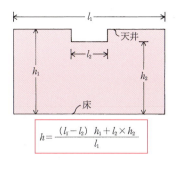

$$h = \frac{(l_1 - l_2)\,h_1 + l_2 \times h_2}{l_1}$$

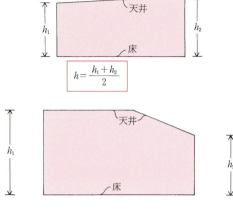

$$h = \frac{h_1 + h_2}{2}$$

$$h = \frac{l_1 \times h_1 + (h_2 + h_1) \times l_2 \times 1/2}{l_1 + l_2}$$

図6　天井高さの測り方

4 居室の床の高さ及び床下の防湿　≫令第22条

最下階の居室が木造であるときは、次の防湿措置をしなければならない。これは、地面からの湿気により、部屋にいる人の衛生上の配慮及び木造の土台、大引、根太等が湿気により腐蝕しないように、床下の通風を確保する規定である。ただし、床下をコンクリート、たたきなどの材料で覆う場合等、最下階の居室の床の構造が、地面から発生する水蒸気によって腐食しないものとして、国土交通大臣の認定を受けたものは、45cm 未満でもよい。

イ　床の高さは、直下の地面から 45cm 以上とする。

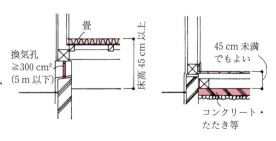

図7　居室の床高

ロ　外壁の床下部分には、壁の長さ5m以下ごとに、面積300cm²以上の換気孔を設け、これにネズミの侵入を防ぐための金網等の設備をする（図7）。

5 居室の採光

採光とは、建築物の室内の良好な環境を維持するため、外部から自然光を取り入れることである。

a）採光が必要な居室の種類　≫法第28条第1項、令第19条

居室のうち、採光に有効な開口部が義務付けられるものは、住宅の居室、学校の教室、病院・診療所の病室、寄宿舎の寝室、下宿の宿泊室等、政令（≫令第19条）で定める居室である（表2）。これらの居室は、採光規定の目的である児童や老人等の衛生上の配慮を必要とするものが、長時間継続的に利用する可能性が高いものとして適用範囲を限定している。これらの居室には、床面積に対して一定割合の採光上有効な開口部が必要である。

ただし、住宅の必要採光面積については、居室の床面積の1/7以上を原則とするが、床面において50ルクス以上の照明を確保することができる照明設備を設置することにより1/10まで緩和できる。

> 居室の必要採光面積＝居室の床面積×割合（住宅の場合は1/7）

なお、次に掲げる居室については緩和される。
①地階又は地下工作物内に設ける居室
②①に類する居室
③温湿度調整を必要とする作業を行う作業室
④その他用途上やむを得ない居室

b）採光に有効な開口部面積の算定方法　≫令第20条第1項

開口部が隣地境界線や他の建築物等に接近しすぎると、その開口部に自然光が入らなくなり、採光に有効な開口部にならない。従って、このような開口部では、そのまま使われるのではなく、採光上有効な開口部の面積（有効採光面積）を算定して、有効な採光を求める必要がある（表4）。

> 有効採光面積＝開口部の面積×採光補正係数

窓の有効採光面積≧居室の必要採光面積としなければならない。

$$\frac{採光上有効な開口部（W）}{居室の床面積（A）} \geq \frac{1}{7} \text{（住宅の場合）}$$

＊採光上有効な開口部（W）は「開口部の面積×採光補正係数」によって求める。

（採光補正係数＝Xの求め方）　≫令第20条第2項

下記の計算式によって求める（表3）。

$$X =（採光関係比率 \times A）- B \quad ただし、X > 3の場合は3とする。$$

表2 居室に必要な有効採光面積

	居室の種類	採光に有効な面積／居室の床面積
①	住宅の居室	1/7 以上
②	幼稚園、小学校、中学校、義務教育学校、高等学校、中等教育学校の教室又は幼保連携型認定こども園の教室	1/5 以上
③	保育所の保育室	
④	病院又は診療所の病室	1/7 以上
⑤	寄宿舎の寝室又は下宿の宿泊室	
⑥	児童福祉施設等の寝室（入所者が使用するものに限る）／児童福祉施設等（保育所を除く）の居室のうち、入所者又は通所者に対する保育、訓練、日常生活に必要な便宜の供与等の目的のために使用するもの	
⑦	②の学校以外の学校の教室	
⑧	病院、診療所及び児童福祉施設等の居室のうち、入院患者又は入所者の談話、娯楽等の目的のために使用されるもの	1/10 以上

注1) 児童福祉施設等：児童福祉施設、助産所、身体障害者更生援護施設（補装具製作施設・視聴覚障害者情報提供施設を除く）、精神障害者社会復帰施設、保護施設（医療保護施設を除く）、婦人保護施設、知的障害者援護施設、老人福祉施設、有料老人ホーム、母子保健施設（令19条1項）。

注2) ①から⑥の場合、国土交通大臣が定める基準に従って、照明設備を設置するなどの措置が講じられている場合は、1/10までの範囲内で緩和される（令19条3項）。なお、①②の場合、国土交通省告示1421号（平成12年5月31日）がある。

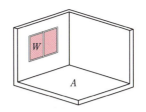

$$\frac{\text{採光上有効な開口部（有効採光面積）}(W)}{\text{居室の床面積}(A)} \geqq \frac{1}{7} \sim \frac{1}{10}$$

※採光上有効な開口部(W)は、開口部の面積×採光補正係数によって求める

【有効採光面積の算定】
住居系地域の場合
1階の開口部の採光補正係数は
　$D/H_1 \times 6 - 1.4$
2階の開口部の採光補正係数は
　$D/H_2 \times 6 - 1.4$
したがって有効採光面積は
1階　$W_1 \times (D/H_1 \times 6 - 1.4)$
2階　$W_2 \times (D/H_2 \times 6 - 1.4)$

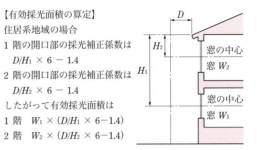

図8 住宅等の居室に必要な採光上有効な開口部

表3 採光補正係数の求め方

用途地域（採光補正係数の算定式）	A	B	C
住居系地域（採光関係比率 × 6 − 1.4）	6	1.4	7
工業系地域（採光関係比率 × 8 − 1）	8	1	5
商業系地域又は無指定（採光関係比率 × 10 − 1）	10	1	4

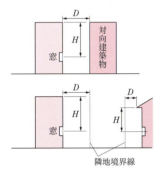

図9 有効採光面積の算定方法

表4 有効採光面積の算定方法

用途地域地区	計算式	開口部が道に面する場合	開口部が道に面しない場合			
			水平距離	X	水平距離	X
第1種低層住居専用地域／第2種低層住居専用地域／第1種中高層住居専用地域／第2種中高層住居専用地域／第1種住居地域／第2種住居地域／準住居地域／田園住居地域	$D/H \times 6 - 1.4$　$X > 3$の場合は3	$X < 1$の場合は1	7m 以上の場合	Xが1未満の場合は $X = 1.0$	7m 未満の場合	Xが負の場合は $X = 0$
準工業地域／工業地域／工業専用地域	$D/H \times 8 - 1$　$X > 3$の場合は3		5m 以上の場合	Xが1未満の場合は $X = 1.0$	5m 未満の場合	Xが負の場合は $X = 0$
近隣商業地域／商業地域／用途指定のない区域	$D/H \times 10 - 1$　$X > 3$の場合は3		4m 以上の場合	Xが1未満の場合は $X = 1.0$	4m 未満の場合	Xが負の場合は $X = 0$

D: 境界線までの水平距離　　H: 窓の中心からの垂直距離　　D/H: 採光関係比率（最小値）　　X: 採光補正係数

①開口部が道に面する場合で、$X<1$の場合は1とする。
②開口部が道に面しない場合で、水平距離がCm以上であり、$X<1$の場合は1とする。
③開口部が道に面しない場合で、水平距離がCm未満であり、Xが負数の場合は0とする。

（ア）天窓の採光面積　（イ）縁側のある居室の採光

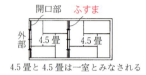

（ウ）ふすま等で仕切られた居室の採光

図11　採光面積の算定方法

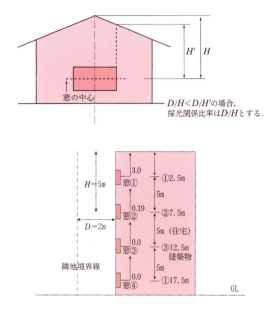

◎計算式（例）
・開口部（窓）の大きさ 1.8 m×1.0 m＝1.8 m²
・居室の大きさ＝20 m²
・必要採光面積＝20 m²/7＝2.85 m²
　　　　　　（居室の床面積×1/7）
・採光補正係数算定式
　　$D/H×6-1.4$
　　［D/H は，その数値のうち最も小さい数値］

・有効採光面積の算出
窓①　2/2.5×6-1.4＝3.4→3.0
　　　1.8×3＝5.4 m²＞2.85 m²　　∴OK
窓②　2/7.5×6-1.4＝0.199→0.19
　　　1.8×0.19＝0.34 m²＜2.85 m²　∴OUT
窓③　2/12.5×6-1.4＝-0.44→0
　　　1.8×0＝0 m²＜2.85 m²　∴OUT
窓④　2/17.5×6-1.4＝-0.71→0
　　　1.8×0＝0 m²＜2.85 m²　∴OUT

有効採光面積の計算例

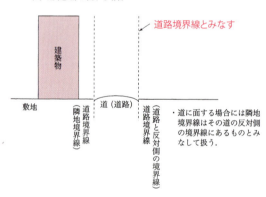

(1) 道（道路）に面する場合

・道に面する場合には隣地境界線はその道の反対側の境界線にあるものとみなして扱う.

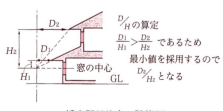

採光関係比率の計算例

図10　有効採光面積・採光関係比率の計算例

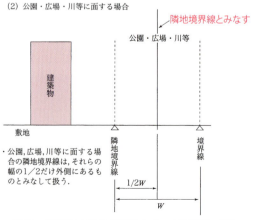

(2) 公園・広場・川等に面する場合

・公園，広場，川等に面する場合の隣地境界線は，それらの幅の1/2だけ外側にあるものとみなして扱う.

図12　建築物と隣地境界線までの水平距離の緩和

（採光関係比率の求め方） ≫令第20条第2項

$$\text{採光関係比率} = \frac{\text{開口部の真上にある建築物の部分から敷地境界線までの水平距離 }(D)}{\text{開口部の真上にある建築物の部分から開口部の中心までの垂直距離 }(H)} \quad (図8～10)$$

c）採光計算の特例

①ふすま、障子等常時開放できる2室については、室面積、開口部ともに2室合計で計算できる（≫法第28条第4項、図11(ウ)）。

②天窓の採光補正係数は、前記計算式の3倍とする（3が限度、図11(ア)）。

③開口部の外側に、幅90cm以上の縁側（ぬれ縁を除く）がある場合の採光補正係数は、前記計算式の0.7倍とする（図11(イ)）。

④道に面する開口部の場合には、道の反対側の境界線までの距離をDとして、採光補正係数の計算をするが、その係数が1未満になった場合は、1とする（図12(1)）。

⑤公園、広場、川等の空地に面する場合に、公園等の幅の1/2だけ、隣地境界線が外側にあるものとして、採光補正係数の計算をする（図12(2)）。

⑥法第86条による公告の対象区域については、隣地境界線等までの距離Dは、団地全体のなかでとることができる。

6 居室の換気

a）一般居室の換気　≫法第28条第2項、第3項

居室は人が継続的に使用する室であるから空気汚染防止の必要が高く、すべての居室について、原則として、換気に有効な窓等の開口部を設けることが義務付けられている。換気に有効な部分の面積は、居室の種類に関係なく、居室の床面積の1/20以上である。なお、ふすま、障子等で常時開放できる2室については、室面積、開口部とも採光の場合と同様に2室合計で計算できる。

b）居室に設ける換気設備　≫令第20条の2～3、令第129条の2の5第1項

開口部の面積が不足している（居室の床面積の1/20未満）居室の場合には、次の①～④のいずれかの換気設備を設けることにより、換気量を確保する（表5）。

①**自然換気設備**：機械によらず、煙突型の筒等により、室内外の温度差、風力などを利用して換気を行うもので、排気筒の有効断面積は下記によって求める（≫令第20条の2第1号イ、第129条の2の6第1項）（図13）。

$$A_v = \frac{A_f}{250\sqrt{h}}$$

　　　A_v：排気筒の必要有効断面積 [m²]
　　　A_f：居室の床面積（換気上有効な開口部を有する場合は、その20倍の面積を乗じてよい）[m²]
　　　h：給気口の中心から排気筒の頂部の外気に開放された部分の中心までの高さ [m]

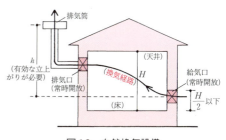

図13　自然換気設備

②**機械換気設備**：機械によって換気を行うときは、在室者1人当たり、毎時20m³以上の有効な空気の換気を行う。機械換気設備の有効換気量は、次の式によって計算した数値以上とする（≫令第20条の2第1号ロ、第129条の2の5第2項）。

$$V = \frac{20A_f}{N}$$

V：必要有効換気量 [m³/h]

A_f：居室の床面積（換気上有効な開口部を有する場合は、その20倍の面積を減じてよい）[m²]

　＊劇場等にあっては（換気上有効な開口部×20）を差し引くことはできない。また、劇場等の居室に設ける換気設備は、機械換気設備又は次に示す中央管理方式の空気調和設備としなければならない（自然換気設備は不可）。

N：実況に応じた1人当たりの占有面積（10を超えるときは10とし、劇場等にあっては、3を超えるときは3とする）[m²]

表5　換気設備の種類

	設置が必要な室	換気設備の種類
①	換気に有効な窓その他の開口部の面積が、その居室の床面積の1/20未満の居室	・自然換気設備 ・機械換気設備 ・中央管理方式の空気調和設備
②	劇場、映画館、演芸場、観覧場、公会堂、集会場等の居室	・機械換気設備 ・中央管理方式の空気調和設備
③	調理室、浴室等の火気使用室	・自然換気設備 ・機械換気設備

注）①の算定にあたっては、ふすま、障子等随時開放しうる建具で仕切られた2室は1室とみなす。また、換気に有効な面積とは、実際に開放しうる面積を言い、引違い窓では窓面積の約1/2が有効とみなされる。

表6　換気設備の基準

	対象	換気設備の種類	関連条項
任意設置の場合	任意の換気設備を設置したすべての室〔法36条〕	自然換気設備	令129条の2の5・1項
		機械換気設備	令129条の2の5・2項
		中央管理方式の空調設備	令129条の2の5・3項〔平成12年告示第1391号〕
義務設置の場合	床面積の1/20以上の有効開口面積を有する窓等を有しない居室（換気無窓の居室）〔法28条2項〕	自然換気設備	令20条の2・1項、令129条の2の5・1項〔平成12年告示第1403号〕
		機械換気設備	令20条の2・2号、令129条の2の5・2項〔平成12年告示第1403号〕
		中央管理方式の空調設備※	令20条の2・3号、令129条の2の5・3項〔平成12年告示第1391号〕
	劇場、映画館、演芸場、観覧場、公会堂及び集会場の用途に供する建築物の居室〔法28条3項〕	機械換気設備	令20条の2・1号、令20条の3 令129条の2の5・2項〔平成12年告示第1403号〕
		中央管理方式の空調設備※	令20条の2・2号、令20条の3 令129条の2の5・3項〔平成12年告示第1391号〕
	火を使用する室〔法28条3項〕		令20条の3〔平成12年告示第1403号〕
	建築物に設ける煙突	煙突	令115条
		ボイラーの煙突	令115条1項7号〔平成12年告示第1387号〕

※空気調和設備：空気を浄化し、その温度、湿度及び流量を調整して供給（排出を含む）をすることができる設備。

③中央管理方式の空気調和設備：中央管理方式によって、新鮮な空気を送るときは、国土交通大臣が定めた構造方法を用いる（≫令第20条の2第1号ハ、第129条の2の5第3項）。

④その他の設備：居室内のCO_2の含有率は1000ppm以下、CO含有率は6ppm以下に保つことができる等の基準に適合するもの（国土交通大臣認定）（≫令第20条の2第1号ニ）。

c）火気使用室の換気　≫法第28条第3項、令第20条の2、第20条の3

火気使用室とは「建築物の調理室、浴室その他の室でかまど、こんろその他火を使用する設備又は器具を設けたもの」と条文に規定されている。換気設備を設けるべき調理室等の規定としては、給気口は天井高の1/2以下の高さに設けること、排気口は天井又は天井から80cm以内の高さに設けること、排気筒の有効断面積、排気フードは不燃材料で造ること等について基準が定められている。ただし、次のいずれかの場合は、火気使用室の換気設備の設置が緩和される。

イ　密閉式燃焼器具等のみを設けた室
ロ　床面積100m²以内の住宅で、発熱量が12kw以下の設備等を用い、換気上有効な開口部面積が床面積の1/10（0.8m²未満のときは、0.8m²とする）以上あるもの
ハ　調理室以外の火気使用室（密閉式燃焼器具を除いた器具の発熱量が6kw以下）で換気上有効な開口部を設けたもの

d）機械換気設備の基準　≫令第129条の2の5

下記の①②③は、それぞれ、法令によって義務付けられた規定であるが、任意で換気設備を設けた場合でも、一定の性能を確保する必要がある。この基準は自然換気設備、機械換気設備、空気調和設備について規定されており、居室の換気設備には適用されるが、火気使用室の換気設備には適用されない。

①自然換気設備
　イ　換気上有効な給気口及び排気口を設ける
　ロ　給気口は、天井の高さの1/2以下に設け、常時外気に開放させる
　ハ　排気口は、給気口より高い位置に設け、常時開放された構造とし、排気筒と連結する
　ニ　その他

②機械換気設備
　第1種機械換気設備（給気機＋排気機）、第2種機械換気設備（給気機＋排気口）、第3種機械換気設備（給気口＋排気機）のどちらかの換気設備としなければならない。

③中央管理方式の空気調和設備
浮遊粉じん量の限度、一酸化炭素及び炭酸ガスの含有率の限度、空気の温度、湿度、相対湿度、気流の数値限度の基準が表7のように定められている。

表7　中央管理方式の各種数値基準

浮遊粉じん量	空気1m³につき0.15mg
COの含有率	6/100万以下
CO_2の含有率	1000/100万以下
温度	・18度以上28度以下 ・居室における温度を外気の温度より低くする場合は、その差を著しくしないこと。
相対湿度	40%以上70%以下
気流	0.5m/s以下

7 石綿その他の物質の飛散・発散に対する措置（シックハウス対策等）

≫法第 28 条の 2、令第 20 条の 4〜9、令第 137 条の 4 の 2〜3

住宅の気密化や化学物質を発散する内装材、塗料、接着剤を使用することにより、室内の空気汚染が発生し、そこに居住する人の健康状態に悪影響を及ぼしていることから設けられた規定である。

a) 石綿等に対する措置

①建築材料に石綿等を添加しないこと。

②石綿等をあらかじめ添加した建築材料を使用しないこと。ただし、石綿等を飛散・発散させるおそれがないものとして国土交通大臣の定めたもの又は認定を受けたもの。

b) 化学物質の発散に対する措置

居室内においては、規制対象となる化学物質としてクロルピリホス及びホルムアルデヒドがある。これらの化学物質による衛生上の支障がないよう、建築材料及び換気設備について、一定の技術的基準が定められている。

c) クロルピリホスに関する規制

クロルピリホスを添加した建材については、居室を有する建築物への使用が禁止されている。ただし、添加から 5 年以上経過していること等により、クロルピリホスが発散するおそれがないものとして、国土交通大臣が定める材料（≫平成 14 年告示第 1112 号）については使用できる。

d) ホルムアルデヒドに関する規制

ホルムアルデヒドの規制には、3 つの対策が必要である。夏季において、室内のホルムアルデヒド濃度を厚生労働省の指針値 0.008ppm（0.1mg/m^3）以下にするため、規制の基準は化学物質の室内濃度そのものではなく、建築材料のホルムアルデヒド発散速度区分とそれに応じた使用面積制限、並びに換気設備の設置を義務付けている（図 14、15）。

e) 3 つのホルムアルデヒド対策

①換気設備の義務付け

②内装仕上げの制限

③天井裏などの制限

ただし、以下のいずれかの居室の場合には、3 つのホルムアルデヒド対策はすべて適用除外である。

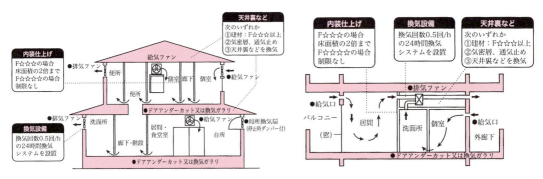

図 14　シックハウス対策の概要（一戸建て住宅と共同住宅）（国土交通省資料より）

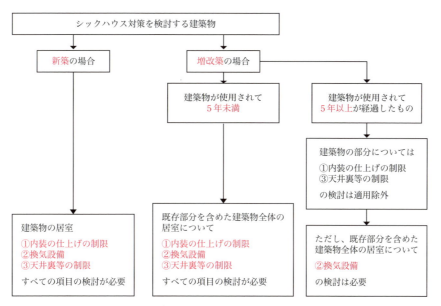

図15　建築物の新築・増築又は改築におけるシックハウス対策の検討フロー

　　イ　中央管理方式の空気調和設備を設置した居室
　　ロ　居室のホルムアルデヒド濃度を厚生労働省の指針 0.008ppm（0.1mg/m³）以下に保持できるものとして国土交通大臣の認定を受けた居室

①換気設備の設置義務付け

　原則として、すべての建築物に機械換気設備を設置する。
- 住宅の居室には、仕上げの種類に関わらず、換気回数 0.5 回／時以上の換気設備を設置する。その他は 0.3 回／時以上
- 常時作動する換気設備であること（24 時間換気システム等の計画換気システム）（図16）
- 居室の種類（表8）
- 居室と通気があるとみなされ、居室と一体となる室について

　（換気計算する場合）
　　・常時開放された開口部でつながっている隣室や廊下、階段、浴室、洗面所、便所、納戸等

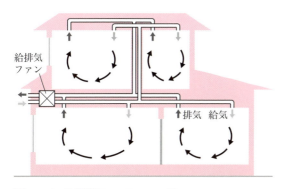

図16　24時間換気システムの一例（国土交通省資料より）

表8　居室の種類

	居室の内容
住宅等の居室	・住宅の居室 ・下宿の居室 ・寄宿舎の居室 ・家具その他これに類する物品の販売業を営む店舗の売場
住宅の居室以外の居室（その他の居室）	・ホテル、旅館の宿泊室 ・家具等の以外の物品販売店の売場

・ドアのアンダーカット等で通気されている隣室は、一つの居室とみなす

> ●換気回数の算出式
>
> 部屋の容積 ＝ 床面積 × 平均天井高さ
>
> $$換気回数\,[回/時] = \frac{換気量\,[m^3/時]}{部屋の容積\,[m^3]}$$

●換気回数の設定
・住宅の居室における換気設備による換気回数は、0.5回/時以上0.7回/時未満又は0.7回/時以上の2つのレベルを設定。
・住宅の居室以外の居室における換気設備の換気回数には、0.3回/時以上0.5回/時未満、0.5回/時以上0.7回/時未満又は0.7回/時以上の3つのレベルを設定。

●換気設備の措置免除
常時開放されている開口部と隙間の合計面積が、床面積1m²当たり15cm²以上あるような気

表9　シックハウス対策①：内装仕上げの制限

①建築材料の区分

建築材料の区分	ホルムアルデヒドの発散	放散速度	JIS、JASなどの表示記号	内装仕上げの制限
建築基準法の規制対象外	少ない ↑	5μg/m²h 以下	F☆☆☆☆	制限なしに使える
第3種ホルムアルデヒド発散建築材料		5〜20μg/m²h	F☆☆☆	使用面積が制限される
第2種ホルムアルデヒド発散建築材料		20〜120μg/m²h	F☆☆	
第1種ホルムアルデヒド発散建築材料	↓ 多い	120μg/m²h 超	旧 E_2、Fc_2 又は表示なし	使用禁止

※μg（マイクログラム）：100万分の1gの重さ。放散速度1μg/m²hは建材1m³につき1時間当たり1μgの化学物質が発散されることを言う。
※建築物の部分に使用して5年経過したものについては、制限なし。

②第2種・第3種ホルムアルデヒド発散建築材料の使用面積の制限

次の式を満たすように居室の内装仕上げの使用面積を制限する。

$$N_2S_2 + N_3S_3 \leq A$$

S_2：第2種ホルムアルデヒド発散建築材料の使用面積
S_3：第3種ホルムアルデヒド発散建築材料の使用面積
第2種分　第3種分　居室の床面積

居室の種類	換気回数	N_2	N_3
住居棟の居室※	0.7回/h以上	1.2	0.20
	0.5回/h以上 0.7回/h未満	2.8	0.50
上記以外の居室※	0.7回/h以上	0.88	0.15
	0.5回/h以上 0.7回/h未満	1.4	0.25
	0.3回/h以上 0.5回/h未満	3.0	0.50

※住居等の居室とは、住居の居室、下宿の宿泊室、寄宿舎の寝室、家具その他、これに類する物品の販売業を営む店舗の売り場を言う。上記以外の居室には、学校、オフィス、病院など、他の用途の居室が全て含まれる。

表10　シックハウス対策②：換気設備装置の義務付け

居室の種類	換気回数
住宅等の居室	0.5回/h以上
上記以外の居室	0.3回/h以上

表11　シックハウス対策③：天井裏等の制限

①建材による措置	天井裏などに第1種、第2種のホルムアルデヒド発散建築材料を使用しない（F☆☆☆以上とする）
②気密性、通気止めによる措置	通気層又は通気止めを設けて天井裏などと居室とを区画する
③換気設備による措置	換気設備を居室に加えて天井裏なども換気できるものとする

密性の低い居室は、換気設備は不要。

②内装仕上げの制限

居室の種類、換気回数、建築材料の区分に応じ、内装仕上げに使用する建築材料の面積制限を行う。

- 規制対象となる範囲（部位）

  内装は壁、床、天井（天井のない場合は屋根）、建具等室内に面する部分。ただし、廻り縁、窓台、幅木、手摺、鴨居、長押、建具の枠等の造作は除く。

③天井裏の制限

天井裏には次のいずれかの措置を講ずること。

- 建築材料による措置

  天井裏等には、第1種及び第2種ホルムアルデヒド発散材料を使用しない。

- 換気設備による措置

  居室に加えて天井裏等も換気設備により換気する。

- 気密層、通気止めによる措置

  気密層又は通気止めを設けて、天井裏などと居室とを区画する。

8 地階における住宅等の居室　》法第29条、令第22条の2

住宅の居室、学校の教室、病院の病室、寄宿舎の寝室で、地階に設けるものは、壁及び床の防湿措置について衛生上必要な技術的基準に適合しなければならない。地階の技術基準は下記の通りである（図17、18、表12）。

①居室には、**空ぼり**を設ける、換気設備を設ける、又は湿度調整設備を設ける等の措置を講ずる。
②外壁、床等の構造は、水の浸透を防止するための防水層、居室に面する部分との空隙を設け、

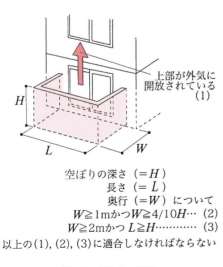

空ぼりの深さ（$=H$）
長さ（$=L$）
奥行（$=W$）について
$W \geq 1m$ かつ $W \geq 4/10 H$ … (2)
$W \geq 2m$ かつ $L \geq H$ ………… (3)
以上の(1), (2), (3)に適合しなければならない

図17　空ぼりの基準

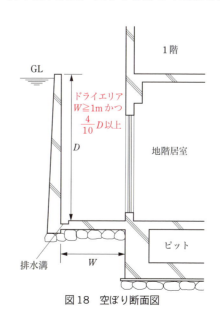

図18　空ぼり断面図

そこへ浸入した水を排水する設備を設置するか、又は居室へ水が浸入しない構造とする。

表12　住宅の居室を地階に設ける場合の技術的基準（令22条の2、平成12年建告1430号）

	基本的な基準	基準の詳細又は補足	
居室（いずれか）	(1)からぼり等に面して開口部を設ける場合	開口部の条件（平成12年建告1430号） (1)開口部を次の①又は②のいずれかに設けること 　①雨水の排水設備を設けた 　　からぼり $\begin{cases} 上部が外気に開放されていること \\ W \geq 1m \text{ かつ } W \geq \frac{4}{10}D \\ L \geq 2m \text{ かつ } L \geq D \end{cases}$ に面する場合 　②敷地内に当該開口部の下端よりも低い位置に地面がない場合 (2)換気有効開口部 ≧ 居室の面積 × 1/20	
	(2)換気設備を設ける場合	令20条の2が適用される 必ず排気筒等を設ける	無採光タイプ居室の用途が限定される
	(3)除湿設備を設ける場合	建築設備として少なくとも配管等接続されるもの 移動可能ないわゆる除湿器は不可	
外壁等の構造（いずれか）	(1)外壁等の構造を①又は②のいずれかにすること	常水面以上の部分を耐水材料で造り、かつ、材料の接合部及びコンクリートの打継ぎ部分に防水措置を講じた場合は適用しない	
	①外壁・床・屋根 直接土に接する部分に防水層を設ける	防水層の基準（平成12年建告1430号） ①埋戻しの工事中に防水層が損傷を受ける場合は、き裂、破断等を防止する保護層を設ける。 ②下地の種類、土圧、水圧等により、割れ、すき間等が生じないよう、継目に十分な重ね合わせをすること	
	②外壁・床 直接土に接する部分を耐水材料で造り、かつ、直接土に接する部分と居室に面する部分の間に居室内への水の浸透を防止するための空隙を設ける	空隙内に浸透した水は有効に排出する設備を設けること	
	(2)大臣の認定を受けたもの	現在は認定の実績はない	

9 長屋・共同住宅の各戸の界壁の遮音　≫法第30条、令第22条の3

　長屋住宅とか共同住宅では、隣接する住戸や上下階の住戸からの話し声、ピアノの音や足音等のような生活騒音といったものが、界壁を通して進入するのを防止し、生活の安定とプライバシーの保護のために界壁の遮音構造を義務付けている。共同住宅等の各戸の界壁は、小屋裏又は天井裏に達するものとし、その構造は遮音性能に関して政令で定める技術的基準に適合するもので、国土交通大臣が定めた構造方法（≫昭和45年告示第1827号）を用いるもの又は認定を受けたものとしなければならない。ただし、天井の構造が遮音性能の基準に適合していれば、界壁を小屋裏又は天井裏に達するものとしなくてもよい（図19）。

　遮音性能とは、「隣接する住戸から日常生活に伴い生じる音を衛生上支障がないように低減するために界壁に必要とされている性能」のことである。具体的には、音の振動数に応じて透過損失が表13の数値以上でなければならない（図20、21）。

　この性能に適合するものとして国土交通大臣が認めた構造は、下記の通りである。

①下地等を有しない界壁の構造（図22）

表13　音の振動係数に応じた透過損失

振動数 [Hz]	125	500	2000
透過損失 [dB]	25	40	50

小屋裏又は天井裏を迂回する音について、界壁と同様の性能を有する天井を用いれば、小屋裏又は天井裏の部分の界壁を設置しなくとも、本規制の目的を達成することが可能。

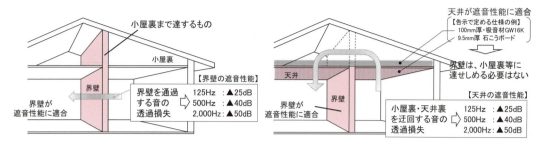

図19　界壁の構造（国土交通省「平成30年改正建築基準法・同施行令等の解説補足説明資料」）

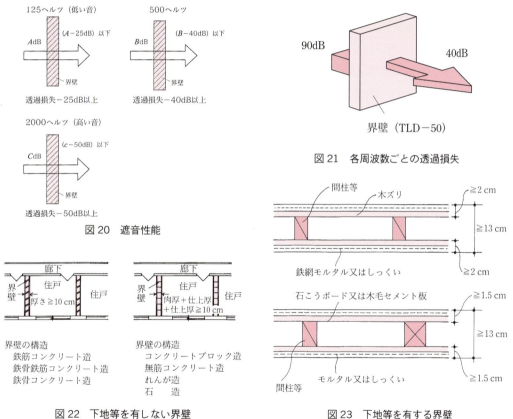

図20　遮音性能

図21　各周波数ごとの透過損失

図22　下地等を有しない界壁

図23　下地等を有する界壁

- 鉄筋コンクリート造、鉄骨鉄筋コンクリート造、鉄骨コンクリート造 ➡ 厚さ≧10cm
- コンクリートブロック造、無筋コンクリート造、煉瓦造、石造 ➡ 肉厚＋仕上げ厚さ≧10cm

②下地等を有する界壁の構造（図23）

下地等を堅固な構造とし、両面を下記の仕上げとした厚さが13cm以上の大壁造としたもの。

- 木毛セメント板張又は石膏ボード張の上に厚さ1.5cm以上モルタル又はしっくいを塗ったもの
- モルタル塗の上にタイルを張ったものでその厚さの合計が2.5cm以上のもの
- セメント板張又は瓦張の上にモルタルを塗ったものでその厚さの合計が2.5cm以上のもの

遮音構造の界壁は、令第114条規定により、準耐火構造としなければならないことから、これを貫通する設備配管及びダクト等は、不燃材を使用し、周囲の空隙部分も不燃材で充填することが必要である。よって、結局遮音、防火の両性能を要求されることになる。

3・2　建築設備

1　便所・屎尿浄化槽等

a）便所、屎尿浄化槽と処理区域　》法第31条

　下水道法第2条第8号に規定する**処理区域**（公共下水道により下水を排除することのできる区域の内、下水を終末処理することのできる区域）内においては、便所はすべて水洗便所とし、公共下水道に接続しなければならない。特に、下水道法第11条の3の規定により処理区域内においてくみ取り便所が設けられている建築物の所有者は、当該区域の下水道の供用開始日から3年以内に水洗便所に改造することが義務付けられている（表15）。

　また、処理区域外で、水洗便所からの汚物を終末処理場のある公共下水道以外に放流しようと

表14　汚物処理性能に関する技術的基準

屎尿浄化槽又は合併処理浄化槽を設ける区域	処理対象区域	BODの除去率 [%]	屎尿浄化槽からの放流水のBOD [mg/ℓ]
特定行政庁が衛生上、特に支障があると認めて規則で指定する	50人以下	65以上	90以下
	51人以上500人以下	70以上	60以下
	501人以上	85以上	30以下
特定行政庁が衛生上、特に支障がないと認めて規則で指定する区域	—	55以上	120以下
その他の区域	500人以下	65以上	90以下
	501人以上2000人以下	70以上	60以下
	2001人以上	85以上	30以下

・処理対象人員の算定は、国土交通大臣が定める方法により行う（昭和44年告示第3184号）。
・放流水に含まれる大腸菌群数が、3000個/cm²以下とする性能を有するものであること。
・BOD（生物化学的酸素要求量）の除去率＝（流入水のBOD－放流水のBOD）÷（流入水のBOD）×100%

表15　便所の形式

地域	建物の用途	便所の型式
処理区域（下水道法2条）	すべて	水洗便所
地方公共団体の指定する区域（令30条2項）	すべて	水洗便所（＋屎尿浄化槽）改良便槽付便所
	地方公共団体の指定する特殊建築物	水洗便所（＋屎尿浄化槽）改良便槽付便所
その他の区域	すべて	水洗便所（＋屎尿浄化槽）改良便槽付便所　くみ取便所

表16　屎尿浄化槽の性能

処理対象人員	BOD除去率	放流水のBOD
500人以下（50人以下）	65%以上	90ppm以下
501人以上（51人以上）2000人以下（500人以下）	70%以上	60ppm以下
2001人以上（501人以上）	85%以上	30ppm以下

注1）（　）内の人員は「特定行政庁」が衛生上特に支障があると認めて規則で指定する区域
注2）排出水に含まれる大腸菌群数は、3000個/cm³以下とする
注3）BOD（生物化学的酸素要求量）の除去率
$$=\frac{流入水のBOD-放流水のBOD}{流入水のBOD}\times 100\%$$
注4）1ppm＝1mg/ℓ＝1g/m³

するときは、必ず衛生上支障がない構造の浄化槽を設けて処理してからでなければ放流できない。

b）便所の採光と換気　≫令第28条

便所には、採光及び換気のため直接外気に接する窓を設ける必要がある。ただし、水洗便所で照明と換気設備を設けた場合は緩和される。

c）水洗便所の屎尿浄化槽　≫令第32条

屎尿浄化槽は、屎尿を一定時間貯留して、好気性又は嫌気性の微生物による腐敗作用や酸化作用によって、屎尿の中の有機物質を無機物化して汚水を浄化するものであり、その構造は設置区域及び処理対象人員に応じた、BOD（生物化学的酸素要求量）の「除去率の最小限」「放流水のBODの最大限」が定められている（表14、16）。

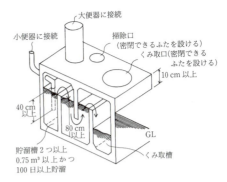

図24　改良便槽の構造

d）屎尿浄化槽等の漏水検査　≫令第33条

改良便槽、屎尿浄化槽及び合併処理浄化槽は、満水して24時間以上漏水しないことを確認しなければならない。

- 合併処理浄化槽：屎尿と併せて、台所の流し、浴槽等の雑排水を処理する浄化槽。
- 改良便槽：くみ取り便所の一種であるが、貯留される屎尿が便槽内で腐敗して殺菌され、伝染病の感染源などにならないように工夫されたもの。その構造については令第31条に定められている（図24）。

2　給排水・ガス設備　≫法第36条、令第129条の2の5

私達の日常生活においては、多量の水が必要であり、このような給水を伴う給排水設備は人間が生活する上で安全衛生上重要なものであることから、当該法令告示等により衛生上支障ないものを要求している。

また、ガス設備については、適正にガス機器が設置され、安全に使用されるよう当該法律に基づく告示及び関係法令等によって技術基準が定められている。

a）給水、排水等の配管設備の設置及び構造

建築物に設ける給水、排水等の配管設備については、次のような規定がある。

①鉛管等、耐食性に劣る管をコンクリート壁、土中等に埋設する場合は、有効な腐食防止のための措置を講ずること。

②エレベーターの昇降路内に設けないこと。

③圧力タンク、給湯設備において使用する流体の圧力、温度等に応じて逃し弁、圧力調整装置、減圧水槽等を設置し、人の安全と設備の保全を図ること。

④構造耐力上主要な部分を貫通して配管する場合は、建築物の構造耐力上支障が生じないよう

すること。

⑤下記のいずれかに該当する建築物の換気ダクト等は、火災の際に延焼経路となる恐れがあることから、これを防止するため、換気、冷暖房のダクト、ダストシュート、メールシュート、リネンシュート、エアシュート等に不燃材料を使用すること（≫平成12年告示第1400号）
- 地階を除く階数が3以上である建築物
- 地階に居室を有する建築物
- 延べ面積が3000m²を超える建築物

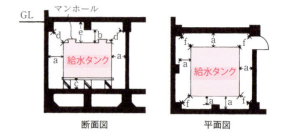

a,b,c,d,f は原則として 60 cm 以上，e は 100 cm を標準とする

図25　給水タンク等の設置位置（令第129条の2の5、昭和50年告示第1597号）

ただし、上記に該当する建築物であっても、共同住宅の住戸等に設ける換気設備や、便所、浴室、洗面所等に設ける局部的な換気設備のダクトで、他の部分を経由することなく直接外気に開放される場合については、防火上支障ないものとして適用除外される。

⑥防火区画を貫通する場合は、貫通部分から両側1m以内の部分を原則として不燃材で造ること（82頁図10(a)参照）。

b）共同住宅に設置するガスの配管設備の設置及び構造

3階以上の階を共同住宅の用途に供する建築物の住戸内のガス設備は、国土交通大臣の定める基準によること。下記のいずれかの対策が必要である。
- すべてのガスコックをヒューズコック又はネジ接合とする。
- 技術的基準に応じた警報設備を設ける。例えば、警報部を住戸内と戸外の両方に設置するなどがある。

3　避雷設備　≫法第33条、令第129条の14〜15

一般的に避雷針と呼ばれているが、これは避雷設備を総称した名称である。雷撃を受け止める受電部、雷電流を安全に伝達させるための電線、雷電流を大地に逃がすための接地極によって構成されており、落雷から建物や人畜を守っている。建築基準法で規定されている設置基準では、建築物の高さが20mを超える部分を雷撃から保護することとされている。煙突や広告塔、高架水槽等、工作物の場合でも適用する。避雷設備は、国土交通大臣が指定する工業規格に定める構造（JISA4201）としなければならない。

ところで、避雷設備についてはJISA4210（建築物等の避雷設備— 1992・旧JIS）によることが定められていたが、平成17年告示第650号によって改正があり、JIS4210（建築物等の雷保護— 2003・新JIS）に規定する「外部雷保護システム」を適用することとなった。なお、旧JISについては、新JISに規定する「外部雷保護システム」に適合するものとみなしている。よって、新旧JISとも使用することができる。しかし、一つの避雷設備について、新旧それぞれのJISの規定の一部を複合的に適用することはできない（図26、27、表17）。

図26 避雷針(棟上導体)　　　図27 避雷設備(旧JISの立面図)

表17 避雷設備の概要(法第33条、令第129条の15、JIS A4201)

受雷部	突針型	・保護角60度(危険物貯蔵庫45度)以下とする。 ・突針先端は可燃物から30cm以上突出させる。 ・突針の材料は、銅、アルミニューム、アルミニューム合金、亜鉛メッキ鋼等の直径12mm以上の棒を用いる。 ・突針支持物に鉄管を用いる場合は、避雷導線は管内を通さない。
	棟上げ導体型	・保護角60度(危険物貯蔵庫45度)以下とする。 ・雷撃を受けやすい棟、パラペット上に施設し、陸屋根に設置する場合は、ループ状とする。 ・棟上げ導体と可燃物とは30cm以上離す。 ・避雷導線の材料は、銅又はアルミニュームの単線、より線、平角線又は管とし、銅を使用したものは、断面積30mm²以上、アルミニュームを使用したものは断面積50mm²以上とする。
避雷導線		・引下げ導線は2条以上とする。ただし、被保護物の水平投影面積が50m²以下の場合は1条で支障なし。 ・引下げ導線の間隔は50m以内とする。 ・材料は断面積30mm²以上の銅線等とする。 ・避雷導線は、電灯線、電話線、ガス管から1.5m以上離す。また、避雷導線から1.5m以内に接近する電線管、雨どい等の金属体は接地させ、又は静電遮蔽を施す。 ・引下げ導線は、被保護物の外周にほぼ均等に、できるだけ突角部に近く配置する。
接地極		・各引下げ導線に1個以上接続する。 ・材料は、厚さ1.4mm以上、面積(片面)0.35m²以上の銅板、又はこれらと同等以上のもの。 ・埋設深さは、地下0.5m以上とする。 ・避雷針の総合接地抵抗は、10オーム以下、各引下げ導線の単独接地抵抗は、50オーム以下とする。

4 昇降機等　≫法第34条、令第129条の3〜第129条の13の3

　昨今建築物の高層化、大規模化、用途の複合化、高齢化社会の進展に伴う福祉の向上等により、昇降機の果たす役割が大変重要になってきている。建築基準法では、これらの安全性の確保の観点から構造基準等が定められている。

　また、法における「**昇降機**」とは、一定の昇降路等を介し、動力により人又は物を建築物(工作物も含む)のある部分から他の部分へ移動(輸送)するための設備を言い、このうち建築物に設けられるものが「建築設備」に該当し、本条の対象となる(図28)。

a) 昇降機の範囲

- 建築物に設ける昇降機には、エレベーター、エスカレーター、小荷物専用昇降機がある。
- エレベーターには安全性の確保の観点から、エレベーターの構造上主要な部分、荷重、かご

の構造等に関する規定が政令において定められている。

- 原則として、**高さ31mを超える建築物**には、**非常用エレベーター**を設置しなければならない。

b) **エレベーター**

人又は人及び物並びに物を運搬するための昇降機で、かごの水平投影面積が1m²を超え、又は天井の高さが1.2mを超えるものを**エレベーター**と定義し、かごの水平投影面積が1m²以下、かつ天井の高さが1.2m以下のもので、荷物を運搬するものを**小荷物専用昇降機**と言う。

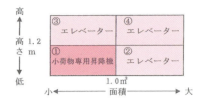

図28 エレベーターの面積と高さ

エレベーターの構造上主要な部分の性能は、摩損又は疲労破壊を考慮して定められた性能に適合するものとして、国土交通大臣が定めた構造方法を用いるもの又は認定を受けたもの、**エレベーター強度検証**により検証を行ったものとする（≫令第129条の4）ほか、**荷重**（≫令第129条の5）、**かごの構造**（≫令第129条の6）、**昇降路の構造**（≫令第129条の7）、**駆動装置及び制御器**（≫令第129条の8）、**機械室**（≫令第129条の9）、**安全装置**（≫令第129条の10）等の規定がある（図29）。

c) **エスカレーター**

エスカレーターの幅員は、1.1m以下とする。勾配は30度以下とし、階段の速度は50m/分以下の範囲内で勾配に応じて国土交通大臣が定める速度以下としなければならない（≫令第129条の12、平成12年告示第1417号）。

d) **小荷物専用昇降機**

原則として、かごが停止している時に、出し入れ口が開かない構造とすること。昇降路の壁等の材料は、難燃材料とするなどの規定がある（≫令第129条の13、平成12年告示第1416号、第1446号）。

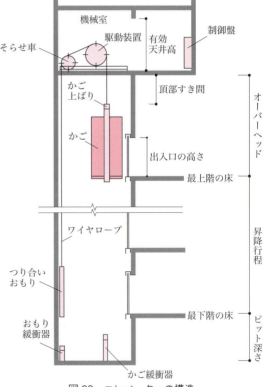

図29 エレベーターの構造

練習問題

問題 3-1 地上2階建ての中学校における生徒用の屋内階段（直階段）を設ける場合、図の l の値として、建築基準法に**適合する最小**のものは、次のうちどれか。

1. 6.50m
2. 5.88m
3. 5.15m
4. 4.90m

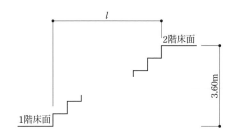

問題 3-2 建築設備に関する次の設問のうち、建築基準法上、**誤っている**ものはどれか。

1. エレベーター（所定の特殊な構造又は使用形態のものを除く）の昇降路の出入口の戸には、かごがその戸の位置に停止していない場合において昇降路外の人又は物の昇降路内への落下を防止することができるものとして、所定の基準に適合する施錠装置を設けなければならない。
2. エレベーター強度検証法による主要な支持部分等の断面に生ずる常時の応力度は、昇降する部分以外の部分の固定荷重、昇降する部分の固定荷重及びかごの積載荷重を合計した数値により計算する。
3. 踏段面の水平投影面積が $8m^2$ であるエスカレーターにおける踏段の積載荷重は、21kN とすることができる。
4. 耐火構造の床もしくは壁又は防火戸その他の政令で定める防火設備で床面積 $200m^2$ 以内に区画された共同住宅の住戸の居室には、窓その他の開口部で開放できる部分（天井又は天井から下方 80cm 以内の距離にある部分に限る）の面積の合計が、当該居室の床面積の 1/50 未満であっても、排煙設備を設置しなくてもよい。

問題 3-3 建築設備に関する次の設問のうち、建築基準法上、**誤っている**ものはどれか。

1. 高さが 31m を超える建築物で、非常用の昇降機を設けていないことにより、建築基準法第3条第2項の規定の適用を受けているものについて増築する場合において、増築に係る部分の床面積の合計が基準時における延べ面積の 1/2 を超える場合には、非常用の昇降機を設けなければならない。
2. 建築物に設ける排水のための配管設備の末端は、公共下水道、都市下水路その他の排水施設に排水上有効に連絡しなければならない。
3. 建築物（換気設備を設けるべき調理室等除く）に設ける自然換気設備の給気口は、居室の天井の高さの 2/3 以下の高さの位置に設け、常時外気に開放された構造としなければならない。
4. 建築物に設ける飲料水の配管設備は、当該配管設備から、漏水しないものであり、かつ、溶出する物質によって汚染されないものであることとして、国土交通大臣が定めた構造方法を用いるもの又は国土交通大臣の認定を受けたものでなければならない。

4章

防火・避難規定

4・1 防火規定

1 法22条区域の防火措置

a）屋根の構造　»法第22条、令第109条の8

法22条区域とは、特定行政庁が防火地域及び準防火地域以外の市街地について指定する区域である。特定行政庁が、この指定をするときは、都市計画区域の場合は、あらかじめ都道府県都市計画審議会（特定行政庁が市町村都市計画審議会を置いている市町村の長のときは、当該市町村都市計画審議会）に意見を聴き、都市計画区域外の場合には、関係市町村の同意を得なければならない。

法22条区域内の建築物の屋根は、通常の火災として想定される火の粉による建築物の火災発生防止のために屋根に必要とされる性能に関して、建築物の構造及び用途の区分に応じて政令（»令第109条の6）で定める技術的基準に適合し、国土交通大臣が定めた構造方法を用いるもの、又は認定を受けたものとする必要がある。

b）屋根の性能に関する技術的基準　»令第109条の8

①屋根が、通常の火災による火の粉により、防火上有害な発炎をしないものであること。
②屋根が、通常の火災による火の粉により、屋内に達する防火上有害な溶融、亀裂その他の損傷を生じないものであること。
　※不燃性の物品を保管する倉庫その他これに類するものとして国土交通大臣が定める用途に供する建築物又は建築物の部分で、屋根以外の主要構造部が準不燃材料で造られたものの屋根では、上記①のみを適用する。

上記①②の要件に従って、告示（»平成12年告示第1361号）により、以下のような基準が定められている。

　イ）屋根を不燃材料で造ったもの又は葺いたもの
　ロ）耐火構造の屋根、準耐火構造の屋根

c）木造建築物の外壁　»法第23条、令第109条の4、第109条の9

法22条区域内の木造建築物（プラスチック等の可燃材料で造られたものを含む）の外壁で延

焼のおそれのある部分の構造は、準防火性能（建築物の周囲において発生する通常の火災による延焼の抑制に一定の効果を発揮するために外壁に必要な性能）を有するものとする。政令及び告示（≫平成12年告示第1362号）に基準が定められている。

d）建築物が法22条区域の内外にわたる場合
≫法第24条

建築物が法22条区域の内外にわたる場合は、敷地面積の規模に関係なく、建築物が法22条区域にあるものとみなす。

e）大規模木造建築物等の外壁等　≫法第25条

延べ面積（同一敷地内に2以上の木造建築物等がある場合は、その合計）が1000m²を超える木造建築物等は、外壁・軒裏の延焼のおそれのある部分を防火構造とし、屋根は法第22条第1項に規定する構造とする（図1）。

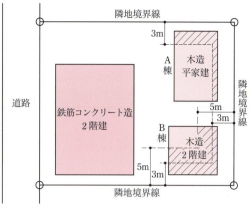

・A棟＋B棟＞1000m²
・木造建築物の外壁・軒裏で延焼のおそれのある部分（▨▨部分、1階3m以下、2階5m以下）は防火構造とし、屋根を不燃材料とする

図1　大規模木造建築物の外壁等の制限

2　大規模建築物の主要構造部等

≫法第21条、令第109条の4、第109条の5、第109条の7、令和元年告示第193号

a）木造建築物等の大規模建築物

木造建築物等の大規模建築物とは、高さが16mを超え、地階を除く階数が4以上、もしくは倉庫・自動車車庫などで高さが13mを超える建築物又は延べ面積が3000m²を超える建築物を言う。これらの建築物では、その主要構造部（床、屋根及び階段を除く）のうち、自重又は積載荷重を支える部分の全部又は一部に木材、プラスチック等の可燃材料を用いた場合は、特定主要構造部

表1　大規模の建築物の主要構造部の性能に関する技術的基準（法第21条関係）

第1項本文の政令で定める技術基準は、「通常の火災による火熱が加えられた場合、下表に掲げる建築物の部分の区分に応じてそれぞれ各欄に定める時間が経過するまでの間、非損傷性・遮熱性・遮炎性を有すること」又は「令第107条各号又は令第108条の3第1項第1号イ及びロに掲げる基準」とする（令109条の5）。

耐火建築物の部分		非損傷性	遮熱性	遮炎性
壁	間仕切壁（耐力壁）	通常火災終了時間	通常火災終了時間	―
	外壁（耐力壁）	通常火災終了時間	通常火災終了時間	通常火災終了時間
	間仕切壁（非耐力壁）	―	通常火災終了時間	―
	外壁	―	通常火災終了時間＊	通常火災終了時間＊
柱		通常火災終了時間	―	―
床		通常火災終了時間	通常火災終了時間	―
はり		通常火災終了時間	―	―
屋根	軒裏以外の部分	30分	―	30分
	軒裏の部分	―	通常火災終了時間＊	30分
階段		30分	―	―

・通常火災終了時間が45分間未満である場合にあっては、45分間

＊延焼のおそれのある部分以外の部分の場合は30分間

ただし書き（建築物の周囲にある延焼防止上有効な空地）の技術的基準は、敷地内にある空地又は防火上有効な公園等であり、かつ、当該建築物の各部分から当該空地の境界線までの水平距離が、当該各部分の高さに相当する距離以上のものであることとする。

で下記の性能基準を満足すること。ただし、当該建築物の周囲に延焼防止上有効な空地がある場合は、この限りでない（法第 21 条及び同条ただし書、令第 109 条の 6）。

①特定主要構造部

通常の火災による火熱が加えられたとき、加熱開始後、次表の時間、構造耐力上支障のある変形、溶融、破壊、その他の損傷を生じないこと。具体的な構造方法は、告示（令和元年告示第 193 号）で定められている（令第 109 条の 5）（表 1）。

※通常火災終了時間：建築物の構造、建築設備、用途に応じて、通常の火災が消火の措置によって終了するまでに通常要する時間。

②壁・床・屋根の軒裏

加熱開始後、通常火災終了時間、加熱面以外の面（屋内に面するものに限る）が可熱物燃焼温度以上に上昇しないこと。

＊非耐力壁で外壁、屋根の軒裏（延焼のおそれのない部分）は 30 分間。

③外壁・屋根

屋内火災による火災を受けても、加熱開始後、通常の火災終了時間、屋外に火炎を出す原因となる亀裂その他の損傷が生じないこと。

＊非耐力壁の外壁（延焼のおそれのある部分以外に限る）、屋根は 30 分間。

b) 延べ面積が 3000m² を超える大規模の建築物　≫法第 21 条第 2 項

延べ面積が 3000m² 超の木造建築物等が適合すべき技術的基準を示す。

①建築物の周囲への放射熱（受熱量）の影響が避難上及び消火上必要な機能の確保に支障を及ぼさないものとなるよう、延焼を抑制する構造とする。

②特定主要構造部を令第 109 条の 5 各号の基準に適合するものとする。

c) 防火規制に係る別棟みなし規定　≫法第 21 条第 3 項、令第 109 条の 8

延焼を遮断する高い性能の「壁等」で防火上分棟的に区画された場合には、規模等により規制の適用の有無や規制水準が異なる防火規制（法第 21 条、第 27 条及び第 61 条）について、2 以上の部分を別の建築物とみなす。

d) 大規模木造建築物等の外壁等　≫法第 25 条

延べ面積（同一敷地内に 2 以上木造建築物等がある場合においては、その合計）が 1000m² を超える木造建築物等は、以下の構造とすること。

・外壁及び軒裏で延焼のおそれがある部分は防火構造

・屋根は不燃構造（法第 22 条第 1 項に適合）

図 2　3000m² を超える木造建築物等

3　防火壁・防火床・界壁・間仕切壁・隔壁の防火措置

a) 防火壁　≫法第 26 条、令第 113 条、第 115 条の 2

延べ面積が 1000m² を超える建築物は、防火壁又は防火床で 1000m² 以内ごとに防火上有効に区画する。ただし、次に該当するものは除外される。

①耐火建築物又は準耐火建築物

②卸売市場の上家、機械製作工場等火災の発生のおそれが少ない用途に供する建築物で、主要構造部が不燃材料で造られた構造のもの、又は構造方法等について政令（≫令第115条の2第1項）で定める基準に適合するもの。

③畜舎、堆肥舎、水産物の増殖場及び養殖場の上家で、その周辺地域が農業上の利用に供される等、国土交通大臣が避難上、延焼防止上支障がないものとして定める基準に適合するもの。また、防火上有効な構造の防火壁等によって他の部分と有効に区画されている部分（特定部分）を有する建築物であって、当該特定部分の「特定主要構造部」を耐火構造又は準耐火構造等を有する構造とし、外壁の開口部で延焼のおそれのある部分に防火設備を設置したものは、法26条1項の規定については、当該建築物の特定部分及び他の部分をそれぞれ別の建築物とみなし、かつ、当該特定部分を1項1号に該当する建築物とみなすことで、防火壁等による区画を不要とする（法第26条第2項）。

（木造等の建築物の防火壁及び防火床の構造）　≫令第113条、令和元年告示第197号

b）界壁・間仕切壁・隔壁　≫令第114条

木造の建築物においては、火災時には小屋裏に火炎が走って延焼することが多いことから、延

表2　木造等の建築令物の防火壁及び防火床の構造

性能			仕様	
			防火壁	防火床
自立性能			・自立する構造 ・無筋コンクリート造・組積造としない	・自立する構造 ・防火床を支える壁・柱・はりを耐火構造とする ・無筋コンクリート造・組積造としない
延焼防止性能	屋外を介した延焼防止性能		①〜③のいずれか ① 50cmの突出 ② 10cmの突出＋防火構造の外壁（防火壁中心から1.8m以内）＋屋根（20分） ③ 耐火構造の外壁（防火壁含み3.6m）＋防火設備（20分）	①〜③のいずれか ① 150cmの突出＋防火構造の外壁（防火床から上方5m）＋防火設備（20分） ② 耐火構造の外壁（防火床から下方5m）＋防火設備（20分） ③ 準耐火構造の外壁（防火床から上方及び下方5m）＋防火設備（20分）
	内部の延焼防止性能	壁・床 非損傷性	耐火構造	耐火構造（防火床を支える壁・柱・はりを含む）
		遮熱性		
		遮炎性		
		開口部 遮炎性	・特定防火設備（60分） ・開口部寸法：2.5m×2.5m以下 ・熱又は煙感知による自動閉鎖機構	・特定防火設備（60分） ・開口部寸法：2.5m×2.5m以下 ・熱又は煙感知による自動閉鎖機構 （竪穴部分は耐火構造の壁及び熱又は煙感知による自動閉鎖機構の特定防火設備（60分）で区画することを義務付け）
	区画貫通部の延焼防止性能	給水管配電管	隙間を不燃材料で充填	隙間を不燃材料で充填
		風道	・遮煙性を有する特定防火設備（60分） ・熱又は煙感知による自動閉鎖機構	・遮煙性を有する特定防火設備（60分） ・熱又は煙感知による自動閉鎖機構

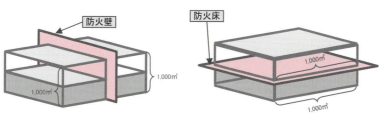

図3　防火床による区画のイメージ（国土交通省「平成30年改正建築基準法・同施行令等の解説補足説明資料」）

焼防止のため各戸の界壁、防火上主要な間仕切及び隔壁に次のような防火措置を講じる必要がある（図4、5、表4）。

①長屋住宅・共同住宅の各戸の**界壁**は、準耐火構造とし、小屋裏又は天井裏に達すること。ただし、以下の表3に示す措置を講じれば防火上の界壁を小屋裏等に達する必要はない。また、類似の規制として、寄宿舎等を対象とした「防火上必要な間仕切壁」に関する規定（令第114条第2項）があるが、当該規定についても代替措置の基準が定められている。（令第112条第4項、平成26年告示第860号、平成28年告示第694号）

②学校・病院・診療所（患者の収容施設を有しないものを除く）・児童福祉施設等・ホテル・旅館・下宿・寄宿舎・マーケットの防火上主要な**間仕切壁**は準耐火構造とし、小屋裏又は天井裏に達すること。ただし、自動スプリンクラー設備を設置した部分など防火上支障がないものとして国土交通大臣が定める部分にある防火上主要な間仕切壁については、準耐火構造と

表3　界壁・間仕切壁等の代替措置

構造方法	間仕切壁の仕様	小屋裏等の区画	区画面積
スプリンクラー設備等設置 *1	制限なし	不要	200m²
警報器設置 *2	制限なし	不要	100m²
強化天井 *3	準耐火構造	不要	不要

*1：令第112条第4項に規定する自動スプリンクラー設備等設置部分
*2：防火上支障がないものとして国土交通大臣が定める部分
*3：「天井の全部が強化天井である階」又は「階の一部を準耐火構造の壁等で区画し、その部分の天井が強化天井である部分」

表4　界壁・間仕切壁・隔壁（令第114条）

用途・規模等	部分	構造	防火措置	緩和される場合
長屋・共同住宅	各戸の界壁	準耐火構造	小屋裏又は天井裏に達せしめる	①主要構造部が耐火構造又は耐火性能を有する ②令第115条の2第1項第7号の基準に適合するもの ③畜舎等で、避難上・延焼上支障がないものとして国土交通大臣の基準に適合するもの
学校・病院・診療所（患者の収容施設を有しないものを除く）・児童福祉施設等・ホテル・旅館・下宿・寄宿舎・マーケット	防火上主要な間仕切壁		小屋裏又は天井裏に達せしめる	
建築面積≧300m²（小屋組が木造）	小屋裏隔壁		けた行間隔12m以内ごとに設ける	
延べ面積＞200m²の建築物（耐火建築物以外）間の渡り廊下（小屋組が木造）であり、かつ、けた行が4mを超えるもの	渡り廊下の小屋裏隔壁		けた行が4mを超えるもの	

界壁等を貫通する設備配管については、配管の周辺隙間をモルタル等で埋め、両端1m以上を不燃材料とし、貫通する設備ダクトには防火設備（防火ダンパー）を設ける（令第112条第19、20項）。

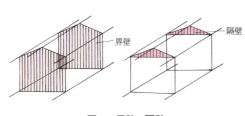

図4　界壁・隔壁

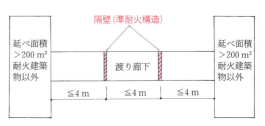

図5　渡り廊下の隔壁の基準

しなくてもよい。
③建築面積＞300m²の木造は、原則として、桁行間隔12m以内ごとに準耐火構造の隔壁を設けること。
④延べ面積＞200m²の建築物（耐火建築物を除く）を相互に連絡する渡り廊下で、小屋組が木造であり、かつ桁行が4mを超えるものは、小屋裏に準耐火構造の隔壁を設けること（図5）。
⑤界壁等を貫通する設備配管は、その周辺部のすき間をモルタル等の不燃材料で埋める。また、それらを貫通するダクトは、その周辺部に防火ダンパーを設置する。

4 防火区画　》令第112条

耐火建築物や準耐火建築物では、建築物の内部で火災が発生したとき、他の部分への延焼の拡大を防ぎ、火災を局部的なものに抑え、避難を安全にするため、耐火構造の床、壁、防火設備（防火戸等）による立体的な区画をする必要がある。この区画を**防火区画**という。防火区画には、**面積区画**、**高層区画**、**竪穴区画**、**異種用途区画**の4種類があり、各区画で、面積、構造、防火設備の種類が異なる。

a) 面積区画　》令第112条第1項～第5項

防火区画をする建築物	制限内容	制限を除外するもの
主要構造部を耐火構造とした建築物又は準耐火構造（特定主要構造部を耐火構造としたものも含む）とした建築物（法2条9号3イ、ロ）、令第136条2第1号ロ（延焼防止建築物）、第2号ロ（準延焼防止建築物）の建築物で延べ面積＞1500m² 〔第1項〕	1500m²以内ごとに準耐火構造{1時間準耐火基準に適合（第2項）}の床・壁・特定防火設備（*1）で区画する	①劇場・映画館・演芸場・公会堂・集会場の客席、体育館、工場等で用途上やむを得ないもの ②階段室・昇降機の昇降路（乗降ロビーを含む）を準耐火構造（1時間準耐火）の床・壁・特定防火設備で区画した部分
・法第21条第1項により令第109条の5第1号の建築物（通常火災終了時間が1時間未満）「火災時倒壊防止建築物」（1時間未満） ・法第27条第1項により特定避難時間が1時間未満の特殊建築物 ・法第27条第3項により準耐火建築物【イ準耐火（1時間準耐火基準を除く）・ロ－1準耐】「避難時倒壊防止建築物」（1時間未満） ・法第61条により令第136条の2第2号の建築物【準防火地域内に限り・イ準耐（1時間準耐火基準を除く）・ロ－1準耐】 ・法第67条第1項により準耐火建築物等【特定防災街区整備地区内に限り・イ準耐（1時間準耐火基準を除く）・ロ－1準耐】で延べ面積＞500m² 〔第4項〕	①500m²以内ごとに準耐火構造{1時間準耐火基準に適合}の床・壁・特定防火設備で区画する ②防火上主要な間仕切壁を準耐火構造とし、小屋裏又は天井裏まで達する（*）	①体育館・工場等で天井（天井のない場合は屋根）・壁の内装を準不燃材料とした部分 ②上欄②と同じ〔第6項〕 （*）床面積200m²以下の階又は床面積200m²以内ごとに準耐火構造の壁若しくは防火設備で区画した部分でスプリンクラー設備など自動式消火設備を設置した場合〔第4項〕
・法第21条第1項により令第109条の5第1号の建築物（通常火災終了時間が1時間以上） ・法第27条第1項により特定避難時間が1時間以上の特殊建築物 ・法第27条第3項により準耐火建築物【イ準耐（1時間準耐火基準）・ロ－2準耐】 ・法第61条により令第136条の2第2号の建築物【準防火地域内のイ準耐（1時間準耐火基準）・ロ－2準耐】 ・法第67条第1項により準耐火建築物等【イ準耐（1時間準耐基準）・ロ－2準耐】で延べ面積＞1000m²〔第5項〕	1000m²以内ごとに準耐火構造（1時間準耐火基準に適合）の床・壁・特定防火設備（*1）で区画する	①体育館・工場等で天井（天井のない場合は屋根）・壁の内装を準不燃とした部分 ②階段室・昇降機の昇降路（乗降ロビーを含む）を準耐火構造（1時間準耐火）の床・壁・特定防火設備で区画した部分〔第6項〕

b）高層区画　≫令第112条第7項〜第10項

防火区画する部分	制限内容	制限を除外するもの
11階以上の部分で、各階の延べ面積＞100m²のもの	①100m²以内ごとに耐火構造の床・壁・防火設備で区画（第7項） ②壁（床面上1.2m以下を除く）・天井の内装と下地を準不燃材料としたとき200m²以内ごとに耐火構造の床・壁・特定防火設備で区画（*1）する〔第8項〕 ③壁（床面上1.2m以下を除く）・天井の内装と下地を不燃材料としたとき500m²以内ごとに耐火構造の床・壁・特定防火設備（*1）で区画する〔第9項〕	階段室・昇降機の昇降路（乗降ロビーを含む）・廊下その他避難のための部分又は床面積の合計が200m²以内の共同住宅の住戸で、耐火構造の床・壁・特定防火設備（左欄の①の場合は防火設備）で区画した部分〔第10項〕

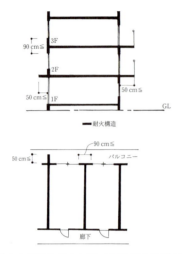

図6　防火上有効なひさし等（令第112条第16項）

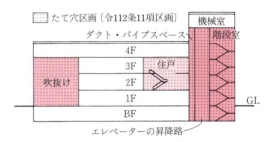

図7　用途上防火区画できない場合の緩和①

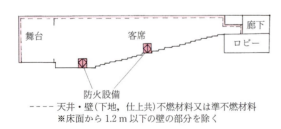

図8　用途上防火区画できない場合の緩和②

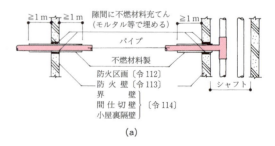

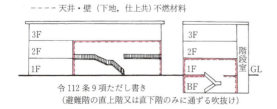

図9　竪穴区画の緩和

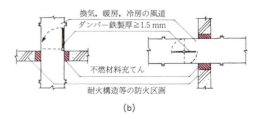

図10　防火区画を貫通する設備等の処理

c）竪穴区画　≫令第112条第11項〜第14項

防火区画する部分	制限内容	制限を除外するもの
主要構造部を準耐火構造とした建築物（特定主要構造部を耐火したものも含む）又は令第136条の2第1号ロ（延焼防止建築物）・第2号ロ（準延焼防止建築物）に適合する建築物で、地階又は3階以上に居室のある建築物〔第11項〕	階数≧2の住戸（メゾネット式）の部分・吹抜き部分・階段の部分・昇降機の昇降路の部分・ダクトスペースの部分等と、その他の部分を準耐火構造の床・壁・防火設備で区画する	①避難階の直上階又は直下階のみに通じる吹抜き部分・階段部分等で内装（下地含む）を不燃材料で造ったもの②階数が≦3で延べ面積≦200m²の一戸建住宅又は長屋・共同住宅の住戸の内で階数≦3で床面積の合計200m²以内の吹抜き・階段部分等
3階を病院、診療所（患者の収容施設があるもの）、児童福祉施設等（入所する者の寝室があるもの）に供する建築物のうち、階数＝3で延べ面積＜200m²の建築物（特定小規模特殊建築物）※A〔第12項〕	竪穴部分については、当該竪穴部分以外の部分と間仕切壁又は防火設備で区画する①居室、倉庫等にスプリンクラー設備等を設けた建築物では、防火設備（10分間遮炎性能）【10分間防火設備】を設置する②上記①以外の建築物では、防火設備（20分間遮炎性能）の設置する	
児童福祉施設等（上記以外{通所用途}、ホテル、旅館、下宿、共同住宅、寄宿舎に供する建築物のうち、階数＝3で延べ面積＜200m²（第11項に規定するものを除く）の建築物（特定小規模特殊建築物）※B〔第13項〕	竪穴部分については、当該竪穴部分以外の部分と間仕切壁又は戸（ふすま・障子等は除く）で区画する	

注）第12項及び第13項の規定は、火災が発生した場合に避難上支障のある高さまで煙又はガスの降下が生じない建築物として、国土交通大臣が定める竪穴部分には適用しない
※A「特定小規模特殊建築物」（専ら高齢者等の自力避難困難者が就寝利用するもの）
※B「特定小規模特殊建築物」（専ら高齢者等の自力避難困難者が通所利用するもの、ホテル・旅館・下宿・共同住宅・寄宿舎等の就寝利用するもの）

d）異種用途区画　≫令第112条第18項

防火区画をする建築物	制限内容	制限を除外するもの
複合用途の建築物で、その一部が法第27条第1項、第2項、第3項に該当する建築物	法第27条に該当する部分と他の部分を、準耐火構造（1時間準耐火構造）の床・壁・特定防火設備（*2）で区画する	警報設備の設置等、火災の発生を覚知できる措置を講じている場合

（各区画の共通項目）

①防火区画と接する外壁は、接する部分を含み、幅≧90cmの部分を準耐火構造（1時間準耐火基準に適合）とする｛外壁面から50cm以上突き出た準耐火構造（1時間準耐火基準に適合）の庇・床・袖壁等がある場合を除く｝（第16項）。

②防火区画を貫通する配管設備は、その周辺部の隙間をモルタル等の不燃材料で埋める（第20項）。

③防火区画を貫通する換気・暖冷房設備ダクト（風道）は、貫通する部分又はこれに近接する部分に防火ダンパー（特定防火設備）を設ける（第21項）。

④（緩和措置）スプリンクラー設備等の自動消火設備を設けた部分は、その床面積の1/2に相当する部分を防火区画面積より除くことができる（第1項）。

⑤防火設備とは法第2条第9の2号ロに規定する防火設備。

*1：常時開放式で自動閉鎖の場合は、煙感知器、熱感知器、熱煙複合式感知器、温度ヒューズ連動。ただし、階段室、昇降機の昇降路の場合は、煙感知器、熱煙複合式感知器連動、かつ、遮煙性能を有すること（令第112条第19項第1号ニ、昭和48年告示第2563号）。

*2：常時開放式で自動閉鎖の場合は、煙感知器、熱複合感知器連動、かつ、遮煙性能を有すること（令第112条第19項第2号ロ、昭和48年告示第2564号）。

> 接する2つの竪穴部分を1つの竪穴部分とみなすことができる。（第14項）
> ・劇場、映画館、集会場などの用途の竪穴部分
> ・階段の部分
> 　上記の部分で以下の基準に適合する場合、上記の竪穴部分とそれらに接するたの竪穴部分を、1つの竪穴部分と見なすことができる。
> ①それぞれの竪穴部分の壁、天井の室内に面する部分の仕上げと下地が準不燃で造られたもの。
> ②それぞれの竪穴部分が用途上区画できないもの。

e）防火区画に用いる防火設備（防火戸等）の構造　≫令第112条第19項

　防火区画に用いる防火設備については、確実に火災の拡大を防止、抑制すると共に、避難上支障をきたさないため、次の①～④の必要となる性能を規定し、当該性能を有するものとして国土交通大臣が定めた構造方法を用いるもの又は認定を受けたものとする。
　①常時閉鎖又は作動した状態であるか、随時閉鎖又は作動させることができること。
　②閉鎖又は作動するとき、防火設備等の周囲の人の安全を確保できること。
　③避難経路に設けられるものは閉鎖又は作動した状態で通行等に支障がないこと。
　④常時閉鎖又は作動した状態にあるもの以外のものは、煙の発生又は温度の上昇により自動的に閉鎖又は作動すること。

5　耐火建築物等としなければならない特殊建築物
　≫法第27条、法別表第1、令第110条～第110条の5、令第115条の3

　特殊建築物の中で、**不特定多数の人が集まる施設**（劇場、映画館、集会場等）、**宿泊、就寝を伴う施設**（ホテル、病院、共同住宅等）、**火災に対して危険度が高い施設**（自動車車庫、自動車修理工場等）などは、一般の建築物より厳しい規制が適用される（表6）。
　主として別表第1に定められている各種特殊建築物は、その規模、階数等によって構造制限を行い、耐火又は準耐火建築物とすることを定めている。
　別表第1では、特殊建築物が（ろ）欄又は（は）欄に該当する場合は耐火建築物に、（に）欄に該当する場合は準耐火建築物以上にしなければならないと規定している。ただし、共同住宅等において、地階を除く階数が3で、3階を共同住宅等の用途に供するものであって、各宿泊室等にバルコニーを設置する等一定の要件に該当するものについては、**1時間準耐火基準**に適合する準耐火構造とすることができる。学校等についても、地階を除く階数が3で、3階を学校等の用途に供するものであって、建物の周囲に幅員3m以上の通路を設ける等一定の要件に該当するものについては、1時間準耐火基準に適合する準耐火構造とすることができる。

※1時間準耐火基準：令第112条第2項に掲げる基準

　ただし、別表第1（い）欄（1）項から（4）項に掲げる用途に供するもので、**階数が3での面積200m² 未満の小規模特殊建築物は耐火建築物とすることを要しない**。そのうち、同表（い）欄（2）項に掲げる用途のうち、病院、有床診療所、ホテル、旅館、下宿、共同住宅、寄宿舎及び児童福祉施設等（就寝利用するもの）で、耐火建築物以外の構造方法とする場合は、令第110条の5に規定する警報設備の設置が必要となる。この場合、用途に応じた竪穴区画（令第112条第11

項、第13項、第19項第2号、表5）が必要となる。

　加えて、劇場，映画館、演芸場で、主階が1階にないものにあっても、階数が3以下で延べ面積200㎡未満のものも除外される。

表5　小規模建築物の竪穴区画

3階の用途 (法別表第1（い）欄（2）項)	求められる竪穴区画		
	間仕切壁	扉等の性能	
		スプリンクラー等の消火設備が設けられた建築物	左記以外の建築物
ホテル、旅館、下宿、共同住宅、寄宿舎	設置	戸を設置（閉鎖性能、遮煙性能）{ふすま、障子等は除く}	
児童福祉施設等（下記以外、通所用途）	設置	戸を設置（閉鎖性能、遮煙性能）{ふすま、障子等は除く}	
病院、有床診療所、児童福祉施設等（入所する者の寝室があるもの）	設置	10分間防火設備（閉鎖性能、遮煙性能）	20分間防火設備（閉鎖性能、遮煙性能）

　また、複合用途の建築物で、建築物の一部がこの規定の用途に該当する場合、1棟の建築物のすべての部分を耐火又は準耐火建築物としなければならない。加えて、火薬や消防法に規定する危険物、マッチ、可燃ガス等を限度以上の数量扱う貯蔵場や処理場は、準耐火建築物以上としなければならない。

　なお、法第27条第1項に規定する特殊建築物の主要構造部の性能及び防火設備に関する技術的基準並びに政令で定める外壁の開口部については以下のとおりである。

a）特殊建築物の主要構造部に必要とされる性能と技術基準

≫令第110条、平成27年告示第255号

　法別表第1（1）項から（4）項までに掲げる特殊建築物の特定主要構造部に必要とされる性能に関する技術的基準は、**特定避難時間**＊倒壊及び延焼を防止できるものとして、次の①～③までの基準を満たすこと、又は火災終了まで倒壊及び延焼を防止できるものとして、令第109条の5各号（耐火性能）に掲げる基準に適合するものであること（表7）。

①特定主要構造部が、通常の火災による火熱が加えられた場合に、特定避難時間（屋根〔軒裏を除く〕及び階段にあっては30分間）構造耐力上支障のある変形、溶融、破壊その他の損傷を生じないものであること（**非損傷性**）。

②特定主要構造部である壁、床及び屋根の軒裏が、通常の火災による火熱が加えられた場合に、特定避難時間（非耐力壁である外壁の延焼のおそれのある部分以外の部分及び屋根の軒裏にあっては30分間）加熱面以外の面（屋内に面する部分に限る）の温度が可燃物燃焼温度以上に上昇しないものであること（**遮熱性**）。

③特定主要構造部である外壁及び屋根が、屋内で発生する通常の火災による火熱が加えられた場合に、特定避難時間（非耐力壁である外壁の延焼のおそれのある部分以外の部分及び屋根にあっては30分間）屋外に火炎が噴き出す亀裂その他の損傷を生じないものであること（**遮炎性**）。

　　＊**特定避難時間**（≫令第110条第1号）：特定避難時間は、特殊建築物の構造、建築設備及び用途に応じて特殊建築物に存する者のすべてが地上までの避難を終了するまでに要する

表6 耐火建築物等としなければならない特殊建築物

	用途	主要構造部が必要とされる性能及びその外壁の開口部での防火設備で、国土交通大臣が定めた構造方法（平成27年告示第255号）又は大臣の認定を受けたもの	耐火建築物	耐火建築物又は準耐火建築物
(1)	劇場・映画館・演芸場	主階が1階にないもの*1	—	—
	劇場・映画館・演芸場・公会堂・集会場	・3階以上の階に設けるもの*1 ・客席の床面積の合計≧200m²（屋外観覧場は1000m²以上）*1	—	—
(2)	病院・診療所（患者の収容施設があるものに限る）・ホテル・旅館・下宿・共同住宅・寄宿舎・児童福祉施設等（令第19条第1項）	・3階以上の階に設けるもの*1 ・2階の床面積の合計≧300m²（ただし、病院及び診療所については、2階部分に患者の収容施設がある場合に限る）*2 （下宿・共同住宅・寄宿舎については緩和規定がある注1)	—	—
(3)	学校・体育館・博物館・美術館・図書館・ボーリング場・スキー場・スケート場・水泳場・スポーツ練習場	・3階以上の階に設けるもの*1 ・床面積の合計≧2000m²*2 （学校等については緩和規定がある注2)	—	—
(4)	百貨店・マーケット・展示場・キャバレー・カフェー・ナイトクラブ・バー・ダンスホール・遊技場・公衆浴場・待合・料理店・飲食店・物品販売業を営む店舗（床面積が10m²以内のものを除く）	・3階以上の階に設けるもの*1 ・2階部分の床面積の合計≧500m²*2 ・床面積の合計≧3000m²*1	—	—
(5)	倉庫	—	3階以上の階の床面積合計≧200m²	床面積の合計≧1500m²
(6)	自動車車庫・自動車修理工場・映画スタジオ・テレビスタジオ	—	3階以上の階に設けるもの	床面積の合計≧150m²（法第2条第9号の3ロに該当する準耐火建築物のうち政令で定めるものを除く）
(7)	危険物の貯蔵・処理場	—	—	令第116条の数値を超えるものを貯蔵又は処理するものすべて

注1) 共同住宅、寄宿舎、下宿（地階を除く階数3で、3階を共同住宅等の用途に供するものであって、各宿泊室等にバルコニーを設置する等一定の要件に該当するものに限る）については、防火地域及び準防火地域以外の区域内にあるものにあっては法第2条第9号の3イに規定する準耐火建築物（1時間準耐火基準に適合）とすることができる（平成27年告示第255号）。
注2) 学校等（地階を除く階数3で、3階を学校等の用途に供するものであって、建物の周囲に3m以上の通路を設ける等、一定の要件に該当するものに限る）については、1時間準耐火基準に適合する準耐火建築物とすることができる（平成27年告示第255号）。
*1 令第110条第2号の基準に適合するものとして、主要構造部等の構造方法が耐火構造（耐火建築物）等のもの（平成27年告示第255号）。
*2 令第110条第1号の基準に適合するものとして、主要構造部等の構造方法が準耐火構造（耐火建築物又は準耐火建築物）等のもの（平成27年告示第255号）。

時間である。当該建築物の在館者密度や歩行速度等をもとにして、在館者が自力で避難する場合だけでなく、逃げ遅れた者が他者の救助により避難する場合も含め算定されることを想定している。（特定避難時間が45分未満の場合は、45分間）

b) **特殊建築物の防火設備の遮炎性能に関する基準** ≫令第110条の3

防火設備に通常の火災による火熱が加えられた場合に、加熱開始後20分間当該加熱面以外の面（屋内に面するもの）に火炎を出さないもの。

表7　特殊建築物の主要構造部の性能に関する技術的基準（令第110条第1号、第2号）

性能（火災の種類）	建築物の部分		耐火時間
令第110条第1号イ 非損傷性（通常の火災）	壁	間仕切壁（耐力壁に限る）	特定避難時間 （特定避難時間が45分間未満の場合は、45分間。以下同じ）
		外壁（耐力壁に限る）	特定避難時間
	柱		特定避難時間
	床		特定避難時間
	はり		特定避難時間
	屋根（軒裏を除く）		30分
	階段		30分
令第110条第1号ロ 遮熱性（通常の火災）	壁	一般	特定避難時間
		延焼のおそれのある部分以外の非耐力壁	30分
	軒裏	延焼のおそれのある部分	特定避難時間
		上記以外の部分	30分
	床		特定避難時間
令第110条第1号ハ 遮炎性（屋内からの通常の火災）	外壁	一般	特定避難時間
		延焼のおそれのある部分以外の非耐力壁	30分
	屋根		30分

注）特定避難時間は、特殊建築物の用途・規模に応じて告示で決められている。

c）延焼するおそれがある外壁の開口部　≫令第110条の2

①隣地等との関係で延焼のおそれのある部分（≫法第2条第6号）。

②特殊建築物に設けられた他の外壁の開口部から火炎が到達するおそれがあるものとして国土交通大臣が定めるもの。

6 内装制限　≫法第35条の2、令第128条の3の2、第128条の4、第128条の5

　建築物の火災は、特定主要構造部を耐火構造とした耐火建築物であっても、内装に燃えやすい建材等を用いた場合には、内装材の燃焼により火災が拡大し、全焼することが多く、財産の焼失のみならず人身事故も発生している。このようなことから、建築基準法では内装制限で規制し火災時の初期避難を容易にするため、高度の安全性を要求される特殊建築物等について法第35条の2の規定により、不燃性の要求度に応じて内装材の使用範囲を政令で定めている。

　建築基準法では建築物の用途・規模・構造等により内装制限をしているが、壁（廻り縁、窓台等は除く）、天井（天井のない場合は屋根）について制限を課し、床については除外している。また、火元となる室内より避難経路である廊下、階段は厳しく規制される（表8）。

（規制の対象となる建築物）

- 別表第1(い)欄に掲げる特殊建築物
- 階数が3以上である建築物
- 無窓の居室（≫令第128条の3の2）を有する建築物
- 延べ面積＞1000m² の建築物
- 調理室、浴室等の火気使用室

(内装に使用できる防火材料)

　内装を制限するとは、内装に防火材料を義務づけることである。その防火材料には、不燃材料、準不燃材料及び難燃材料の3種類があり、これらの建材の使用ルールは次の通りである。

- 不燃材料以上に制限されるものは、高所、地下街の部分、避難階段、特別避難階段等で高い安全性が要求される部分で、下地を含めて不燃材料で内装することとされている。
- 準不燃材料以上に制限されているものは、特殊建築物、大規模建築物については、廊下、階段等の避難経路の部分及び火気を使用する調理室、無窓の居室、地下の居室、自動車車庫等、またはその部分より地上に至る避難経路の部分も含めた壁、天井の部分が対象になる。
- 難燃材料以上に制限されているものは、大規模建築物、特殊建築物の居室等（3階以上の階に居室がある場合は天井の仕上げについて準不燃材料以上）が対象である。ただし、床面から1.2mの高さまでの腰壁の内装が除外されている。

(内装制限代替措置) ≫令第128条の5第7項

　内装制限の適用が除外される代替措置に、火災が発生した場合に避難上支障のある高さまで煙又はガスの降下が生じない建築物の部分として、床面積、天井の高さ、消防設備及び排煙設備の設置状況、構造を考慮して国土交通大臣が定める建築物の部分には適用しない（令和2年告示第251号）。

7　無窓の居室等の主要構造部　≫法第35条の3、令第111条、令和2年告示第249号第2号

　次の①又は②に該当する窓その他の開口部を有しない居室は、その居室を区画する主要構造部を耐火構造とし、又は不燃材料としなければならない。ただし、避難階又は避難階の直上階若しくは直下階の居室等で、当該居室の床面積、当該居室の各部分から屋外への出口の一に至る歩行距離並びに通路の構造・消火設備・排煙設備・非常用の照明装置・警報設備の設置の状況及び構造に関し避難上支障がないものとして国土交通大臣が定める基準に適合するものは除かれる。また、劇場、映画館、観覧場、集会場等も除かれる。

　①有効採光面積が1/20以上のもの
　②直接外気に面する窓等で、直径1m以上の円が内接する、幅75cm以上、高さ1.2m以上のもの
（令和2年告示第249号第2号による緩和）

　無居室及当該居室から地上までの避難経路に、下記の措置を講じた無窓居室については、主要構造部を耐火構造又は不燃材料とすることを不要とする。

1. 就寝の用に供する居室、自力避難困難用途（病院等）に供する居室、地階に存する居室ではないこと
2. 直通階段までの通路等について
   - 火災の発生のおそれの少ない室とする（当該通路等で出火した場合の避難安全性が検証［煙高さ判定法］された場合）を除く
   - 当該通路等及びその隣接室にスプリンクラー設備を設置する（火災の発生のおそれが少ない室は除く）又は当該通路等を不燃壁と不燃戸（遮煙）で区画する
3. 直通階段について
   - 直通階段を準耐火構造の壁と防火設備（遮煙）で区画する又は屋外階段とし、室内から当該直通階段に通ずる出入口を防火設備（遮煙）とする

表8　内装制限をうける特殊建築物等

用途・構造・規模区分	当該用途に供する部分の床面積の合計			内装制限	
	主要構造部を耐火構造とした建築物又は準耐火建築物【イ準耐に限る（1時間準耐基準に適合するもの）】（特定主要構造部を耐火構造とした建築物も含む）	準耐火建築物（1時間準耐火基準に適合しないもの）	その他の建築物の場合	居室等	地上に通ずる主たる廊下・階段・通路
① 劇場・映画館・演芸場・観覧場・公会堂・集会場	（客席）400m²以上	客席 100m²以上		④難燃材料（3階以上の階に居室を有する建築物の当該用途に供する居室の天井については、準不燃材料とする） ロ④の仕上げに準ずるものとして国土交通大臣が定める方法により国土交通大臣が定める材料の組合せによるもの	ⓐ準不燃材料 ⓑⓐに準ずるものとして国土交通大臣が定める方法により国土交通大臣が定める材料の組合せによるもの
② 病院・診療所（患者の収容施設のあるもの）・ホテル・旅館・下宿・共同住宅・寄宿舎・児童福祉施設等（令19条参照）	（3階以上の部分）300m²以上、100m²（共同住宅の住戸にあっては200m²）以内ごとに防火区画されたものを除く	（2階部分）300m²以上、病院、診療所は、2階に患者の収容施設がある場合に限る	200m²以上		同上
③ 百貨店・マーケット・展示場・キャバレー・カフェー・ナイトクラブ・バー・ダンスホール・遊技場・公衆浴場・待合・料理店・飲食店または物品販売業を営む店舗（10m²以内を除く）	（3階以上の部分）1000m²以上	（2階部分）500m²以上	200m²以上		同上
④ 地階または地下工作物内の居室等で、①②③の用途に供するもの	全部			ⓐ準不燃材料 ⓑⓐに準ずるものとして国土交通大臣が定める方法により国土交通大臣が定める材料の組合せによるもの	同上
⑤ 自動車車庫・自動車修理工場	全部			同上	同上
⑥ 無窓の居室（令128の3の2参照）	全部（ただし、天井の高さが6mを超えるものを除く）			同上	同上
⑦ 階数及び規模によるもの	・階数が3以上で500m²を超えるもの ・階数が2で1000m²を超えるもの ・階数が1で3000m²を超えるもの ただし、次のものを除く 1. 学校等（令126の2・一二参照） 2. 100m²以内ごとに防火区画され特殊建築物の用途に供しない居室で、耐火建築物の高さが31m以下の部分にあるもの 3. ②欄の用途に供するもので高さが31m以下の部分			④難燃材料 ロ④の仕上げに準ずるものとして国土交通大臣が定める方法により国土交通大臣が定める材料の組合せによるもの	同上
⑧ 火気使用室	住宅：階数が2以上の住宅で、最上階以外の階にある火気使用室 住宅以外：火気使用室は全部 （ただし、主要構造物を耐火構造としたものを除く）			ⓐ準不燃材料 ⓑⓐに準ずるものとして国土交通大臣が定める方法により国土交通大臣が定める材料の組合せによるもの	

注1）　内装制限の適用を受ける建築物の部分は、居室及び居室から地上に通ずる主たる廊下、階段その他の通路の壁及び天井（天井がない場合は屋根）の室内に面する部分である。ただし①②③⑦欄の居室等については、規定に該当する居室の壁の床面からの高さが1.2m以下の部分には適用されない〔令129条1項〕。

注2）　内装制限の規定で、2以上の規定に該当する建築物の部分には、最も厳しい規定が適用される。

注3）　スプリンクラー設備、水噴霧消火設備、泡消火設備その他これらに類するもので自動式のもの及び令126の3の規定に適合する排煙設備を設けた建築物の部分については、内装制限の規定は適用されない〔令128条7項〕。

注4）　特定避難時間倒壊等防止建築物：法第2条第9号の3イに該当する建築物及び法第27条第1項の規定に適合する特殊建築物（令第110条第2号に掲げる基準に適合するものを除く）

4. 避難階における階段から屋外への出口までの通路等について
   ・火災の発生のおそれの少ない室とする（スプリンクラー設備を設置した場合を除く）
   ・当該通路等を準耐火構造の壁と防火設備（遮煙）で区画
5. 居室及び避難経路に非常用照明を設置する
6. 自動火災報知設備を設けた建築物の居室であること

4・2　避難規定

1 廊下、避難階段及び出入口等の適用　≫令117条

　一定規模以上の建築物、特殊建築物、無窓の居室などについては、避難に必要な廊下、階段出入口等の規定が適用される（≫令第117条〜第126条）。

　また、開口部のない耐火構造の床又は壁で区画されている場合には、その区画された部分は、それぞれ別々の建築物とみなし、廊下、避難階段及び出入口等の規定を適用する（≫2項）。

　適用を受ける建築物は次の通りである。
①別表第1(い)欄(1)項〜(4)項までに掲げる用途に供する特殊建築物
②階数≧3の建築物
③採光上有効な開口部の面積が、その居室の床面積の1/20未満の居室を有する階（通常「採光無窓の居室」と呼ばれている）等（≫令第116条の2）
④延べ面積＞1000m²の建築物

2 客席からの出口の戸　≫令第118条

　不特定多数の人々を収容する劇場、映画館等は火災時などの非常の際に群衆が出口に殺到することとなり、大混乱になるおそれがある。その際、出口の扉が内開きであれば、避難がスムーズに行かないことから、これを禁止したものである。ちなみに、一般的に回転戸も内開き戸として

図11　高校の片廊下（左）と中廊下（右）

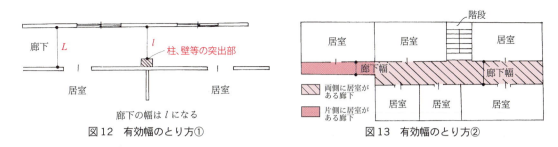

図12　有効幅のとり方①　　　　図13　有効幅のとり方②

表9　廊下の幅

廊下の用途	廊下の配置 両側に居室がある場合	その他の場合
小・中・高校の児童用又は生徒用	2.3m 以上	1.8m 以上
病院の患者用	1.6m 以上	1.2m 以上
共同住宅の住戸若しくは住室の床面積の合計が 100m² を超える階の共用のもの		
居室の床面積の合計が 200m² を超える地上階（3室以下の専用のものを除く）		
居室の床面積の合計が 100m² を超える地下階（3室以下の専用のものを除く）		

注）ここでいう「住戸」及び「住室」とは、「1又は2以上の世帯が他と独立して家庭生活を営むための建築物又は建築物の部分」をいい、具体的には次のようになる。
・住戸：専用の居住室、台所、便所及び出入口（居住者や訪問者がいつでも通れる共用の廊下などに面している出入口を含む）を有しているもの。
・住室：住戸の要件のうち、台所又は便所を有してないもの。

扱われている。

3　廊下の幅　≫令第119条

　廊下の幅は、壁面から反対側の壁面までの有効寸法（最短幅）で測る。また、廊下の両側に居室がある中廊下は、片側に居室がある片廊下に比べて廊下幅が広い。特に、廊下の幅については、速やかな避難に大きな影響があるため、特に安全面等に考慮し、学校（小・中・高校）、病院等については厳しい基準が定められている（図12、13、表9）。

　また、廊下の幅の規定については、地方公共団体の条例で建築物の用途及び規模等による廊下幅の制限が付加されている場合がある。

4　直通階段の設置　≫令第120条

　直通階段とは、建築物の各階から、その階段を通って直接に地上に出られる出入口がある階（避難階）に、迷うことなく、連続的かつ容易に到達できる階段のことを言う。

　直通階段の設置の規定は、避難規定が適用される建築物において、少なくとも1ヶ所の直通階段を設置しなければならない。また、各階の居室からその直通階段に至る歩行距離に応じて2以上の直通階段の設置を義務付けている。なお、歩行距離を算定する場合、実際に歩く距離であるので、居室に配置する家具等を想定して、壁などより50cm程度離れたところから測り、直通階段の階段室の出入口までの距離を測る。この場合の歩行距離は、内装不燃化による緩和措置及び15階以上の階における強化措置が講じられる。（図15〜17、表10）

　ところで、メゾネット形式の共同住宅の住戸については、同一階における歩行距離によって直通階段の設置規定を適用することができないので、以下の条件にすべて該当すれば適用除外できる。

図14 避難階に通じる直通階段

階段までの歩行距離
$\left.\begin{array}{l}a+b+c \\ a+b+d\end{array}\right\}$ いずれかが歩行距離の制限数値以内
$a+b$ ……… 重複距離（歩行距離の制限数値の1/2以内）

図16 重複距離の算定

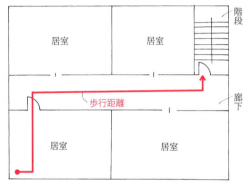

居室の各部分からの直通階段への歩行距離が決められた数値以下になるように計画する。

図15 歩行距離算定の方法

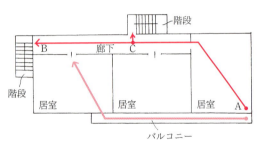

A〜C間が重複距離であり規定の歩行距離の1/2を超えてはならない。ただし、バルコニー等で、居室の各部分から重複距離区画を経由しないで（A〜B）避難できる場合は緩和される

図17 バルコニーの設置による緩和

表10 直通階段に至る歩行距離（令120条）

構造及び階	主要構造部が準耐火構造（特定主要構造部が耐火構造の場合も含む）であるか又は不燃材料で造られている場合				その他の場合
	14階以下の階		15階以上の階		
	内装制限（準不燃以上）		内装制限（準不燃以上）		
居室の種類	有	無	有	無	
① 採光に有効な窓その他の開口部の面積が、居室の床面積の1/20以下のもの※	40m以下	30m以下	30m以下	20m以下	30m以下
② 百貨店・マーケット・展示場・キャバレー・カフェー・ナイトクラブ・バー・ダンスホール・遊技場・公衆浴場・待合・料理店・飲食店・物品販売店舗（10m²以下を除く）の主たる用途に供する居室	40m以下	30m以下	30m以下	20m以下	30m以下
③ 病院・診療所（患者の収容施設があるもの）、ホテル・旅館・下宿・共同住宅・寄宿舎・児童福祉施設等の主たる用途に供する住室	60m以下	50m以下	50m以下	40m以下	30m以下
④ ①〜③以外の居室	60m以下	50m以下	50m以下	40m以下	40m以下

注1）メゾネット型式による共同住宅の各戸の居室の各部分から出入口のある階の共用直通階段に至る歩行距離が40m以下であれば、各戸の上階には直通階段を設けなくてもよい（令120条4項）。
注2）内装制限とは、居室及び廊下、階段の壁（床面から1.2m以下の部分を除く）、天井の仕上げを不燃材料又は準不燃材料でした場合をいう。
※当該居室の床面積、当該居室からの避難の用に供する廊下等の通路の構造並びに消火設備、非常用の照明装置及び警報設備の設置の状況及び構造に関し避難上支障がないものとして国土交通大臣が定める基準に適合するものを除く。

- 主要構造部を準耐火構造（特定主要構造部を耐火構造としたものも含む）とした共同住宅の住戸
- 出入口が1のみである
- 階数が3以内である
- 各戸の居室の各部分から出入口のある階の共用の直通階段に至る歩行距離が40m以下である

加えて、採光無窓居室や当該居室から避難経路に、以下の措置を講じた採光無窓居室については、直通階段までの歩行距離上限を採光ありの居室と同等まで引き上げることを可能とする。（令第120条第1項の表（一）項、第116条の2第1項第1号、令和5年告示第208号）

1. 自力避難困難用途（病院等）に供する居室、地階に存する居室でないこと
2. 床面積30m²以下の居室又は居室及び避難経路に非常照明を設置する
3. 直通階段までの経路等について
    - 火災の発生のおそれの少ない室とする（当該通路等で出火した場合の避難安全性が検証〔煙高さ判定法〕された場合を除く）
    - 当該通路等及びその隣室にスプリンクラー設備を設置する（火災の発生のおそれの少ない室は除く）又は当該通路等を不燃壁と不燃戸（遮炎）で区画する
4. 直通階段について
    - 直通階段を準耐火構造の壁と防火設備（遮煙）で区画する又は屋外階段とし、室内から当該直通階段に通ずる出入口を防火設備（遮煙）とする
5. 自動火災報知設備を設けた建築物の居室であること

5　2以上の直通階段を必要とする場合　≫令第121条

　劇場や大規模な物品販売店等不特定多数の人々が利用する施設や、病院、旅館、共同住宅など就寝を伴う施設等は、火災等が発生したとき、非常に危険な状況に陥るため、このような建築物では、二方向の避難経路を確保することにより、人々を安全に避難させるため直通階段を2以上設けなければならない。このとき、直通階段はできるだけ対称の位置に設け、居室から廊下を経由しそれぞれの階段に向かう歩行距離が重複する区間（重複距離）をできるだけ短くする必要がある。その区間の長さは、令第120条に規定する歩行距離の数値の1/2以内とする。ただし、避難上有効なバルコニーの設置等の緩和がある（表11）。

　なお、令第121条第1項第4号、第5号により、2以上の直通階段の設置が必要となる福祉施設等のうち、階数が3以下で延べ面積200m²未満であり、階段の安全確保に係る措置がとられているものについては、適用外となる（表12）。

【要件】対象となる建築物の階が以下①又は②に該当すること。
　①用途に応じた階段区画が施された建築物
　②令第112条第15項により告示で定める「火災が発生した場合に避難上支障のある高さまで煙・ガスの降下が生じない構造」に適合する建築物

表11　2以上の直通階段を必要とする場合（令121条）

階の用途			主要構造部 準耐火構造又は不燃材料	主要構造部 その他の場合
①	劇場・映画館・演芸場・観覧場・公会堂・集会場の用途に供する階で客席、集会室等を有するもの		全部	全部
②	物品販売業を営む店舗(床面積＞1500m²)の用途に供する階で売場を有するもの		全部	全部
③	キャバレー・カフェー・ナイトクラブ・バー・個室付浴場・ヌードスタジオ等の用途に供する階で客席、客室等を有するもの		原則として全部（5階以下の階については緩和規定あり）	原則として全部（5階以下の階については緩和規定あり）
④	病院・診療所の用途に供する階における病室の床面積又は児童福祉施設等の用途に供する階でその階における児童福祉施設等の主たる用途に供する居室の床面積の合計		＞100m²	＞50m²
⑤	ホテル・旅館・下宿の宿泊室／共同住宅の居室／寄宿舎の寝室　その他の階の床面積の合計		＞200m²	＞100m²
⑥	①～⑤に掲げる階以外の階	6階以上の階に居室を有するもの	原則として全部（①～④以外の用途に供する階については緩和規定あり）	原則として全部（①～④以外の用途に供する階については緩和規定あり）
		5階以下の階　避難階の直上階（居室の床面積の合計）	＞400m²	＞200m²
		5階以下の階　その他の階（居室の床面積の合計）	＞200m²	＞100m²

注）居室の各部分から各直通階段に至る通常の歩行経路のすべてに共通の重複区間があるときにおける当該重複区間の長さは歩行距離の数値の1/2を超えてはならない。

表12　小規模建築物の階段区画

用途	階段区画の構造
病院、診療所、児童福祉施設等（入所する者の寝室がある）	間仕切壁＋法第2条第9号のロ
	間仕切壁＋10分間防火設備（居室・倉庫等スプリンクラー設備等を設けた場合）
児童福祉施設等（上記以外）、ホテル、旅館、下宿、共同住宅、寄宿舎	間仕切壁＋戸（ふすま、障子戸を除く）

（共通事項）区画に設ける防火設備・戸は、令第112条第19項第2号に適合

6 屋外階段の構造　≫令第121条の2

令第120条（直通階段の設置）、令第121条（2以上の直通階段の設置）の規定によって設けた直通階段を屋外階段としたときは、木造としてはならない。これは火災時の避難に危険であるからである。ただし、準耐火構造で有効な防腐措置を講じたものは除く。

7 避難階段・特別避難階段の設置　≫令第122条

高層建築などでは、単なる直通階段の設置だけでは避難上危険な場合が多く発生すると考えられることから、一定の基準に適合した階段形式として、避難階段及び特別避難階段のどちらかを設置しなければならない。いずれの階段も火災の場合の避難に際して、炎や煙等が進入することを防ぎ、内装の不燃化を図り、耐火構造の壁等で区画する方法で防火上より安全にしたものであるが、後者の方がその安全性をさらに高めたものである。

避難階段には屋内避難階段と屋外避難階段とがあるが、特別避難階段は屋内設置となる（表13）。

a）屋内避難階段の構造　≫令第123条第1項

屋内避難階段は、耐火構造の壁で区画され、天井及び壁の仕上げは下地とも不燃材料としたも

のである。階段室に設ける出入口には、常時閉鎖式防火戸（遮炎性能のあるもの）又は煙感知により自動閉鎖する防火戸（遮煙のあるもの）を設ける。また、階段室には非常用の照明装置を設置する（図18A）。

表13　避難階段・特別避難階段を設置しなければならない建築物

階による区別	設置する階段の種類	階段の数
①5階以上の階に通ずる直通階段	避難階段又は特別避難階段	1以上 次のものは除外される ・主要構造部が準耐火構造・不燃材料で造られている建築物で5階以上の床面積の合計が100m²以下のもの ・主要構造部が準耐火構造・不燃材料で造られている建築物で地下2階以下の階の床面積の合計が100m²以下のもの
②地下2階以下の階に通ずる直通階段		
③3階以上の階を物品販売業を営む店舗（床面積の合計が1500m²を超えるものに限る）		2以上 各階の売場及び屋上広場に通ずること
④15階以上の階に通ずる直通階段	特別避難階段	1以上 次のものは除外される 特定主要構造部が耐火構造である建築物（階段室の部分・昇降路部分及び廊下等避難の用に供される部分で耐火構造の床・壁又は特定防火設備で区画されたものを除く）で、床面積の合計が100m²（共同住宅の住戸は200m²）以内ごとに耐火構造の床・壁又は特定防火設備で区画されたもの
⑤地下3階以下の階に通ずる直通階段		
⑥5階以上の階を物品販売業を営む店舗（床面積の合計が1500m²を超えるものに限る）		5階以上の売場に通ずる直通階段は1以上 15階以上の売場に通ずる直通階段はすべて

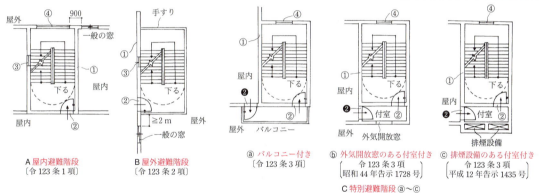

図18　避難階段の設け方

図19　特別避難階段の付室

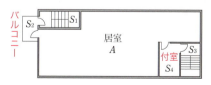

● 別表第1（い）欄(1)項(4)項に掲げる用途に供する居室

$$S \geq A \times \frac{8}{100} \quad (S = S_1 + S_2 + S_3 + S_4)$$

● その他の居室

$$S \geq A \times \frac{3}{100}$$

図20　15階以上の階又は地下3階以下の階に設ける特別避難階段の階段室、バルコニー及び付室の床面積

b) **屋外避難階段の構造** ≫令第123条第2項

　屋外避難階段は、屋外に設ける耐火構造の直通階段である。屋内から屋外階段に通じる出入口の防火戸（遮炎性能のあるもの）は、常時閉鎖又は煙感知により自動閉鎖するものとする。階段は開口部のない外壁に設け、窓等の開口部から2m以上離れていること（図18B）。

c) **特別避難階段の構造** ≫令第123条第3項

　特別避難階段は、屋内避難階段の階段室の出入口の手前に付室又はバルコニーを設けて、避難上の安全性を高めたものである。付室も耐火構造の壁で区画し、排煙設備又は外気に開くことができる窓等を設ける。屋内から付室又はバルコニーへ通じる出入口には、避難方向に開く常時閉鎖の特定防火設備（防火戸）又は煙感知により自動閉鎖する特定防火設備（防火戸）を設ける。なお、15階以上の階又は地下3階以下に設ける特別避難階段のバルコニー又は付室の床面積の合計は、その階の居室の床面積の3/100以上（別表第1（い）欄(1)項又は(4)項の居室では8/100以上）とする（図18C-a,b,c～20）。

8 各種出口・屋上広場等

a) **物品販売業を営む店舗における避難階段等の幅** ≫令第124条

　百貨店、マーケットなどの不特定多数の人々が集まる物品販売店舗（＞1500m²）における避難階段、特別避難階段及びこれらに通ずる出入口の幅の合計の算定方法を定めている（図21）。

①階段の幅の合計≧60cm/100m²×｛その直上階以上の階（地階にあっては、直下階以下の階）のうち床面積の最大階｝

②地上階の場合

　　階段に通ずる出入口の幅の合計≧27cm/100m²×（その階の床面積）

　地階の場合

　　階段に通ずる出入口の幅の合計≧36cm/100m²×（その階の床面積）

③①及び②の所要幅の計算において、一つの階又は二つの階で専用する階段（地上階）の場合は、これらの階段等の幅が1.5倍あるものとみなすことができる（図22）。

図21　物品販売業を営む店舗における避難階段の例

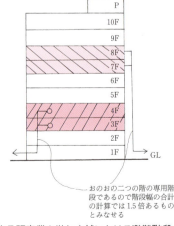

図22　物品販売業を営む店舗における避難階段の幅

おのおのの二つの階の専用階段であるので階段幅の合計の計算では1.5倍あるものとみなせる

④階段幅等の計算には、屋上広場（≫令第126条）は階とみなす。これは、百貨店等の屋上広場には不特定多数の人々が集まることが予想されるので、店舗部分と同じ規制をする必要があると考えるからである。

b）**屋外への出口** ≫令第125条
①階段から屋外への出入口の一つまでの歩行距離は、令第120条に規定する数値以下とし、居室の各部から屋外への出口の一つまでの歩行距離は、同じ数値の2倍以下とする。
②劇場、映画館等の用途に供する建築物の屋外への出口は内開きとしてはならない。
③物品販売店舗（＞1500m²）の避難階における出入口の幅の合計≧60cm/100m²×（床面積の最大階の床面積）

c）**屋外への出口等の施錠装置の構造等** ≫令第125条の2
次の①～③において、屋内から錠を用いることなく開錠でき、その開き方を表示する（刑務所、拘置所等は除外）。
①屋外に設ける避難階段に屋内から通ずる出口
②避難階段から屋外に通ずる出口
③維持管理上、常時施錠状態にある出口で、火災等の非常時に避難の用に供すべきもの

d）**屋上広場等** ≫令第126条
①屋上広場、2階以上の階にあるバルコニー等には、高さ1.1m以上の手摺を設ける。
②5階以上の階を百貨店等の売場の用途に供する場合は、屋上に避難の用に供する屋上広場を設ける。

9 敷地内の避難通路等

不特定多数の人が利用する建築物等においては、主な出口や屋外避難階段から道路や公園等に通ずる一定の幅員の敷地内通路を確保する必要がある。

a）**適用の範囲** ≫法第35条、令第127条
①法別表第1(い)欄(1)項～(4)項の用途に供する建築物
②階数が3以上の建築物
③有効採光面積が、床面積の1/20未満の居室、かつ、

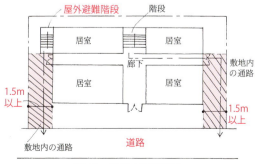

図23　敷地内避難通路

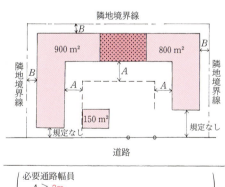

図24　令第128条の2第1項

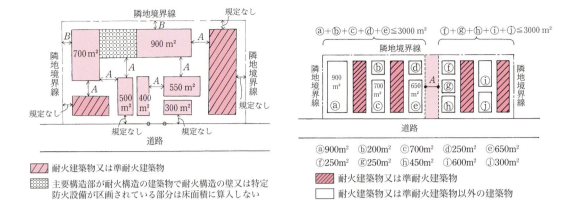

図25　令第128条の2第2項　　　図26　令第128条の2第3項

　　有効排煙面積が床面積の1/50未満の居室を有する建築物
　④延べ面積（同一敷地内に2以上の建築物がある場合には、その延べ面積の合計）が、1000m²を超える建築物

b）敷地内の通路　≫令第128条

　敷地内の避難通路は、**幅員1.5m**（階数≦3で延べ面積＜200m²の建築物の敷地にあっては、90cm）**以上**とし、屋外避難階段又は避難出口から道路、公園、広場等に通じていなければならない（図23）。

c）大規模な木造等の建築物の敷地内通路　≫令第128条の2

　延べ面積が1000m²を超える木造建築物については、避難時に安全に避難できるよう、その周囲に一定の幅員の避難通路を設けなければならない。
　①1棟で延べ面積が1000m²を超える場合には、その周囲に**幅員3m以上の通路**を設ける。ただし、延べ面積3000m²以下で隣地境界線に接する通路は、**幅員1.5m以上**とすることができる（≫第1項、図24）。
　②1棟の延べ面積が1000m²以下の木造等の建築物が2棟以上ある場合で、その延べ面積の合計が1000m²を超えるときは、1000m²以内ごとの群に区画し、その周囲に幅員3m以上の通路を設ける（≫第2項、図25）。
　③耐火建築物又は準耐火建築物が延べ面積の合計1000m²以内ごとに区画された建築物（木造建築物群）を相互に防火上有効に遮っている場合においては、これらの建築物（木造建築物群）については、第2項の規定は適用しない。ただし、これらの建築物の延べ面積の合計が3000m²を超える場合は、その延べ面積の合計3000m²以内ごとに、その周囲（道又は隣地境界線に接する部分を除く）に幅員3m以上の通路を設ける（≫第3項、図26）。
　④①～③の規定による通路を横切る渡り廊下は、次の要件を満足しなければならない。
　　イ）通路が横切る部分の渡り廊下の開口部の幅は2.5m以上、高さ3m以上であること
　　ロ）渡り廊下の幅は3m以下であること
　　ハ）通行又は運搬以外の用途に供しないこと
　⑤①～④の規定による通路は、敷地の接する道まで達しなければならない。

表14 地下街の基準（令第128条の3）

名称	部分	構造	備考
地下道	壁・柱・床・はり・床版	1時間以上耐える性能（鉄筋コンクリート造、煉瓦造等が有する性能に限る）（昭和44年告示第1729号）	第1項第1号
	幅員	5m以上	第1項第2号
	天井高さ	3m以上	
	床の形状	段及び1/8を超える勾配の傾斜路を設けない	
	天井及び壁の材料	下地・仕上げとも不燃材料で造る	第1項第3号
	歩行距離	・地下道の長さ＞60mの場合、各構え（店舗等）の地下道に接する出入口から階段の一に至る歩行距離≦30m	第1項第4号
		・各構え（店舗等）の奥から地下道への出入口までの歩行距離≦30m	第4項
	地下道の末端	地下道の幅員以上の幅員の出入口で道に通ずる	第1項第5号
	設備	非常用の照明設備・排煙設備・排水設備（昭和44年告示第1730号）	第1項第6号
各構え（店舗等）	地下道に接する長さ	2m以上接する（ただし、公衆便所・公衆電話所等は2m未満でも可）	第1項本文
	防火区画	・各構え相互間は、耐火構造の床及び壁又は特定防火設備（令第112条第14項第2号）で区画する	第2項
		・各構えは、地下道と耐火構造の床及び壁又は特定防火設備（令第112条第14項第2号）で区画する	第3項
	その他	・令第112条第5項〜第11項、第14項〜第16項、第129条の2の5第1項第7号の規定を準用する	第5項
		・地方公共団体の条例で上記以外の規定を定めることができる	第6項

10 地下街　≫令128条の3

　地下街とは、地下工作物内の店舗、事務所などの用途の集合体である。地下街の各構え（店舗等）は地下道に2m以上面しなければならないこと、構えには排煙設備、非常用の照明設備及び排水設備を設けること、地下道に関すること等の基準等が定められている。なお、地方公共団体の条例で政令の規定と異なった基準を定めることができる。地下街の基準については、表14に示す。

11 排煙設備

　火災時に発生する建築物の天井、壁等からの煙や有毒ガスが人の避難行動を妨げ、人命に対して危険を及ぼす事故を引き起こすことがある。そこで、煙や有毒ガスが天井に沿って拡大するのを防ぐため、これらのものを排出する設備が必要である。このような設備を排煙設備と言い、一定の要件に該当する建築物には、排煙性能を確保した排煙設備を設置する義務がある。

図27　排煙窓

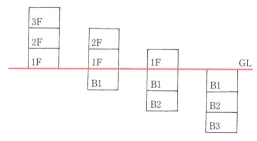

図28　「階数が3以上」の場合

a) **排煙設備が必要な建築物又は居室**　≫令第126条の2
　①法別表第1(い)欄(1)項〜(4)項の特殊建築物で延べ面積が500m²を超えるもの
　②階数が3以上で延べ面積が500m²を超える建築物(高さ31m以下の部分で100m²以内ごとに防煙壁で区画された居室を除く)（図28）
　③開放できる部分（天井又は天井から下方80cm以内に限る）が、その居室の床面積の1/50未満の居室
　④延べ面積が1000m²を超える建築物の居室で、その床面積が200m²を超えるもの（高さ31m以下の部分で100m²以内ごとに防煙壁で区画された居室を除く）
　　ただし、次のいずれかに該当する建築物又は建築物の部分については、適用除外される。
　　イ）法別表第1(い)欄(2)項の特殊建築物（病院、ホテル、共同住宅等）で、100m²（共同住宅の住戸にあっては200m²）以内ごとに防火区画されている部分
　　ロ）学校、体育館、ボーリング場、スケート場、水泳場、スポーツの練習場
　　ハ）階段部分、昇降機の昇降路の部分（乗降ロビーを含む）
　　ニ）機械製作工場、不燃性の物品を保管する倉庫等で主要構造が不燃材料で造られたもの等
　　ホ）その他

b) **排煙設備の構造**　≫令第126条の3
　①500m²以内ごとに防煙壁で区画する。
　②排煙口、風道等は不燃材料で造る。
　③排煙口は、防煙区画部分から水平距離30m以下となるように、天井又は壁の上部（天井から下方80cm以内の部分。ただし、防煙壁の丈が80cmに満たないときは、その寸法以内の部分）に設ける（図27、29〜34）。
　④排煙口には、手動開放装置を設ける。
　⑤手動開放装置のうち手で操作する部分は、次に示す位置に見やすい方法で使用方法を表示する。

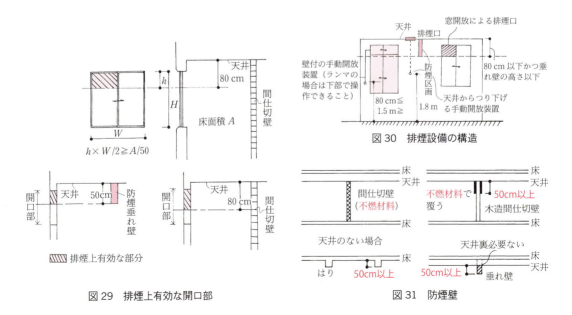

　　　図29　排煙上有効な開口部　　　　　図31　防煙壁

図32 排煙垂れ壁

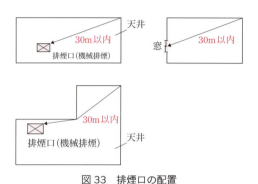

図33 排煙口の配置

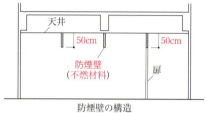

図34 居室の排煙設備

- 壁に設ける場合は床面から 80cm～1.5m
- 天井から吊り下げる場合は床面から約 1.8m

⑥防煙区画部分の床面積の 1/50 以上の排煙口がない場合は、排煙機を設ける。

⑦その他排煙口の戸、排煙機の能力、予備電源等についての規定がある（≫平成12年告示第1382号）。

⑧①～⑦の規定は、送風機を設けた排煙設備等の特殊な構造の排煙設備で、通常の火災時に生ずる煙を有効に排出することができるものとして国土交通大臣が定めた構造方法を用いるものについては適用しない（≫平成12年告示第1437号）。

12 非常用の照明装置

建築物が火災等の災害時にあって電源が断たれると、人々の安全・避難に大きな影響を及ぼす。そこで、停電時に一定時間予備電源で照明を確保するための非常用の照明装置の設置が義務付けられている。

a）非常用照明装置が必要な建築物又は居室　≫令第126条の4

①法別表第1(い)欄(1)項～(4)項の特殊建築物の居室

②階数が3以上で、延べ面積が 500m² を超える建築物の居室

③採光上有効な窓その他の開口部が当該居室の床面積の 1/20 未満の居室

④延べ面積が 1000m² を超える建築物の居室

⑤ ①～④の居室から地上に通ずる廊下、階段等（採光上有効な外気に開放されたものを除く）
⑥ ①～⑤に類するもので、照明装置の設置を通常要する部分

ただし、次の場合は適用除外される。

 イ）一戸建の住宅、長屋、共同住宅の住戸（共同住宅の共用の廊下、階段等は設置を要する）
 ロ）病院の病室、下宿の宿泊室、寄宿舎の寝室など（廊下、階段等は設置を要する）
 ハ）学校、体育館、ボーリング場など
 ニ）避難階で採光無窓の居室に該当しない居室で、屋外への出口までの歩行距離が30m以内である場合。また、居室が避難階の直上階もしくは直下階であるときは、当該階から階段等を含む避難階の出口までの距離か、当該階にある屋外避難階段までの距離が20m以内で避難上支障がない場合など（≫平成12年告示第1411号）

b）非常用照明装置の構造　≫令第126条の5

非常用照明装置には、非常時に内蔵する蓄電池により点灯する「電池内臓型」と装置外の非常用電源により点灯する「電源別置型」の二種類がある。また、それぞれ、一般照明としても使用できるほか、非常時には蓄電池又は非常用電源により点灯する「併用型」と、非常時のみ蓄電池又は非常用電源により点灯する「専用型」がある。

その必要照度と設置間隔は、30分間非常点灯後、床面の水平照度が白熱電球では1ルックス以上、蛍光灯の場合は2ルックス以上となるように設置する。なお、照明器具の主要な部分は難燃材料とする（≫昭和45年告示第1830号）（図35、表14、15）。

図35　非常用照明

表14　非常用照明装置の適用の緩和

・非常用の照明装置の設置を要しないものとして国土交通大臣が定めるものは〔平成12年告示1411号〕、採光上有効な開口部の面積が一定以上確保されていて、居室等の各部分から避難のための出入口等に至る歩行距離が次に該当する場合に適用される。

・避難階の居室	・避難階の屋外への出口	30m以下
・避難階の直上階又は直下階の居室	・避難における屋外への出口 ・屋外避難階段に通ずる出入口	20m以下

表15　非常用の照明装置の設置及び適用除外

非常用の証明装置の設置を義務付けられている部分	適用を除外される部分	
①法別表第一(い)欄(1)項～(4)項までに掲げる用途に供する特殊建築物の居室	告示第1411号に定める居室	一戸建住宅 長屋もしくは共同住宅の住戸 病院の病室 下宿の宿泊室 寄宿舎の寝室 学校教育法で定める学校 観覧の用に供さない体育館 （ボーリング場、スケート場、水泳場、スポーツの練習場等の部分）
②階数が3以上で延べ面積が500m²を超える建築物の居室		
③延べ面積が1000m²を超える建築物の居室		
④採光上有効な窓その他の開口部の面積が、当該居室の床面積の1/20未満の居室		
①～④の居室から地上までの避難経路となる廊下、階段その他の通路(廊下に接するロビー、通り抜け避難に用いられる場所、その他通常照明装置が必要とされる場所)	採光上有効に直接外気に開放された通路等 開放廊下 屋外階段 階段室型共同住宅等の階段	

13 非常用の進入口及び代替進入口

　建築物の外壁面には窓などの開口部がないもの、又は意匠的にあるいは用途上窓が極端に少ないものがあり、いったん火災が発生すると、消防隊による消火活動や救助活動が困難になる場合が想定される。このような事態を防ぐため、消火活動等が円滑に行えるよう直接外部から進入できる非常用の進入口（代替進入口を含む）の設置を義務付けている。

a) **非常用の進入口が必要な建築物** ≫令第126条の6

　高さが31m以下にある3階以上の階に設置しなければならない。ただし、次の場合は除外される。
①非常用エレベーターを設置している場合
②道又は道に通ずる幅員4m以上の通路等に面する各階の外壁面に開口部（直径1mの円が内接するもの、又は幅75cm以上、高さ1.2m以上のもので、進入を妨げる構造を有しないもの）があり、その開口部が壁面の長さ10m以内ごとにある場合（図36～38）

b) **非常用の進入口の構造** ≫令第126条の7

①道又は道に通ずる幅員4m以上の通路等に面する各階の外壁面に設ける（図39）
②間隔は40m以下とする（図40）
③幅75cm以上、高さ1.2m以上、床面からの高さ80cm以下とする
④外部から開放又は破壊して室内に進入できる構造とする
⑤バルコニー（奥行1m以上、長さ4m以上）

図36　非常用の進入口が設置されているホテル

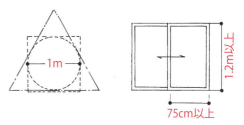

図37　非常用進入口にかわる開口部の大きさ及び形

「道又は道に通ずる幅員4m以上の通路、その他の空地に面する外壁面」とは、次のようなものである
・道に面する外壁面のすべて
・幅員4m以上の通路その他の空地に面する外壁面のすべて

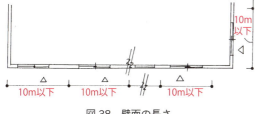

図38　壁面の長さ

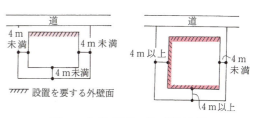

図39　非常用進入口等の設置位置

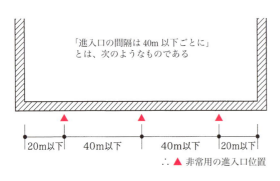

図40　進入口の間隔　　　　　　　図41　非常用進入口である旨の表示方法

⑥進入口である旨の表示は、赤色反射塗料による一辺が20cmの正三角形とする（図41）
⑦直径が10cm以上の半球が内接する大きさの赤色灯の表示を、進入口の近くに見やすい方法で掲示すること。この赤色灯は常時点灯状態とし、予備電源を設けること（»昭和45年告示第1831号）

14 非常用エレベーター

　高層建築物の火災等の災害時においては、低層建築物に比べて人々の避難が困難になる恐れがあることから、高さが31mを超える建築物の避難、消火、救助活動のためには、消防隊の梯子車の到達は困難であるから、非常用の進入口に代わるものとして、非常用エレベーターの設置が義務付けられている。この非常用エレベーターは一般に使用するものと兼用してもよいが、乗降ロビーの区画及び面積、速度等についての一定の基準に適合するものでなければならない。なお、このエレベーターは停電時でも運行できるよう予備電源を設け、毎分60m以上の速度が定められており、また消防隊の消火活動がスムーズに行えるよう、エレベーターの扉が開いたまま昇降できるなど、一般のエレベーターと違った機能を有している（図42）。

a）適用の範囲

»法第34条第2項、令第129条の13の2

　高さが31mを超える建築物には、原則として非常用エレベーターを設置しなければならないが、次のいずれかに該当する場合は設置が緩和される。

①高さ31mを超える部分が階段室、設備機械室、装飾塔、物見塔、屋窓等の用途に供する建築物
②高さ31mを超える部分の各階の床面積の合計≦500m²の建築物

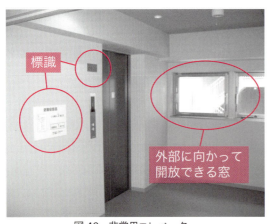

図42　非常用エレベーター

表16　エレベーター設置台数の基準

最大床面積	台数
1500m² 以下	1
1500m² を超え 4500m² 以下	2
4500m² を超え 7500m² 以下	3
7500m² を超え 10500m² 以下	4
さらに3000m² を増すごとに1台ずつ増加	

表17　非常用エレベーターの主要寸法

積載量	1150kg 以上
定員	17名以上
かごの寸法	間口　　：1800mm 以上 奥行き　：1500mm 以上 天井高さ：2300mm 以上
有効出入口寸法	有効幅　：1000mm 以上 高さ　　：2100mm 以上

③高さ31mを超える部分の階数≦4の建築物、かつ主要構造部が耐火構造で、床面積の合計が100m²以内ごとに防火区画されているもの

④高さ31mを超える部分が機械製作工場、不燃性物品保管庫等の建築物で、主要構造部が不燃材料で造られたもの等以上に火災の発生のおそれの少ない構造のもの

b）設置台数　　≫令第129条の13の3第2項

高さ31mを超える部分の床面積が最大の階の床面積を基準に所要台数が定められている。

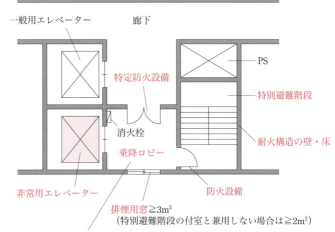

図43　非常用エレベーターの乗降ロビー（令第129条の13の3）

例えば、高さ31mを超える部分の階の最大の床面積が1500m²以下の場合は1台、1500m²を超える場合は、3000m²以内を増すごとに1台を加えた台数とする（表16、17）。

また、2基以上の非常用エレベーターを設置する場合には、避難上及び消火上有効な間隔を保って設置する。

c）乗降ロビーの構造等　　≫令第129条の13の3第3項（図43）

①非常用エレベーターは、他の用途と兼用しない（ただし、特別避難階段の付室との併用は可）。

②専用のロビーを設ける。

③各階は耐火構造の床・壁で囲み、屋内と連絡する（ただし、避難階は除く）。壁の内装の仕上げは下地とも不燃材料とする。

④バルコニー、外気に向かって開放できる窓、又は排煙設備を設ける（≫昭和45年告示第1833号）。

⑤出入口（特別避難階段の階段室に通ずる出入口及び昇降路は除く）は、令第112条第14項に規定する特定防火設備を設置する。

⑥予備電源付きの照明設備及び消火設備（消防法）を設置すること。また、標識で非常用エレベーターの積載量、最大定員等を表示する。

⑦乗降ロビーの床面積は1基につき10m²以上とする。
⑧昇降路は2基以内ごとに耐火構造の壁・床で囲む（出入口は除く）（》第4項）。
⑨避難階の昇降路の出入口から屋外の出口までの歩行距離は30m以下（ロビーを設けた場合は、その出入口より屋外への出入口まで30m以下）とする（》第5項）。
⑩その他、かご等の寸法、速度（60m/分以上）等が定められている（》第11項）。

【練習問題】

問題4-1　耐火建築物及び準耐火建築物に関する次の設問のうち、建築基準法上**誤っている**ものはどれか。

1. 準防火地域内における地上3階建ての共同住宅について、その耐力壁である外壁に通常の火災による火熱が加えられた場合に、加熱開始後45分間構造耐力上支障のある変形、溶融、破壊その他の損傷を生じない準耐火構造とする準耐火建築物とした。
2. 準防火地域内における延べ面積1100m²、地上2階建ての事務所について、その主要構造部である柱及びはりが不燃材料で、その他の主要構造部が準不燃材料で造られ、外壁の延焼のおそれのある部分、屋根及び床を所定の構造とする準耐火建築物とした。
3. 防火地域及び準防火地域以外の区域内における主階が2階にある地上2階建ての映画館で、客席の部分の床面積の合計が150m²のものについて、その主要構造部が所定の基準に適合するものであることについて耐火性能検証法により確かめられた耐火建築物とした。
4. 防火地域及び準防火地域以外の区域内における延べ面積2900m²、地上2階建ての学校の校舎について、主要構造部を木造の準耐火構造とする準耐火建築物とした。

問題4-2　防火区画に関する次の設問のうち、建築基準法上**誤っている**ものはどれか。ただし、自動式のスプリンクラー設備等は設けられていないものとする。

1. 養護老人ホームの用途に供する建築物の当該用途に供する部分については、その防火上主要な間仕切壁を準耐火構造とし、小屋裏又は天井裏に達せしめるものとした。
2. 養護老人ホームの用途に供する建築物の防火区画に用いられる防火設備は、閉鎖又は作動をするに際して、当該防火設備の周囲の人の安全を確保することができるものとした。
3. 地上5階建ての共同住宅で、メゾネット形式の住戸の部分（住戸の階数が2以下であるもの）とその他の部分とを耐火構造の床もしくは壁又は所定の防火設備により区画した。
4. 共同住宅の用途に供する建築物について、給水管、配電管その他の管が準耐火構造の壁による防火区画を貫通することとなったので、当該管と防火区画とのすき間を準不燃材料で埋めた。

5章

構造強度規定

5・1 構造設計の原則

建築物は、自重、積載荷重及び外力（風圧・土圧・水圧・地震等の震動及び衝撃）に対して構造耐力上安全なものとするため、建築物の構造及び規模に応じて、以下に定める基準に適合させなければならない（»法第20条第1項）。

建築物の2以上の部分がエキスパンションジョイントその他の相互に応力を伝えない構造方法のみで接している場合、当該建築物はそれぞれ別の建築物とみなすことができる（»法第20条第2項）。

構造強度については、建築物の規模に応じて、構造方法の**技術的基準に関する規定（仕様規定）**及び**構造計算に関する規定**の2つの基準がある。

1 構造方法　»令第36条～第80条の3

建築物の区分に応じて適用される技術的基準（仕様規定）及び構造計算方法を表1に示す。

耐久性等関係規定とは、令第36条第1項に定める構造関係規定で、構造計算による安全性の確認の有無に関わらず遵守しなければならない基本的な規定である（表2）。

2 構造計算　»令第81条～第99条

法第20条の規定により、建築物の規模等による区分に応じて、令第81条で適合させるべき基準の構造計算が定められている。（図1、表3）

a) 保有水平耐力計算：ルート3　»令82条の3

高さ≦60mの建築物について、**一次設計（許容応力度計算）**に加えて大地震の**保有水平耐力計算（二次設計）**を行う。**長期、短期の許容応力度計算**（»令第82条）、**層間変形角**（»令第82条の2）、**保有水平耐力計算**（»令第82条の3）及び**屋根ふき材等の計算**（»令第82条の4）を行う構造計算の規定である。

層間変形角の計算では、地震によって各階に生じる水平方向の層間変位の、当該各階の高さに

表1　構造方法に関する技術的基準

建築物の区分	構造計算方法	適合すべき仕様規定
法20条1項1号(超高層建築物)※1	時刻歴応答解析(令81条1項)	耐久性等関係規定※A
法20条1項2号(大規模建築物) $h>31m$ ※2	時刻歴応答解析	耐久性等関係規定
	限界耐力計算(令82条の5)	耐久性等関係規定
	保有水平耐力計算(令82条～令82条の4)	令36条～令80条の3の一部を除く※B
法20条1項2号(大規模建築物) $h\leq31m$ ※2	時刻歴応答解析	耐久性等関係規定
	限界耐力計算	耐久性等関係規定
	保有水平耐力計算	令36条～令80条の3の一部を除く
	許容応力度等計算(令82条の6)	令36条～令80条の3　全て
法20条1項3号(中規模建築物)※3	時刻歴応答解析	耐久性等関係規定
	限界耐力計算	耐久性等関係規定
	保有水平耐力計算	令36条～令80条の3の一部を除く
	許容応力度等計算	令36条～令80条の3の一部を除く
	許容応力度等計算	令36条～令80条の3　全て
法20条1項4号(小規模建築物)※4	時刻歴応答解析	耐久性等関係規定
	限界耐力計算	耐久性等関係規定
	保有水平耐力計算	令36条～令80条の3の一部を除く
	許容応力度等計算	令36条～令80条の3の一部を除く
	許容応力度等計算	令36条～令80条の3　全て
	不要	令36条～令80条の3　全て

※1) $h>60m$。
※2) $h\leq60m$で、以下のもの。
　　①W造で $h>13m$ 又は軒高 $>9m$
　　②S造で地上階数≧4、$h>13m$ 又は軒高 $>9m$
　　③組積造又は補強CB造で地上階数≧4
　　④RC造、SRC造又はRC造＋SRC造で $h>20m$
　　⑤W造、組積造、補強CB造若しくはS造の併用構造又はこれらの構造とRC造若しくはSRC造の併用構造で地上階数≧4、$h>13m$ 又は軒高 $>9m$
　　⑥国土交通大臣の指定
※3) $h\leq60m$の、①W造で階数 $h\geq3$ 又は延べ面積 $>500m^2$、②W造以外で階数≧2 又は延べ面積 $>200m^2$、③主要構造部(床、屋根、階段を除く)を石造、れんが造、CB造、無コンクリート造等としたもので $h>13m$ 又は軒高 $>9m$。
※4) 上記以外のもの
※A) 耐久性等関係規定：令36条1項に定める構造関係規定で、構造計算による安全性の確認の有無にかかわらず遵守しなければならない規定(構造計算の原則を表す規定、材料の品質等に係る規定、部材の耐久性に係る規定、施工時の配慮に関する規定、火熱等の検証に係る規定に分類)。令36条、令36条の2、令37条、令38条1項、5項及び6項、令39条1項、令41条、令49条、令70条、令72条、令74条、令75条、令76条、令79条、令79条の3、令80条の2。
※B) 令36条～令80条の3のうち下記の規定を除く規定に適合する構造方法とする。令67条1項、令68条4項、令73条、令77条2号～6号、令77条の2、2項　令78条、令78条の2、1項3号、令80条の2。

表2　耐久性等関係規定

原則	構造方法に関する技術基準	令第36条
	地階を除く階数≧4である鉄骨造の建築物等に準じる建築物	令第36条の2
	構造設計の原則	令第36条の3
	基礎(支持力確保等の基礎構造が満たすべき性能を定める)	令第38条第1項
	屋根ふき材等の繋結(屋根ふき材等が脱落しないこと)	令第39条
品質	木材(必要な品質として節・腐れ等の欠点がないこと)	令第41条
	コンクリートの材料(強度、耐久性、耐火性を確保及び骨材等の基準を定める)	令第72条
	コンクリートの強度(コンクリートの最低限必要な強度の基準を定める)	令第73条
耐久性	構造部材の耐久	令第37条
	基礎(木杭の耐久性上配慮すべき事項を定める)	令第38条第6項
	外壁内部等の防腐措置等(木造の防腐・防蟻措置等を定める)	令第49条
	鉄筋のかぶり厚さ(鉄筋の腐食防止等のためにかぶり厚さを定める)	令第79条
	鉄骨のかぶり厚さ(鉄骨の腐食防止等のためにかぶり厚さを定める)	令第79条3
施工時	基礎(基礎杭の施工時に配慮すべき事項を定める)	令第38条第5項
	コンクリートの養生(コンクリートが十分に固まるように配慮すべき事項を定める)	令第75条
	型枠及び支柱の除去(打設したコンクリートの損傷防止のために基準を定める)	第76条
火熱等	柱の防火被覆(鉄骨造の柱が火熱による耐力低下を防止する)	令第70条
その他		令第80条の2

対する割合が、1/200（主要部分の変形により建築物の部分に著しい損傷が生じるおそれがない場合には、1/120）以内であることを確かめる。

b) **許容応力度等計算：ルート2** ≫令第81条第2項第2号イ

高さ≦31mの建築物について、保有水平耐力計算のうち、保有水平耐力の計算（≫令第82条の3）を行わず、剛性率（≫令第82条の6イ）、偏心率等（≫令第82条の6ロ）の計算で代替する構造計算の規定である。

剛性率・偏心率の計算では、地上部について、各階の剛性率がそれぞれ6/10以上であることを確かめ、各階の偏心率がそれぞれ15/100以下であることを確かめる。

c) **許容応力度等計算及び屋根ふき材料等の計算：ルート1** ≫令第82条、第82条の4

小規模建築物を対象に適用され、いわゆる一次設計のみを示すものである。屋根ふき材、外装材及び屋外に面する帳壁について、風圧に対して構造計算によって安全性を確かめる。一般的にこの構造計算の規定による場合は、構造計算適合性判定を要しない。

d) **限界耐力計算** ≫令第81条第2項第1号ロ、令第82条の5

高さ≦60mの建築物で次の計算を行う。

①地震力以外の荷重及び外力に対して許容応力度計算を行い、建築物が損傷しないことを確かめる。

②極めて稀に発生する積雪時又は暴風時に対して構造部材に生じる力が材料強度によって計算した耐力を超えないことを確かめる。

③地震力については、稀に発生する地震力に対して、損傷限界力（短期許容応力度に対する耐力）を超えないことを確かめ、層間変形角が1/200（構造部材に著しい損傷が生じるおそれがない場合1/120）を超えないことを確かめる。

④極めて稀に発生する地震力に対して、保有水平耐力を超えないことを確かめる。

⑤屋根ふき材・外装材等が、風圧力、地震力等に対して構造耐力上安全であることを確かめる。

表3 構造計算方法

構造計算方法	適用建築物	告示等
時刻歴応答解析 (令第81条第1項)	$h > 60$m 超高層建築物	平成12年告示第1461号
保有水平耐力計算（ルート3） (令第81条第2項第1号イ)	$h \leq 60$m	令第82条 平成19年告示第594号 平成20年告示第37号
限界耐力計算 (令第81条第2項第1号ロ)	$h \leq 60$m	令第82条の5 平成12年告示第1457号
許容応力度等計算（ルート2） (令第81条第2項第2号イ)	$h \leq 31$m（一定の条件を満たす）	令第82条の6 昭和56年告示第1791号 平成19年告示第594号 平成19年告示第1274号 平成20年告示第38号
令第82条各号・令第82条の4 (令第81条第3項)	$h \leq 20$m（一定の条件を満たすRC造等）	平成19年告示第593号 平成19年告示第594号 平成19年告示第832号

＊4号建築物は技術的基準（仕様規定）を満足すれば構造計算不要。
＊令第81条第4項は構造計算を行う場合に適用され、一の建築物であってもエキスパンジョイントで切り離され相互間に影響を与えない場合は、それぞれ別の建築物とみなして構造計算を行う規定である。

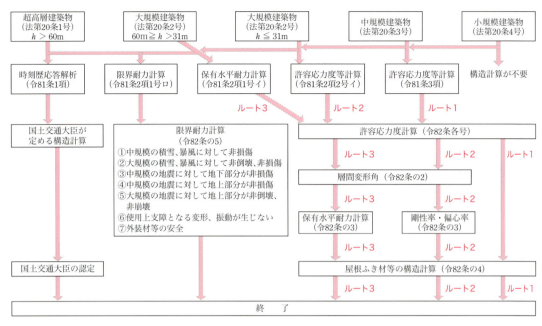

図1 構造計算の方法に関するフロー

e) 超高層建築物の計算：時刻歴応答解析　≫令第81条第1項、第36条第1項

　高さ＞60mの建築物の構造計算は、時刻歴応答解析などにより地震時等の荷重や外力に対する建築物の状況について、告示（≫平成12年告示第1461号）で定める構造基準による計算を行い、国土交通大臣の認定を受ける。

3 荷重及び外力の種類

　建築物は、固定荷重・積載荷重・積雪荷重・風圧力・地震力・その他に対して構造上安全なものとしなければならない（≫令第83条）（表5）。

a) 固定荷重（G）　≫令第84条

　建築物の全体の荷重（自重）を言う。建築物の各部の固定荷重は、当該建築物の実況に応じて計算する。ただし、実況に応じて計算しない場合は、法に定められた数値による。

単位面積当たりの荷重の数値（令第84条の表）[N/m²] ×各部分の面積 [m²]

b) 積載荷重（P）　≫令第85条

　建築物内の人や物の荷重を言う。建築物の実況に応じて計算するが、令第85条第1項の表の数値によって計算することができる。この表は、用途別にとるべき荷重を床面積の1m²当たりについて定めている。なお、柱、基礎の垂直荷重による圧縮力を計算する場合は、支える床の数に応じて積載荷重を低減できる。倉庫業を営む倉庫の積載荷重は3900N/m²未満としてはならない（表4）。

c) 積雪荷重（S）　≫令第86条、平成12年告示第1455号

　屋根等に積もる雪の荷重を言う。積雪荷重は、積雪量1cmごとに20N/m²以上とし、国土交通大

臣が定める積雪深さの垂直積雪量を乗じる（屋根勾配、雪下ろしの慣習などにより軽減できる）。

積雪荷重 [N] ＝ 積雪単位荷重 [N/m²・cm] × 屋根の水平投影面積 [m²] × 垂直積雪量 [cm]

- 屋根勾配 ≦ 60 度の場合

  屋根勾配形状係数 ＝ $\sqrt{\cos(1.5 \times 屋根勾配)}$

- 屋根勾配 ＞ 60 度の場合、0 とする。

d）**風圧力（W）** ≫令第 87 条、平成 12 年告示第 1454 号

建築物が受ける風の圧力をいう。

風圧力 [N/m²] ＝ 速度圧 [N/m²] × 風力係数

$q = 0.6 \times E \times V_0^2$

q：速度圧 [N/m²]

E：市街地の状況及び建築物の高さによる係数（算出方法は国土交通大臣が定める。≫平成 12 年告示第 1454 号）

V_0：各地域の地上 10m の平均風速（30m/s ～ 46m/s の範囲で国土交通大臣が定める。≫平成 12 年告示第 1454 号）[m/s]

表 4　積載荷重

室の種類 \ 構造計算の対象	床の構造計算をする場合 (N/m²)	大ばり、柱の構造計算をする場合※ (N/m²)	地震力の計算をする場合 (N/m²)
①住宅の居室・住宅以外の寝室又は病室	1800	1300	600
②事務室	2900	1800	800
③教室	2300	2100	1100
④百貨店・店舗の売場	2900	2400	1300
⑤劇場・映画館・演芸場・公会堂・集会場等の客席・集会室等　固定席	2900	2600	1600
⑤　その他	3500	3200	2100
⑥自動車車庫・自動車通路	5400	3900	2000
⑦廊下・玄関・階段	③～⑤に掲げる室に連絡するものにあっては⑤の「その他の場合」の数値による		
⑧屋上広場・バルコニー	①の数値をとる、学校、百貨店の用途に供する建築物にあっては④の値による		

※柱又は基礎の垂直荷重による圧縮力を計算する場合、その支える床の数に応じて低減できる（2項）。
（倉庫業の倉庫の床の積載荷重は、実況が 3900N/m² 未満でも 3900N/m² とする。）（3項）

表 5　応力の組合せ

	長期に生ずる力		短期に生ずる力	
一般	$G + P$	常時	$G + P + S$	積雪時
			$G + P + W$	暴風時
		積雪時	$G + P + K$	地震時
多雪区域	$G + P$	常時	$G + P + S$	積雪時
			$G + P + W$ $G + P + 0.35S + W$	暴風時
	$G + P + 0.7S$	積雪時	$G + P + 0.35S + K$	地震時

G：固定荷重によって生ずる力　P：積載荷重によって生ずる力　S：積雪荷重によって生ずる力
W：風圧力によって生ずる力　K：地震力によって生ずる力

e) 地震力（K） ≫令第88条

地震力は、地上部分と地下部分とで計算方法が異なる。

- 地上部分の地震力（一般地域）＝（地震層剪断力係数）×（固定荷重＋積載荷重）
- 地上部分の地震力（多雪地域）＝（地震層剪断力係数）×（固定荷重＋積載荷重＋積雪荷重）
- 地下部分の地震力＝（水平震度）×（当該部分の固定荷重＋積載荷重）

  ＊地震層剪断力係数

  $C_i = Z \times R_t \times A_i \times C_0$

  Z, R_t, A_i：国土交通大臣が定める数値等で昭和55年告示第1793号による

  C_0　　　：標準剪断力係数（通常0.2以上）

4 その他の規定

a) 許容応力度　≫令第89条～令第94条

木材、鋼材等、コンクリート、溶接、高力ボルト接合、地盤及び基礎ぐい並びにその他の材料について、それぞれの長期及び短期の許容応力度との比は、木材、コンクリート、地盤及び基礎ぐいについては1：2、鋼材等、高力ボルト接合及び溶接については1：1.5である。

b) 材料強度　≫令第95条～令第99条

木材、鋼材等、コンクリート、溶接並びにその他の材料の許容応力度と材料強度の値は材料ごとに政令と告示で定められている。

c) その他

（イ）構造部材の耐久性　≫令第37条

構造耐力上主要な部分は、腐蝕、腐朽、摩損しにくい材料又は防腐等の措置をした材料を使用しなければならない。

（ロ）基礎　≫令第38条

①地盤の沈下、変形に対して構造耐力上安全なものであること。

②原則として、異種構造の基礎を併用しないこと。

③基礎の構造は、建築物の構造・形態・地盤の状況を考慮して、国土交通大臣が定めた構造方法を用いる。この場合、大規模建築物（高さ13m又は延べ面積＞3000m^2）で、荷重が最下階の床面積1m^{2}につき100kNを超えるものにあっては、基礎の底部等は良好な地盤で支持されていること。

④②③の規定については、国土交通大臣が定める構造計算により、構造耐力上安全なものであることを確かめた場合においては、適用しない。（図2）

d) 屋根ふき材等の緊結　≫令第39条

屋根ふき材、内装材、外装材、帳壁、広告塔、装飾塔など（屋外に取り付けるもの）は、風圧、地震その他の震動及び衝撃によって脱落しないようにする。屋根ふき材、外装材、屋外に面する帳壁の構造は、昭和46年告示第109号によらなければならない。

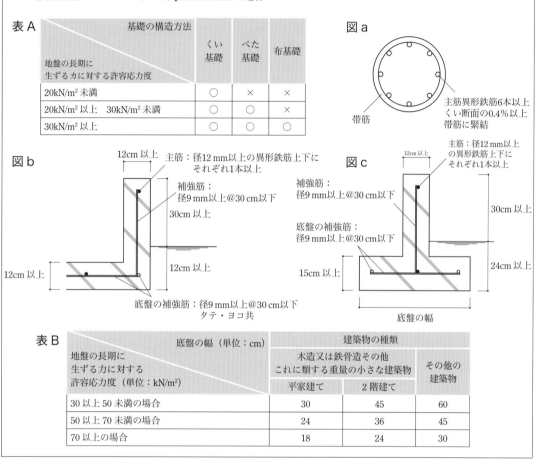

図2　平成12年告示第1347号の概要

5・2　各種構造

1　木造　》令第40条〜第49条

　令第41条〜第49条の規定は木造又は木造と組積造その他の構造とを併用する建築物の木造の構造部分に適用する。ただし、茶室、あずまや又は延べ面積10m²以内の物置・納屋等には適用しない。

a) **土台及び基礎**　≫令第42条

　構造耐力上主要な柱で最下階の部分に使用するものの下部には土台を設けなければならない。ただし、柱を基礎に緊結した場合又は平家建の建築物で足固めを使用した場合においては、緩和される。また、特定行政庁が規則で指定した軟弱地盤区域では、土台は基礎に緊結しなければならない。なお、当該区域外における平家建の建築物で延べ面積が50m²以下のものは除外される。

b) **柱の小径**　≫令第43条、平成12年告示第1349号

　①（柱の小径）／（横架材の相互間の垂直距離）の値を表6に示す値以上とする（図3）。

　②地階を除く階数＞2の建築物の1階の柱の小径は、原則として13.5cm以上とする。

　③柱の1/3以上を欠き取るときは、その部分を補強する（図4）。

　④階数≧2の建築物の隅柱又はこれに準ずる柱は、通し柱又は同等以上の耐力を持つよう補強する。

　⑤柱の有効細長比（断面最小二次率半径に対する座屈長さの比）は150以下とする。

c) **はり等の横架材**　≫令第44条

　はり、けた等の横架材には、その中央部附近の下側に耐力上支障のある欠き込みをしてはなら

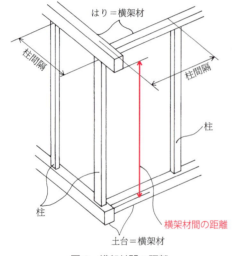

図3　横架材間の距離

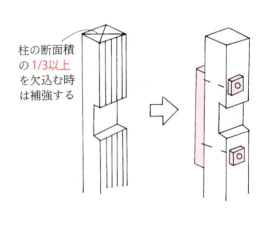

図4　柱の1/3以上を欠き取るときの補強

表6　柱の小径

建築物	柱間隔≧10m、又は学校、劇場、映画館、集会場、物品販売店（＞10m²）等の特殊建築物		一般	
	最上階又は平家の柱	その他の階の柱	最上階又は平家の柱	その他の階の柱
土蔵造等の特に重量の重い建築物	$\dfrac{1}{22}$	$\dfrac{1}{20}$	$\dfrac{1}{25}$	$\dfrac{1}{22}$
屋根を金属板等の軽い材料で葺いた建築物	$\dfrac{1}{30}$	$\dfrac{1}{25}$	$\dfrac{1}{33}$	$\dfrac{1}{30}$
上記以外（瓦葺等）の建築物	$\dfrac{1}{25}$	$\dfrac{1}{22}$	$\dfrac{1}{30}$	$\dfrac{1}{28}$

注）「その他の階」とは、2階建のときの1階、3階建のときの2、1階である。

ない。

d) 筋かい　≫令第45条
筋かいは、水平力に抵抗するために重要な部位であり、次のような規定が定められている。
① 引張力を負担する筋かい（引張筋かい）：厚さ1.5cm以上×9cm以上の木材又は径9mm以上の鉄筋
② 圧縮力を負担する筋かい（圧縮筋かい）：厚さ3cm×9cm以上の木材
③ 端部：柱、はり等とボルト、かすがい、釘などで緊結する（≫平成12年告示1460号）
④ 筋かいの欠き込み：たすき掛けで必要な補強をした場合以外は、筋かいに欠き込みをしてはならない

e) 構造耐力上必要な軸組等　≫令第46条
構造耐力上主要な部分（柱、はり、壁等）を木造とした建築物は、すべての方向の水平力に対して安全であるように、各階の張り間方向及びけた行方向に、壁又は筋かいを入れた軸組をバランス（釣合い）良く配置する。ただし、方杖、控柱等がある場合は緩和される。

この他に、床組及び小屋ばり組の隅角部に火打材を使用し、小屋組には振れ止めを設ける必要がある。

f) 軸組計算（壁量計算）　≫令第46条第4項
木造の軸組計算は、木構造に関する規定のなかで大変重要な項目である。構造耐力上必要な軸組の長さ（壁量）とは、建築物に作用する水平力に抵抗するために必要な軸組長さであり、筋かい等が存在する部位の長さのことである。階数≧2又は延べ面積＞50m^{2}の木造建築物においては、すべての方向の水平力に対して安全となるように、各階の張り間方向及びけた行方向にそれぞれ堅固な壁を設けるか、又は筋かい等を入れた軸組をバランス（釣合い）良く配置する。この軸組計算における木造建築物の軸組長さは、地震力及び風圧力に対して、張り間方向、けた行方向それぞれについて算定し、そのいずれか大きい方の数値によるものとする。（図5、6、表9）

- 地震力に対する計算

  その階の軸組長さ×倍率（表7）　≧　その階の床面積×倍率（表10）
  　　【存在壁量】　　　　　　　　　　　【必要壁量】

- 風圧力に対する計算

  その階の軸組長さ×倍率（表7）　≧　その階の床上1.35m以上の見付面積×係数（表8）
  　　【存在壁量】　　　　　　　　　　　【必要壁量】

また、上記の計算によって必要な壁又は筋かいを入れた軸組について、張り間方向又はけた行方向の両端から1/4以内に設けられた壁量の充足率等、告示（≫平成12年告示第1352号）に従い、壁、軸組の位置をバランス良く配置する。ただし、令第82条の6の規定による構造計算で各階各方向の偏心率が0.3以下であることを確認した場合には、バランスの検討は省略できる（図7、8、表11）。

- バランスの判定方法（四分割法）（≫平成12年告示第1352号）

  （イ）側端部ごとに「存在壁量」と「必要壁量」を独立して計算する。
  　　・側端部　：各階の張り間方向にあってはけた行方向に、けた行方向にあっては張り間

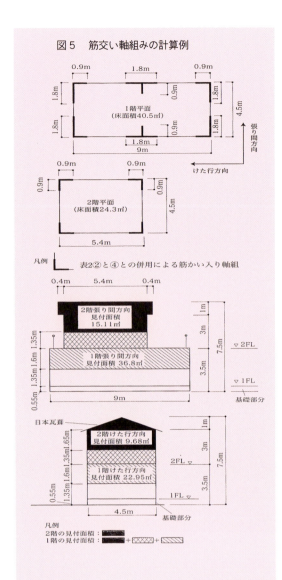

図5 筋交い軸組みの計算例

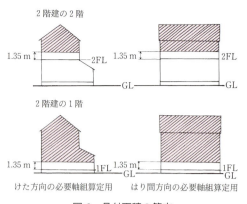

図6 見付面積の算定

表7 各倍率の値（令46条の表1）

①	土塗壁、木ずり等片面打壁	0.5
②	木ずり等両面打壁	1
③	1.5cm以上×9cm以上の木材又は9mm以上の鉄筋の筋かい入り軸組	1 (2)
④	3cm以上×9cm以上の木材の筋かい入り軸組	1.5 (3)
⑤	4.5cm以上×9cm以上の木材の筋かい入り軸組	2 (4)
⑥	9cm以上×9cm以上の木材の筋かい入り軸組	3 (5)
⑦	①又は②と③〜⑥の筋かい併用	各々の合計*

注）（ ）内は、筋かいをたすきがけに入れた場合。
*⑥のたすきがけ（倍率5）は、他と合計できない。

表8 見付面積に乗ずる係数（令46条の表3）

一般区域	50cm/m²
特定行政庁が指定した強風区域	50〜75cm/m²の範囲内で特定行政庁が定めた数値

床面積の算定

2階：24.3m²　1階：40.5m²

見付面積の算定

張り間方向

2階　$1.0 \times (5.4 + 0.8) + (3.0 - 1.35) \times 5.4 = 6.2 + 8.91 = 15.11m^2$

1階　$15.11m^2 + 1.35 \times 5.4 + (3.5 - 1.35 - 0.55) \times 9 = 15.11 + 7.29 + 14.4 = 36.8m^2$

けた行方向

2階　$1.65 \times 4.5 + 1.0 \times 1/2 \times 4.5 = 7.425 + 2.25 = 9.68m^2$

1階　$9.68m^2 + (1.35 + 1.60) \times 4.5 = 9.68 + 13.27 = 22.95m^2$

表9

		① 表7による 軸組の長さの計算	② 表10による 地震力に対する 軸組の必要長さ	③ 表8による 風圧力に対する 軸組の必要長さ
張り間方向	2階	$0.9 \times 4 \times 2.5 = 9.0m$	$24.3 \times 21 = 510.3cm = 5.10m$	$15.11 \times 50 = 755.5cm = 7.56m$
	1階	$(0.9 \times 2 + 1.8 \times 4) \times 2.5 = 22.5m$	$40.5 \times 33 = 1336.5cm = 13.37m$	$36.8 \times 50 = 1840cm = 18.40m$
けた行方向	2階	$0.9 \times 4 \times 2.5 = 9.0m$	$24.3 \times 21 = 510.3cm = 5.10m$	$9.68 \times 50 = 484cm = 4.84m$
	1階	$(0.9 \times 4 + 1.8 \times 2) \times 2.5 = 18.0m$	$40.5 \times 33 = 1336.5cm = 13.37m$	$22.95 \times 50 = 1147.5cm = 11.48m$

注）②かつ③より①の方が大きいので、この建築物は構造上安全な軸組である。

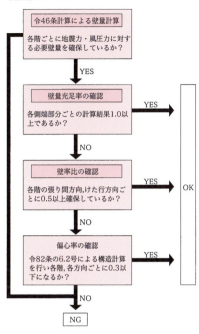

図7　軸組計算フローチャート

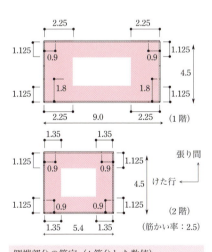

側端部分の算定（4等分した数値）
1階　けた行き方向　4.5m÷4＝1.125m
　　　張り間方向　　9.0m÷4＝2.25m
2階　けた行き方向　4.5m÷4＝1.125m
　　　張り間方向　　5.4m÷4＝1.35m

図8　建物の分割（けた行、張り間方向別に4等分）

表10　床面積に乗ずる係数（令46条の表2）

[単位：cm/m²]

屋根等の構造 \ 地上階段	平家建	2階建 1階	2階建 2階	3階建 1階	3階建 2階	3階建 3階
土蔵造又は瓦土葺などの重い屋根	15	33	21	50	39	24
金属板葺、石綿スレート葺などの軽い屋根	11	29	15	46	34	18

注）特定行政庁指定の軟弱地盤地域では表の数値の1.5倍。

表11　軸組の設置基準の検討（バランスの判定方法）

		1階	2階
存在壁量	けた行方向（上）	$0.9 \times 2.5 \times 2 = 4.5m$	$0.9 \times 2.5 \times 2 = 4.5m$
	けた行方向（下）	$0.9 \times 2.5 \times 2 = 4.5m$	$0.9 \times 2.5 \times 2 = 4.5m$
	張間方向（左）	$1.8 \times 2.5 \times 2 = 9.0m$	$0.9 \times 2.5 \times 2 = 4.5m$
	張間方向（右）	$1.8 \times 2.5 \times 2 = 9.0m$	$0.9 \times 2.5 \times 2 = 4.5m$
		1階	2階
必要壁量	けた行方向（上）	$9.0 \times 1.125 \times 33 = 3.34m$	$5.4 \times 1.125 \times 21 = 1.27m$
	けた行方向（下）	$9.0 \times 1.125 \times 33 = 3.34m$	$5.4 \times 1.125 \times 21 = 1.27m$
	張間方向（左）	$4.5 \times 2.25 \times 33 = 3.34m$	$4.5 \times 1.35 \times 21 = 1.27m$
	張間方向（右）	$4.5 \times 2.25 \times 15 ※ = 1.51m$ ※当該部分が平屋のため（表4より階数が1）	$4.5 \times 1.35 \times 21 = 1.27m$
		1階	2階
壁量充足率	けた行方向（上）	$4.5/3.34 = 1.34 > 1.0$（OK）	$4.5/1.27 = 3.54 > 1.0$（OK）
	けた行方向（下）	$4.5/3.34 = 1.34 > 1.0$（OK）	$4.5/1.27 = 3.54 > 1.0$（OK）
	張間（左）	$9.0/3.34 = 2.69 > 1.0$（OK）	$4.5/1.27 = 3.54 > 1.0$（OK）
	張間（右）	$9.0/1.51 = 5.96 > 1.0$（OK）	$4.5/1.27 = 3.54 > 1.0$（OK）
	備考：存在壁量／必要壁量		

　　　　方向の両端からそれぞれ 1/4 の部分
- **存在壁量**：令第 46 条第 4 項表 1 の数値に「側端部分」の軸組の長さを乗じた数値の和
- **必要壁量**：令第 46 条第 4 項表 2 の数値に「側端部分」の床面積を乗じた数値

(ロ) 各階の張り間方向及びけた行方向ごとの「壁率比」を求める。
- **壁量充足率**＝側端部分の存在壁量／側端部分の必要壁量
- **壁率比**＝側端部分で壁量充足率の小さい方／側端部分で壁量充足率の大きい方

(ハ) 壁率比 ≧ 0.5 であることを確かめる。側端部分の壁量充足率 ＞ 1.0 であることを確かめる。どちらかを満足していれば適合である。

g) **外壁内部等の防腐措置**　≫令第 49 条

　木造の外壁のうち、鉄網モルタル塗等軸組が腐りやすい部分の下地には、防水紙等を使用する。また、構造耐力上主要な部分（柱、筋かい、土台）の地面から 1m 以内の部分は、有効な防腐措置を講じる。

2 組積造　≫令第 51 条〜第 61 条

　組積造とは、一般的に**れんが造、石造、コンクリートブロック造等**を総称して言う。補強コンクリートブロック造については、広い意味で組積造の一種であるが、次項の 3 において記述する。

a) **適用の範囲**　≫令第 51 条

　れんが造、石造、コンクリートブロック造等の組積造（補強コンクリートブロック造を除く）の建築物及び木造等と併用する建築物の組積造の構造部分に適用する。ただし、高さ 13m 以下かつ軒の高さが 9m 以下の建築物の部分で、鉄筋、鉄骨又はコンクリートによって補強され、告示（≫平成 12 年告示第 1353 号）に従った構造計算により安全であることが確かめられたものには適用しない。しかし、高さが 13m 又は軒の高さが 9m を超える場合は、構造計算が必要であるので、令第 59 条の 2 の補強の規定（≫平成 12 年告示第 1354 号）のみが適用となる。

　また、高さが 4m 以下で、かつ、延べ面積が 20m² 以内の建築物については、壁の厚さ及び臥梁の規定は適用しない。

　構造耐力上主要な部分でない間仕切壁で高さが 2m 以下のものについては、組積造の施工の規定及び各階の壁の厚さは、その上にある壁の厚さより薄くしてはならないという規定のみ適用する。

b) **壁の長さ・厚さ**　≫令第 54 条、第 55 条

　組積造の壁の長さは、10m 以下とする。壁の厚さは、階数及び壁の長さに応じて、表 12 の数値以上とする。間仕切壁の厚さは、20cm 以下としてはならない。また、各階の壁の厚さは、上階の壁の厚さより薄くしてはならない。

c) **臥梁**　≫令第 56 条

　組積造の壁には、その各階の壁頂に鉄骨造又は鉄筋コンクリート造の臥梁を設ける。ただし、壁頂に鉄筋コンクリート造の屋根版、床版等が接着する場合、又は、階数が 1 で壁厚が壁の高さ

表 12　組積造に関する規定（令 51 条〜令 62 条）

施工〔令 52 条〕	●材料は十分水洗いをし、目地全部にモルタルを行きわたらせる。 ●セメントモルタルは、セメント 1：砂 3 の容積比以上、石灰入りセメントモルタルは、セメント 1：石灰 2：砂 5 の容積比以上の強度をもつもの。 ●芋目地は禁止。
壁の長さ〔令 54 条〕	●長さ（対隣壁相互の中心距離をいう）は 10m 以下、壁の厚さは次に示す。
壁の厚さ〔令 55 条〕	●壁の厚さ | 種類＼壁の長さ | 5m 以下の場合 | 5m を超える場合 | |---|---|---| | 階数≧2 の建築物 | ≧30cm かつ壁高 /15（＞20cm 〃） | ≧40cm かつ壁高 /15（＞30cm 〃） | | 平家建の建築物 | ≧20cm かつ壁高 /15（＞20cm 〃） | ≧30cm かつ壁高 /15（＞20cm 〃） | 注）（ ）内は間仕切壁の場合を示す。 ●各階の壁の厚さは、その上階にあるものより、薄くできない。
がりょう〔令 56 条〕	●各階の壁頂には、鉄骨造または鉄筋コンクリート造のがりょうを設ける（壁頂には鉄筋コンクリート造の屋根版・床版等がある場合、平屋建で壁の厚さ≧壁高 /10 の場合、壁長≦5m の場合は除く）。
開口部〔令 57 条〕	●対隣壁内の開口部幅の総和≦その壁長×1/2 ●各階における開口部幅の総和≦その階の壁長×1/3 ●上下開口部の垂直距離≧60cm ●開口部相互間・開口部と対隣壁の水平距離≧壁厚×2 ●開口部幅＞1m のときには、鉄筋コンクリート造のまぐさを設ける。 ●はね出し窓・はね出し縁は、鉄骨または鉄筋コンクリートで補強する。
へい〔令 61 条〕	●高さ≦1.2m ●壁厚≧壁の部分から壁頂までの垂直距離×1/10 ●長さ≦4m ごとに、壁厚の 1.5 倍以上突き出した控壁を設ける（壁厚が前行の壁厚の 1.5 倍以上ある場合は除く）。 ●基礎根入れの深さ≧20cm
その他	●壁のみぞ〔令 58 条〕 ●鉄骨組積造〔令 59 条〕 ●補強を要する組積造〔令 59 条の 2〕 ●手すり・手すり壁〔令 60 条〕 ●構造耐力上、主要な部分等のささえ〔令 62 条〕

注）高さ 4m 以下で、かつ、延べ面積が 20m² 以内の建築物、又は、一部の間仕切壁では壁厚等の一部が緩和されている。

の 1/10 以上、もしくは、壁の長さが 5m 以下の場合は必要ない。

なお、組積造にはこの他に窓、出入口等の開口部に関する規定（≫令第 57 条）及び組積造の塀に関する規定（≫令第 61 条）などがある。また、構造耐力上主要な部分又は 2m を超える組積造は、木造の構造部で支えてはならない。

3 補強コンクリートブロック造　≫令第 62 条の 2〜第 62 条の 8

補強コンクリートブロック造はコンクリートブロック造を鉄筋で補強したものである。

a）適用の範囲　≫令第 62 条の 2

補強コンクリートブロック造の建築物又は補強コンクリートブロック造と鉄筋コンクリート造等の構造とを併用する建築物の補強コンクリートブロック造の構造部分に適用する。ただし、高さが 4m 以下で、かつ、延べ面積が 20m² 以内の建築物については、令第 62 条の 6 及び第 62 条の

7の規定に限り適用する。

b) **耐力壁** ≫令第62条の4

①各階の耐力壁の中心線で囲まれた部分の水平投影面積は、60m²以下とする。

②各階の張り間方向、けた行の耐力壁の長さは、床面積1m²につき15cm以上とする。

③耐力壁の厚さは15cm以上で、耐力壁に作用する直角方向の支点間距離の1/50以上とする。

④その他配筋についての規定がある。

c) **臥梁** ≫令第62条の5

①耐力壁の壁頂には、鉄筋コンクリート造の臥梁を設ける。ただし、階数が1の建築物で、壁頂に鉄筋コンクリート造の屋根版が接着する場合にはその必要はない。

②臥梁の有効幅は、20cm以上で、かつ、耐力壁の支点間距離の1/20以上とする。

d) **目地と空洞部** ≫令第62条の6

コンクリートブロックは、目地塗面の全部にモルタルが行きわたるようにし、鉄筋を入れた空洞部及び縦目地に接する空洞部は、モルタル又はコンクリートで埋める。

耐力壁、門、塀の縦筋は溶接その他これと同等以上の強度を有する接合の場合を除き、コンクリートブロックの空洞部で継いではならない。なお、これは縦筋のみの制限で、横筋は空洞部で継いでもよい。

e) **塀** ≫令第62条の8

高さは2.2m以下とし、壁厚は15cm以上（高さ2m以下の塀では10cm以上）とする。壁頂及び基礎には横に、壁の端部及び隅角部には縦に、径9mm以上の鉄筋を入れ、壁内には径9mm以上の鉄筋を縦に80cm以下の間隔で入れる。

壁の長さは3.4m以下ごとに、壁面からの高さの1/5以上突出した控壁（径9mm以上の鉄筋を入れたもの）を設ける。鉄筋は、原則として、かぎ掛けとする。基礎の丈は35cm以上とし、根入れの深さは30cm以上とする。

　＊これらの仕様規定は、告示（≫平成12年告示第1355号）に従った構造計算をすることにより緩和される。

図9　補強コンクリートブロック造の倉庫

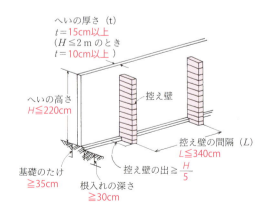

図10　補強コンクリートブロック造の塀

表13 補強コンクリートブロック造に関する規定（令62条の2〜令62条の8）

耐力壁 〔令62条の4〕	図より ●面積 $A = XY \leqq 60\text{m}^2$ ●壁量 $\begin{cases} \Sigma X/A = \dfrac{x_1+x_2+x_3+x_4}{A} \geqq 15\text{cm/m}^2 \\ \Sigma Y/A = \dfrac{y_1+y_2+y_3+y_4}{A} \geqq 15\text{cm/m}^2 \end{cases}$ ●壁の厚さ $\begin{cases} t_1 \geqq X/50 \text{ かつ } t_1 \geqq 15(\text{cm}) \\ t_2 \leqq Y/50 \text{ かつ } t_2 \geqq 15(\text{cm}) \end{cases}$ ●端部・隅角部は、12φの鉄筋をタテに配置する。 ●一般部は、9φ以上の鉄筋をタテ・ヨコ80cm以内間隔に配置する。 ●タテ筋は両端部をカギ状に折り曲げ、鉄筋径の40倍以上を、基礎ばり・がりょう等に定着する。 ●ヨコ筋は末端部をカギ状に折り曲げ、その継手・定着長さは25倍以上とする（溶接する場合を除く）。
臥梁 〔令62条の5〕	●耐力壁の各階の壁頂には、鉄筋コンクリート造のがりょうを設ける（平屋建で鉄筋コンクリート造屋根板がある場合を除く）。 ●有効幅20cm以下かつ対隣壁の中心間距離×1/20
塀 〔令62条の8〕	●高さ≦2.2m ●厚さ≧15cm（高さ2m以下のものは厚さ≧10cm） ●壁頂・基礎にはヨコに、壁の端部・隅角部にはタテに9φ以上の鉄筋を配置する。 ●壁内には9φ以上の鉄筋をタテ・ヨコ80cm以下の間隔に配置する（鉄筋の末端はカギ状に折り曲げ、カギかけして定着する）。 ●長さ≦3.4mごとに、基礎の部分で高さの1/5以上突き出した控壁を設ける。この控壁には9φ以上の鉄筋を配置する。 ●基礎のたけ≧35cm 根入れの深さ≧30cm

注1) コンクリートブロックは、その目地塗面全部にモルタルをつめ、鉄筋を入れた空胴部・タテ目地に接する空胴部は、モルタル等で埋める（令62条の6）。
注2) 耐力壁・門・へいのタテ筋は、コンクリートブロック空胴部内で継がない（溶接する場合を除く）（令62条の6）。
注3) 帳壁は鉄筋で、木造・組積造以外の主要構造物に緊結する（補強コンクリートブロックを除く）（令62条の7）。
注4) 高さ4m以下かつ延べ面積20m²以内の建造物・帳壁については一部緩和されている（令62条の2）。

4 鉄骨造　≫令第63条〜第70条

鉄骨造は、工場、飛行機の格納庫、体育館などの大スパン建築物や超高層建築物に適している。鉄骨造の構造体に使われる鉄鋼は、引張力に強く、圧縮力に弱いという構造特性を持つため、建築基準法では細かい規定が定められている。

a) 材料　≫令第64条

構造耐力上主要な部分に使用する材料は炭素鋼、ステンレス鋼又は鋳鉄とする。鋳鉄は、圧縮応力又は接触応力以外の応力（引張応力、曲げ応力、剪断応力等）の存在する部分には使用しない。

b) 圧縮材の有効細長比　≫令第65条

構造耐力上主要な部分の鋼材の圧縮材の有効細長比は、柱は200以下、柱以外は250以下と

図11　S造（鉄骨造）の工事現場

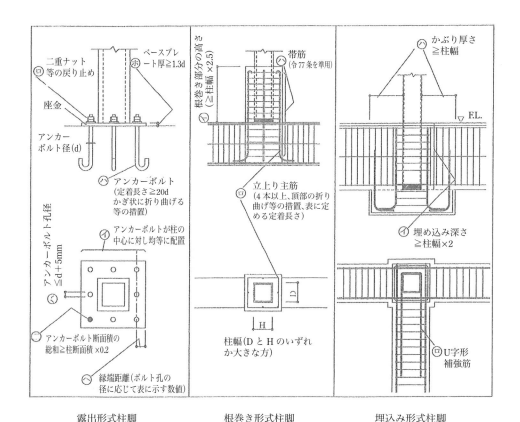

露出形式柱脚　　　　　　根巻き形式柱脚　　　　　　埋込み形式柱脚

図12　告示1456号による柱脚部の構造方法（国土交通省資料）

表14　S造（鉄骨造）に関する規定〔令63条～令70条〕

柱 (令65条、66条)	●有効細長比 $\lambda \leqq 200$（柱以外の圧縮材は $\lambda \leqq 250$）。 ●柱の脚部は、原則として基礎にアンカーボルトで緊結。 ●階数≧3（地階を除く）の建築物の1の柱が火熱で耐力低下し倒壊のおそれがある場合として、通常の火熱が加えられた場合、加熱開始後30分間構造耐力上支障のある変形・溶融・破壊等の損傷を生じないものとする（平成12年告示1356号、令70条）。
接合等 (令67条、68条)	●原則として、高力ボルト接合・リベットまたは溶接による（接合される鋼材がステンレス鋼の場合は、高力ボルト接合又は溶接による）。 ●ボルト接合を使用できる建物の規模 　・軒高≦9mで、張り間≦13m、かつ延べ面積≦3000m² 　なお、ボルトはコンクリートで埋め込む、ナット部分は接合する、二重ナットを使用する、のいずれかによること。 ●主要な継手・仕口は、その部分の存在応力を伝える構造（国土交通大臣が定めた構造方法による）とする。 ●高力ボルト・リベット・ボルトの中心距離≧そのその径の2.5倍。 ●リベットはリベット孔に、十分埋まるように打つ。 ●高力ボルト孔径は、高力ボルト径より2mmを超えて大きくしない（高力ボルト径≧27mmかつ耐力上支障がない場合は、3mmまで大きくできる）。 ●ボルトの孔径は、ボルトの径より1mm以上大きくしない（ボルト径≧20mmかつ耐力上支障がない場合は、1.5mmまで大きくできる）。
斜材・壁 (令69条)	●軸組・床板・小屋ばり組には、形鋼・棒鋼・ケーブル（構造用）の斜材又は鉄筋コンクリート造の壁・屋根版・床版をつりあいよく配置する（全ての方向の水平力に対して安全であるように、構造計算によって、その安全を確かめた場合を除く）。

注）構造耐力上主要な部分の材料は、鋼材（炭素鋼若しくはステンレス鋼）又は鋳鉄としなければならない（令64条1項）。

する。

c) 柱の柱脚　≫令第 66 条

柱脚は、滑節構造（ピン構造）の場合を除き、告示（≫平成 12 年告示第 1456 号）に従ったアンカーボルトによる緊結その他の構造方法により基礎に緊結する（図 12）。

d) 接合　≫令第 67 条

鉄骨造の接合方法には、高力ボルト接合、溶接接合、ボルト接合、リベット接合の 4 種類がある。炭素鋼の場合は、高力ボルト、溶接、リベット又は大臣の認定を受けた接合方法のどちらかを用いるものとし、ステンレス鋼の場合は高力ボルト、溶接又は大臣の認定を受けた接合方法のどちらかによらなければならない。

ただし、軒の高さが 9m 以下で、かつ、張り間が 13m 以下の建築物（延べ面積 3000m² 以下のもの）にあっては、ボルトが緩まないように次の①〜④のいずれかに該当する措置を講ずれば、ボルト接合とすることができる。

①ボルトをコンクリートで埋め込む
②ボルトに使用するナットの部分を溶接する
③ボルトを二重に使用する
④①〜③の他、これらと同等以上の効力を有する戻り止めをする

e) 高力ボルト、ボルト、リベット　≫令第 68 条

①高力ボルト、ボルト、リベット相互の中心距離：$2.5d$ 以上
②高力ボルトの孔の径：$d+2mm$ 以下（$d \geqq 27mm$ で構造上支障がないとき、$d+3mm$ 以下）
③ボルトの孔の径：$d+1mm$ 以下（$d \geqq 20mm$ で構造上支障がないとき、$d+1.5mm$ 以下）
④リベットは、リベット孔に充分埋まるように打つ。
　＊d：ボルト等の径

f) 柱の防火被覆　≫令第 70 条

地階を除く階数が 3 以上の建築物（主要構造部を耐火構造又は準耐火構造とした建築物は除く）では、一つの柱火災による耐力低下で建築物全体が倒壊するおそれがある場合は、モルタル塗などの防火被覆をしなければならない。防火被覆は、火災による火熱に対して加熱開始後 30 分間、構造耐力上支障のある変形、溶融、破壊などの損傷が生じない構造として、国土交通大臣が定めた構造方法（≫平成 12 年告示第 1356 号）を用いるもの又は国土交通大臣の認定を受けたものとする。

5　鉄筋コンクリート造・鉄骨鉄筋コンクリート造

a) 鉄筋コンクリート造（RC 造）　≫令第 71 条〜第 79 条

鉄筋コンクリート造は、一般的に圧縮力に強いコンクリートを引張力に強い鉄筋で補強した構造である。建築基準法では、コンクリートの品質、施工、構造耐力上主要な部分の構造方法、鉄筋のかぶり厚等を仕様規定として定め、鉄筋コンクリート造の強度を確保している。

表15 RC造（鉄筋コンクリート造）に関する規定〔令71条～令79条〕

項目	内容
壁わく・支柱 （令76条）	● コンクリートの型わく・支柱は、コンクリート自重、施工中の荷重によって著しい変形、ひび割れなどの損傷を受けない強度になるまで、取りはずさない。
コンクリート （令72条、74条、75条）	● 骨材・水・混和材は、鉄筋を錆びさせたり、コンクリートの凝結・硬化を妨げるような酸・塩・有機物・泥土を含まない。 ● 骨材は鉄筋相互間・鉄筋とせき板間を通る大きさとし、必要な強度・耐久性及び耐火性を有する。 ● 4週圧縮強度は、12N/mm^2（軽量骨材を使用するときは9N/mm^2）以上とする（強度試験は日本工業規格による）。 ● 打ち上がりが、均質・密実になり、かつ必要な強度が得られるように調合を定める。 ● 養生は、打ち込み後5日間はコンクリート温度が2℃を下らないようにし、乾燥・震動等によってコンクリートの凝結・硬化を妨げないようにする。
鉄筋 （令73条）	● 末端はカギ状に折り曲げ、コンクリートに十分定着させる（異形鉄筋は柱・はりの出すみ部分・煙突の末端を除いて折り曲げなくてもよい）。 ● 主筋又は耐力壁の鉄筋の継手は引張応力の小さい場所に設ける。 ● 重ね長さは引張力の最も小さい部分に設ける場合は主筋などの径25倍以上、引張応力が最も小さい部分以外に設ける場合は40倍以上、柱の定着長さは主筋の40倍以上とする（軽量コンクリートの場合は25倍を30倍、40倍を50倍とする、下図参照）。 ● コンクリートのかぶり厚は、次表を参照〔令79条〕 | 部分	床・壁	柱・はり・耐力壁	土に接する 柱・はり・床・壁	基礎
---	---	---	---	---
かぶり厚さ（cm）	≧2	≧3	≧4	≧6 （捨てコンを除く）	
はり （令78条）	● 主要なはりは、複筋ばりとする。 ● あばら筋は、はりたけの3/4以下（がりょうは30cm以下）の間隔に配置する。
柱 （令77条）	● 帯筋の径≧6mm、間隔≦15cm（柱に接着するはりなどの横架材の上方・下方に柱の小径の2倍の範囲は10cm以下）で、最も細い主筋径の15倍以下とする。 ● 主筋≧4本、帯筋と緊結する。 ● 柱の小径≧主要支点間距離×1/15（構造計算によって、安全が確かめられた場合を除く）。 ● 主筋の断面積の和≧コンクリート断面積×0.8%。 ● 帯筋比は0.2%以上。
床板 （令77条の2）	● 厚さ≧8cm、かつ有効短辺長さの1/40以上。 ● 引張筋の間隔は、短辺方向≦20cm、長辺方向≦30cmで、かつ床板の厚さの3倍以下とする。 ● プレキャスト床板は周囲のはりなどとの接合に注意する。
耐力壁 （令78条の2）	① 耐力壁 　厚さ≧12cm、開口補強筋≧12mmφ。壁筋≧9mmφをタテ・ヨコ≦30cm（複筋の場合≦45cm）。 ② 壁式構造の耐力壁 　①によるほか、長さ≧45cm。端部、隅角部に12mmφ以上のタテ筋を配置する。頂部および脚部は壁ばりに緊結する。

注）高さ4m以下で延べ面積30m^{2}以内の建築物、高さ3m以下のへいは一部緩和される〔令71条〕。

図13 RC造のマンション

● コンクリートの材料　≫令第72条

コンクリートの強度及び耐久性が得られるためには、

①骨材、水、混和剤は、鉄筋を錆びさせ、又はコンクリートの凝結及び硬化を妨げるような酸、塩、有機物、泥土を含まないものであること。

②骨材は、鉄筋相互間及び鉄筋とせき板との間を容易に通る大きさであること。

③骨材は適切な粒度、粒形のもので、コンクリートに必要な強度、耐久性及び耐火性が得られるものであること。

● 鉄筋の継手と定着　≫令第73条

鉄筋の末端はかぎ状に折り曲げて、コンクリートから抜け出ないようにする。ただし、異形鉄筋では、柱、はり（基礎ばりを除く）の出隅部分、煙突の部分を除き、かぎ状に折り曲げなくてもよい。

主筋又は耐力壁の鉄筋の継手長さは、引張の最も小さい部分に設けるときは、径の25（30）倍以上とする。その他の部分に設けるときは、径の40（50）倍以上とする。このような重ね継手によらない場合の継手の構造方法が、告示（≫平成12年告示第1463号）において定められている。また、柱に取り付ける梁の引張鉄筋は、柱の主筋に溶接する場合を除き、柱に定着する部分の長さを、その径の40（50）倍以上とする。ちなみに、（　）は軽量コンクリートの場合である。

● コンクリートの強度　≫令第74条

コンクリートは、4週強度が12N/mm²（軽量骨材を使用する場合9N/mm²）以上とする。また、設計強度との関係において、告示（≫昭和56年告示第1102号）に適合するものとする。

● コンクリートの養生　≫令第75条

コンクリート打ち込み後5日間は、コンクリートの温度が2度以下を下回らないようにするとともに、乾燥、震動等によりコンクリートの凝結、硬化が妨げられないように養生をする。

● 型枠及び支柱の除去　≫令第76条

型枠及び支柱は自重等によって、変形、ひび割れなどのおそれのない強度になるまで取り外さない。この基準は、告示（≫昭和46年告示第110号）に定められている。

● 柱の構造　≫令第77条

柱の小径は、構造耐力上主要な支点間の距離の1/15以上とする。柱の鉄筋には、縦方向の主筋と、それを巻いている帯筋（フープ）とがあり、主筋は4本以上とし帯筋と緊結させる。主筋の断面積の和は、コンクリートの断面積の0.8％以上とする。

帯筋の径は6mm以上とし、その間隔は、柱に接着する壁やはり等の横架材から上下方向に柱の小径の2倍以内の距離では10cm以下、柱の中央部では15cm以下で、最も細い主筋の15倍以下とする。帯筋比（コンクリートの断面積に対する帯筋の断面積の割合）は、0.2％以上とする。

- **床版の構造** ≫令第77条の2

　床版（スラブ）の厚さを8cm以上で、短辺方向の有効張り間長さの1/40以上とする。また、引張鉄筋の間隔は、短辺方向では20cm以下、長辺方向では30cm以下とし、床版の厚さの3倍以下とする。

- **はりの構造** ≫令第78条

　はりは、複筋ばりとし、主筋を巻いているあばら筋（スタラップ）の間隔は、はりの丈の3/4（臥梁では30cm）以下の間隔とする。

- **耐力壁** ≫令第78条の2

　耐力壁の厚さは、12cm以上とし、径9mm以上の鉄筋を、縦横に30cm以下の間隔で配置し、複筋（ダブル筋）にする場合は45cm以下とする。ただし、平家建の場合は、縦横に35cm以下、複筋（ダブル筋）のときは50cm以下の間隔に配置する。また、開口部の周囲には径12mm以上の補強筋を配置する。

- **鉄筋のかぶり厚さ** ≫令第79条

　部位別にかぶり厚さが決められている。耐力壁以外の壁や床は2cm以上、耐力壁や柱、梁では3cm以上、直接土に接する壁、柱、床、梁及び布基礎の立上がり部分は4cm以上、基礎では捨てコンクリートの部分を除いて6cm以上とする。

b）**鉄骨鉄筋コンクリート造（SRC造）** ≫令第79条の2～第79条の4

　鉄骨に対するコンクリートのかぶり厚さは5cm以上と定められているが、その他の規定としては、概ね鉄骨造、鉄筋コンクリート造の基準が準用されている。

練習問題

問題 5-1　コンクリートの強度等に関する次の設問のうち、建築基準法上、**誤っている**ものはどれか。

1. 設計基準強度が21N/mm²以下のコンクリートのせん断に対する材料強度は、圧縮に対する材料強度の1/10である。
2. 鉄筋コンクリート造に使用するコンクリートの四週圧縮強度を求める場合においては、国土交通大臣が指定する強度試験によらなければならない。
3. コンクリートの材料強度の算定における設計基準強度の上限の数値は、特定行政庁が規則で定めることができる。
4. コンクリートの短期に生ずる力に対する圧縮の許容応力度は、設計基準強度の3/4である。

問題 5-2　構造強度に関する次の設問のうち、建築基準法上、**誤っている**ものはどれか。

1. 鉄骨造の柱の防火被覆及び鉄筋コンクリートのかぶり厚さの規定は、耐久性等関係規定に該当する。
2. 高さ60mを超える建築物で、所定の構造計算によって安全性が確かめられたものとして国土交通大臣の認定を受けたものは、耐久性等関係規定に適合しない構造方法を用いることがで

きる。
3. 保有水平耐力計算によって安全性が確かめられた延べ面積1500m²、軒の高さ9m、張り間13mの鉄骨造の建築物において、構造耐力上主要な部分である鋼材のボルト接合は、ボルトの径が20mmの場合、ボルト孔の径をボルトの径より1.5mmを超えて大きくすることができる。
4. 保有水平耐力計算によって安全性が確かめられた鉄筋コンクリート造の建築物は、構造耐力上主要な部分である柱の帯筋比を、0.2％未満とすることができる。

問題 5-3 積載荷重に関する次の設問のうち、建築基準法に**適合しない**ものはどれか。
1. 学校の屋上広場をささえる柱の垂直荷重による圧縮力の計算において、柱のささえる床の数が5であったので、床の積載荷重として採用する数値を建築物の実況によらないで、2000N/m²とした。
2. 教室に連絡する廊下及び階段の地震力の計算において、床の積載荷重として採用する数値を建築物の実況によらないで、2100N/m²とした。
3. 倉庫業を営む倉庫において、床の積載荷重として採用する数値を建築物の実況に応じて計算して、3850N/m²とした。
4. 劇場の客席（固定席）の基礎の垂直荷重による圧縮力の計算において、床の積載荷重として採用する数値を建築物の実況によらないで、2600N/m²とした。

6章

都市計画関係規定

6・1 建築物と道路

1 道路の定義 》法第42条

　道路の定義は大きく分けて、**幅員4m以上**（特定行政庁がその地方の気候もしくは風土の特殊性等により必要と認めて都道府県都市計画審議会の議を経て指定する区域内については6m以上）の場合と**4m未満**の場合に分けられる。後者がいわゆる「**2項道路**」又は「**みなし道路**」と呼ばれるものである。

　一般的に建築基準法上の道路とは、次の①〜⑤のいずれかに該当する**幅員4m以上**のものを言う（表1）。

①道路法による道路（国道、都道府県道、市町村道他）（》第1項第1号）

②都市計画法、土地区画整理法、旧住宅地造成事業に関する法律、都市再開発法、新都市基盤整備法、大都市地域における住宅及び住宅地の供給の促進に関する特別措置法又は密集市街地整備法による道路（》第1項第2号）

③建築基準法第3章の規定が適用されるに至った際現に存在する道（公道、私道の別は問わない）（》第1項第3号）

④道路法、都市計画法、土地区画整理法又は都市再開発法等による新設又は変更の事業計画のある道路で、2年以内にその事業が執行される予定のものとして特定行政庁が指定したもの（》第1項第4号）

⑤土地を建築物の敷地として利用するため、道路法、都市計画法等にはよらないで築造する道で、令第144条の4の基準に適合し、特定行政庁から位置の指定を受けたもの、いわゆる**位置指定道路**（私道）である（》第1項第5号）

　次に、**4m未満の道**「**2項道路**」「**みなし道路**」とは、建築基準法第3章の規定が適用される以前に、既に建築物が立ち並んでいる幅員4m未満（特定行政庁が指定した区域では6m未満）の道で、特定行政庁が指定したものは、道路とみなし、道路中心から水平距離**2m**（道路6mの区域内では**3m**）以下の線を当該道路の境界線とみなす。ただし、当該道路がその中心線から2m以内（道路6mの区域内では3m）にがけ地、川、線路敷地等がある場合には、それらの道側の境界線

表1 道路の定義

幅員	条文	道路の種類	実例
4m以上	法42条1項1号	道路法による道路	国道、都道府県道、市町村道、(認定道路)
	法42条1項2号	都市計画法、土地区画整理法、都市再開発法等による道路	都市計画として決定され、都市計画事業・土地区画整理事業等により築造されたもの
	法42条1項3号	法施行の際すでにある道	都市計画区域の決定を受けたとき(本法施行の日にすでに都市計画区域の指定を受けていた区域については本法施行の日)現に存在するものを言う 公道、私道にかかわらず幅員4m以上あるもので現に一般交通の用に供しているもの
	法42条1項4号	都市計画法、土地区画整理法、都市再開発法等で2年以内に事業が行われるものとして特定行政庁が指定したもの	実際には、道路としての効用は果たしていないが、特定行政庁が2年以内に事業を執行されるものとして指定したもの
	法42条1項5号	土地を建築物の敷地として利用するため、政令で定める基準に適合する私道を築造し、特定行政庁から指定をうけたもの	宅地造成と併行して造られた私道 私道の基準は政令で定めるほか、土地の状況等により各特定行政庁で政令と異なる基準を定めることができる(位置指定道路)
4m未満	法42条2項	法施行の際すでに建物が立ち並んでいた幅員4m未満の道で、特定行政庁が指定したもの	道路の中心線から2mの線をその道路の境界線とみなす。ただし道路の片側が、がけ地、川、線路敷等に沿ってある場合は道路の反対側から1方後退4mの線を道路の境界線とみなす(2項道路又はみなし道路)
	法42条3項	土地の状況によりやむをえない場合で特定行政庁が指定したもの	この指定は4m未満2.7m以上(中心後退は1.35m以上)

注1) 特定行政庁が幅員6m以上の区域と指定した区域内については、4mを6mと読み替える。
注2) 法42条1項5号の道路は令144の4の基準を参照すること。

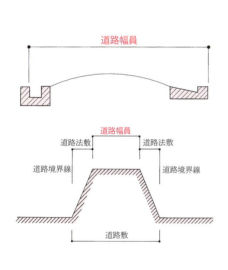

図1 道路幅員

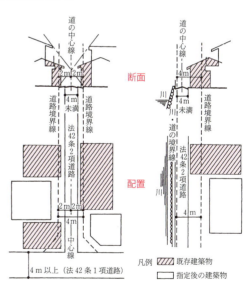

図2 法42条2項道路

から敷地側に水平距離4m(道路6mの区域内では6m)の線をその道路の境界線とみなす(≫第2項、図2、3)。

ところで、この「みなし道路」の境界線と従前の道路境界線との間の敷地部分は、敷地面積から除外する(図4)。

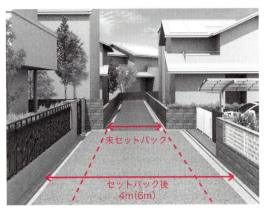
図3 狭隘道路は建替えの際にセットバックが必要

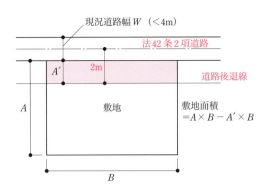
図4 敷地面積の算定

2 道に関する基準　≫令第144条の4

　法第42条第1項第5号の規定により新たに築造して特定行政庁の指定を受ける道は、原則として次の基準に適合するものとする（図5）。

　イ）両端が他の道路に接続していること。ただし、次のⅠ～Ⅳのいずれかに該当する場合は、**袋路状道路（行き止まり道路）**とすることができる。

　　Ⅰ　延長が35m以下のもの
　　Ⅱ　終端が公園、広場など自動車の転回に支障がないもの

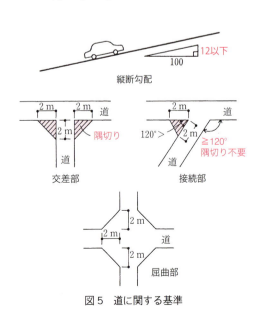

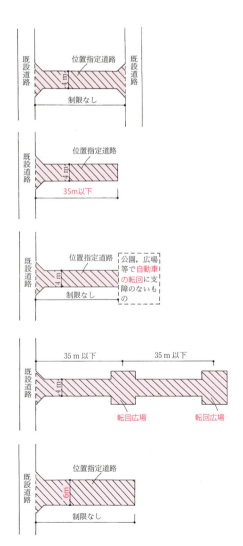

図5　道に関する基準

Ⅲ　延長が35mを超える場合で、終端及び区画35m以内ごとに自動車の転回広場を設けたもの（≫昭和45年告示第1837号）

　　Ⅳ　幅員が6m以上のもの

ロ）交差点（交差角120度以上の場合は除く）に辺の長さ2mの二等辺三角形隅切りを設けたものであること

ハ）砂利敷その他ぬかるみとならない構造であること

ニ）縦断勾配が12％以下で、階段状でないこと

ホ）私道及び周辺敷地内の排水に必要な側溝等を設けたものであること

3　敷地と道路　≫法第43条

建築物の敷地は、道路に2m以上接しなければならない。これは一般に「接道規定」と呼ばれるものである。この道路には次のものは該当しない（図6）。

イ）自動車専用道路

ロ）特定高架道路等で、地区計画の区域（地区整備計画が定められている区域のうち建築物等の敷地として利用すべき区域として定められている区域に限る）内のもの

＊特定高架道路等：高架の道路その他の道路で、自動車の沿道への出入りができない構造のもの（≫令第145条）

ただし、敷地の周囲に空地を有する建築物その他の

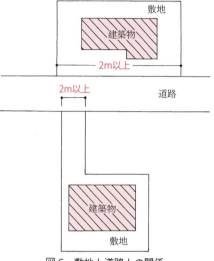

図6　敷地と道路との関係

表2　道路と敷地（法43条3項）

要項	説明
(1)敷地の接道	敷地2m以上道路に接しなければならない。
(2)建築物の用途・規模による敷地の接道等	特殊建築物 階数≧3の建築物 無窓居室の建築物 延べ面積＞1000m²の建築物 延べ面積＞150m²の建築物（戸建て住宅を除く） 上記建築物の敷地が接する道路の幅員・接道の長さ等は各都道府県の条例で必要な制限が付加されている。

注）①道路に接していない敷地には、原則として建築物を建築できない。
　　②私道の変更・廃止は、法43条に抵触する場合は制限される（法45条）。
　　③かど敷地は、条例によって一辺2m以上の二等辺三角形で隅切りをする。

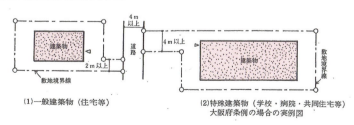

(1)一般建築物（住宅等）　　　(2)特殊建築物（学校・病院・共同住宅等）
　　　　　　　　　　　　　　　　大阪府条例の場合の実例図

省令で定める基準に適合する建築物で、特定行政庁が交通上、安全上、防火上及び衛生上支障がないと認めて建築審査会の同意を得て許可したものは緩和される。（第2項第2号）

また、施行規則（省令）第10条の3で定める基準に適合する敷地で、①利用者が少数で農道等公共の用に供する道、②令第144条の4第1項各号に適合する道で、①の場合は延べ面積500m²以内で、劇場、映画館、集会場等の不特定多数が集合する用途以外の建築物、②の場合は、延べ面積500m²以内の一戸建ての住宅、兼用住宅、長屋に接する場合は適用しない。この場合においては、建築審査会の同意は不要で、特定行政庁の認定（特例認定）だけでよい（第2項第1号）。

地方公共団体は、次の建築物について、道路に接する長さが2mでは、避難や通行の安全を確保し難いので、条例で接道に関してさらに厳しい制限を加えることができる（≫第3項、表2）。

- イ）特殊建築物（学校、病院、劇場、旅館、百貨店、共同住宅、自動車車庫等）
- ロ）階数3以上の建築物
- ハ）無窓の居室を有する建築物（≫令第144条の5）
- ニ）延べ面積＞1000m²の建築物
- ホ）敷地が袋路状道路にのみ接する建築物（一戸建て住宅を除く）で、延べ面積＞150m²

4 道路内の建築制限　≫法第44条、令第145条

建築物又は敷地を造成するための擁壁は、道路内に、又は道路に突き出して建築し、又は築造してはならない。ただし、次の場合は建築することができる。

①地盤面下に設ける建築物

②**公衆便所**、**巡査派出所等**の公益上必要な建築物で、特定行政庁が通行上支障ないと認めて、建築審査会の同意を得て許可したもの。

③地区計画の区域内の自動車専用道路又は特定高架道路等の上空又は路面下に設ける建築物のうち、その地区計画の内容に適合し、かつ、令第145条第1項の基準に適合する建築物で、特定行政庁が安全上、防火上及び衛生上支障がない

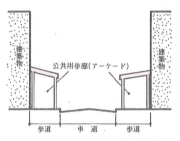

図7　公共用歩廊等政令で定める建築物

表3　道路内の建築制限（法44条）

道路内の制限	建築物等の種類
①道路内に建築が禁止されるもの	建築物（扉の先端・軒樋・門・へいを含む） 擁壁
②建築確認を受けて道路内に建築できるもの	地盤面下に建築するもの 地区計画等の区域内の自動車専用道路、特定高架道路の上空、路面下に設ける建築物で特定行政庁が認めるもの
③許可を受けて道路内に建築できるもの	公衆便所・巡査派出所で、公益上必要で通行上支障のないもの、公共用歩廊（アーケード）、道路上空に設ける渡り廊下（令145条参照）、高架道路の路面下に設ける建築物等

注）③の場合は建築審査会の同意を得て、特定行政庁が許可をする（建築確認申請も必要）。

と認めるもの。

④公共用歩廊（アーケード）その他政令で定める建築物（上空の渡り廊下等）で、特定行政庁が安全上、防火上及び衛生上他の建築物の利便性を妨げ、その他周囲の環境を害するおそれがないと認めて、建築審査会の同意を得て許可したもの（図7、48頁図30 バス停上屋参照）。因みに、その他政令で定める建築物とは以下のものである。

イ）道路上空に設ける渡り廊下
- 学校、病院、老人ホーム等で、通行の危険防止上必要なもの
- 5階以上の階に設けられるもので、その建築物の避難施設として必要なもの
- 多人数の通行又は多量の物品の運搬用のもので、道路交通の緩和に寄与するもの

ロ）高架道路の路面下の建築物

ハ）自動車専用道路に設けられる休憩所、給油所、自動車修理所等

ニ）高さの最低制限が定められている高度地区、高度利用地区又は都市再生特別地区内の自動車専用道路上空の建築物

5 私道の変更・廃止の制限　≫法第45条

私道の変更又は廃止によって、道路に接しない敷地ができるような場合に、特定行政庁はその変更又は廃止を制限することができる。

6 壁面線　≫法第46条、第47条

街区における建築物の位置を整えて環境の向上を図るために、特定行政庁は壁面線の指定をすることができる。壁面線の指定には、利害関係者の出頭を求めて公開による意見の聴取を行い、建築審査会の同意などの手続が必要である。壁面線が指定された場合は、

①建築物の壁又はこれに代わる柱

②高さ2mを超える門又は塀等

は原則として壁面線を越えて建築してはならない（図8、9）。

ただし、地盤面下の部分や特定行政庁が建築審査会の同意を得て許可した歩廊（アーケード）の柱などは建築できる。

図8　壁面線

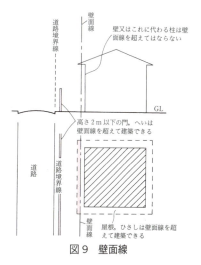

図9　壁面線

6・2　用途地域

1　用途制限　≫法第48条、法別表第2、令第130条の3～第130条の9の8

　用途地域は、都市計画で定められる地域地区の最も基本的なものであり、都市全体の基本的な枠組みを設定するものである。市街地の土地利用の観点から住居、商業、工業などを適正に配置して機能的な都市活動を確保するとともに、建築物の用途や容積率、建蔽率、高さ等の形態を規制・誘導し、秩序あるまちづくりに大きな役割を果たしている。用途地域は大きく**住居系**、**商業系**、**工業系**の3種類に分類され、それがさらに**12種類**の地域に細分化されている。また、これらの用途地域の他に用途地域の指定のない区域もある。一般的に、**市街化調整区域**では原則として用途地域は指定されない（表4）。

　用途地域内の建築物は、それぞれの地域の特性と目的により、建築制限されるので、用途地域のなかでどのような建築物が建てられるかは、表5に明記している。

　なお、用途規制に適合しない建築物でも、法第48条第1項～第14項ただし書きにより、特定行政庁の許可（**特例許可**）を受ければ建築できる。特定行政庁はその許可に当たって、利害関係者の出頭を求めて公開による意見の聴取を行い、かつ、建築審査会の同意を得なければならない。ただし、特例許可を受けた建築物の増築、改築、移転が令第130条の要件に該当する許可をする場合は、意見の

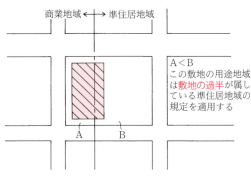

図10　敷地が2以上の地域にまたがる場合

表4　用途地域の種類と目的

	地域の種類	地域設定の目的
住居系	第1種低層住居専用地域	低層住宅に係る良好な住居の環境を保護するために定める
	第2種低層住居専用地域	主として低層住宅に係る良好な住居の環境を保護するために定める
	第1種中高層住居専用地域	中高層住宅に係る良好な住居の環境を保護するために定める
	第2種中高層住居専用地域	主として中高層住宅に係る良好な住居の環境を保護するために定める
	第1種住居地域	住居の環境を保護するために定める
	第2種住居地域	主として住居の環境を保護するために定める
	準住居地域	道路の沿道としての地域の特性にふさわしい業務の利便の増進を図りつつ、これと調和した住居の環境を保護するために定める
	田園住居地域	農業の利用の増進を図りつつ、これと調和した低層住宅に係る良好な住居の環境を保護するために定める
商業系	近隣商業地域	近隣の住宅の住民に対する日用品の供給を行うことを主たる内容とする商業その他の業務の利便を増進するために定める
	商業地域	主として商業その他の業務の利便を増進するために定める
工業系	準工業地域	主として環境の悪化をもたらすおそれのない工業の利便を増進するために定める
	工業地域	主として工業の利便を増進するために定める
	工業専用地域	工業の利便を増進するために定める

表5 用途地域内の建築物の用途制限の概要（法第48条、別表第2）

用途地域内の建築物の用途制限 ○：建てられる用途 ×：原則として建てられない用途 ①、②、③、④、▲、△、■：面積、階数等の制限有		第一種低層住専	第二種低層住専	第一種中高層住専	第二種中高層住専	第一種住居	第二種住居	準住居	田園住居	近隣商業	商業	準工業	工業	工業専用	用途地域の指定無し	備考
住宅、共同住宅、寄宿舎、下宿、兼用住宅で非住宅部分の床面積が50m²以下かつ延べ面積の1/2未満のもの		○	○	○	○	○	○	○	○	○	○	○	○	×	○	非住宅部分の用途制限有
店舗等	店舗等の床面積が150m²以下のもの	×	①	②	③	○	○	○	①	○	○	○	○	④	○	①：日用品販売店、食堂、喫茶店、理髪店及び建具屋等のサービス業用の店舗のみ。2階以下。 ②：①に加えて、物品販売店舗、飲食店、損保代理店・銀行支店・宅地建物取引業等のサービス業用の店舗のみ。 ③：2階以下。 ④：物品販売店舗、飲食店を除く ■：農産物直売所、農家レストラン等のみ。2階以下。
	店舗等の床面積が150m²を超え、500m²以下のもの	×	×	②	③	○	○	○	■	○	○	○	○	④	○	
	店舗等の床面積が500m²を超え、1,500m²以下のもの	×	×	×	③	○	○	○	×	○	○	○	○	④	○	
	店舗等の床面積が1,500m²を超え、3,000m²以下のもの	×	×	×	×	○	○	○	×	○	○	○	○	④	○	
	店舗等の床面積が3,000m²を超え、10,000m²以下のもの	×	×	×	×	×	○	○	×	○	○	○	○	④	○	
	店舗等の床面積が10,000m²を超えるもの	×	×	×	×	×	×	×	×	○	○	○	×	×	×	
事務所等	事務所等の床面積が1,500m²以下のもの	×	×	×	▲	○	○	○	×	○	○	○	○	○	○	▲：2階以下
	事務所等の床面積が1,500m²を超え、3,000m²以下のもの	×	×	×	×	○	○	○	×	○	○	○	○	○	○	
	事務所等の床面積が3,000m²を越えるもの	×	×	×	×	×	○	○	×	○	○	○	○	○	○	
ホテル、旅館		×	×	×	×	▲	○	○	×	○	○	○	×	×	○	▲：3,000m²以下
遊戯施設・風俗施設	ボーリング場、水泳場、ゴルフ練習場、バッティング練習場等	×	×	×	×	▲	○	○	×	○	○	○	○	×	○	▲：3,000m²以下
	カラオケボックス等	×	×	×	×	×	▲	▲	×	○	○	○	▲	▲	○	▲：10,000m²以下
	麻雀屋、パチンコ屋、勝馬投票券発売所、場外車券場等	×	×	×	×	×	▲	▲	×	○	○	○	▲	×	○	▲：10,000m²以下
	劇場、映画館、演芸場、観覧場、ナイトクラブ等	×	×	×	×	×	×	△	×	○	○	○	×	×	▲	▲：客席10,000m²以下 △：客席200m²未満
	キャバレー、料理店、個室付浴場等	×	×	×	×	×	×	×	×	×	○	▲	×	×	○	▲：個室付浴場等を除く
公共施設等	幼稚園、小学校、中学校、高等学校	○	○	○	○	○	○	○	○	○	○	○	×	×	○	
	病院、大学、高等専門学校、専修学校等	×	×	○	○	○	○	○	×	○	○	○	×	×	○	
	神社、寺院、教会、公衆浴場、診療所、保育所等	○	○	○	○	○	○	○	○	○	○	○	○	○	○	
工場・倉庫等	倉庫業倉庫	×	×	×	×	×	×	○	×	○	○	○	○	○	○	
	自家用倉庫	×	×	×	①	②	○	○	■	○	○	○	○	○	○	①：2階以下かつ1,500m²以下 ②：3,000m²以下 ■：農産物及び農業の生産資材を貯蔵するものに限る。
	危険性や環境を悪化させるおそれが非常に少ない工場	×	×	×	①	①	①	■	②	②	○	○	○	○	○	作業場の床面積 ①：50m²以下 ②：150m²以下 ■：農産物を生産、集荷、処理及び貯蔵するものに限る。*著しい騒音を発生するものを除く。
	危険性や環境を悪化させるおそれが少ない工場	×	×	×	×	×	×	×	×	②	②	○	○	○	○	
	危険性や環境を悪化させるおそれがやや多い工場	×	×	×	×	×	×	×	×	×	×	○	○	○	○	
	危険性が大きいか又は著しく環境を悪化させるおそれがある工場	×	×	×	×	×	×	×	×	×	×	×	○	○	○	
	自動車修理工場	×	×	×	×	①	①	②	×	③	③	○	○	○	○	作業場の床面積 ①：50m²以下 ②：150m²以下 ③：300m²以下 原動機の制限有

6章 都市計画関係規定

表6 政令で定める兼用住宅及び店舗等の内容

建築物の用途		1種低層住専(注)	2種低層住専	1種中高層住専	2種中高層住専	1種住居	2種住居	準住居	近隣商業	商業	準工業	工業	工業専用	備考（条件）	
兼用住宅	事務所	※	※	※	○	○	○	○	○	○	○	○	×	（※）居住の用に供する面積が延べ面積の1/2以上で、兼用する用途部分の床面積の合計が50m²以下のものに限る。	（※）汚物運搬用自動車等で駐車施設を同一敷地内に設けて業務運営するものは不可
	食堂、喫茶店、理髪店、美容院、クリーニング取次店、質屋、貸衣装屋、貸本屋、学習塾、華道教室、囲碁教室	※	※	※	○	○	○	○	○	○	○	○	×		
	洋服店、畳屋、建具屋、自転車店、家庭電気器具店	※	※	※	○	○	○	○	○	○	○	○	×		（※）出力の合計が0.75kWを超える原動機使用のものは不可
	パン屋、米屋、豆腐屋、菓子屋	※	※	※	○	○	○	○	○	○	○	○	×		（※）出力の合計が0.75kW以下の原動機使用の自家販売の食品製造・加工業のみ可
	アトリエ、工房	※	※	※	○	○	○	○	○	○	○	○	×		（※）出力の合計が0.75kW以下の原動機を使用して美術品、工芸品を製作するものは可
食堂、喫茶店、理髪店、美容院、クリーニング取次店、質屋、貸衣装屋、貸本屋、学習塾、華道教室、囲碁教室		×	※1	※2	○	○	○	○	○	○	○	○	○	（※1）床面積の合計が150m²以内かつ2階以下のみ可 （※2）床面積の合計が500m²以内かつ2階以下のみ可	
洋服店、畳屋、建具屋、自転車店、家庭電気器具店		×	※1	※2	○	○	○	○	○	○	○	○	○	（※1）（※2）作業場の床面積の合計が50m²以内、原動機の出力の合計が0.75kW以下のものに限る。	（※1）床面積の合計が150m²以内かつ2階以下のみ可 （※2）床面積の合計が500m²以内かつ2階以下のみ可
パン屋、米屋、豆腐屋、菓子屋		×	※1	※2	○	○	○	○	○	○	○	○	○		自家販売の食品製造業で （※1）床面積の合計が150m²以内かつ2階以下のみ可 （※2）床面積の合計が500m²以内かつ2階以下のみ可

（注）田園住居地域は第2種低層住専の店舗等の内容と同じ

表7 用途の規制を受ける工作物（準用工作物）

工作物名	第1種低層住居専用地域	田園住居地域	第2種低層住居専用地域	第1種中高層住居専用地域	第2種中高層住居専用地域	準住居地域	近隣商業地域	商業地域	準工業地域	工業地域	工業専用地域
クラッシャープラント・コンクリートプラント等	×		×		×		×				
アスファルトプラント等	×		×		×		×	×			
自動車車庫（独立）注1	×（＞50m²）			×（＞300m²）							
サイロ類	×										
遊戯施設等	×										
処理施設等 注2	×						（都市計画区域内にあるもの）				

注1）工作物である附属車庫の規定については、法138条3項2号を参照すること（表5参照）。
注2）処理施設等にはごみ焼却場、汚物処理場などがある。
・ごみ処理施設（ごみ焼却場を除く）で1日5t以上の処理を有するもの。
・廃棄物の処理及清掃に関する法律15条、令7条に規定する産業廃棄物処理施設を含む。

聴取及び同意の取得を要しない。また、日常生活に必要な政令（令第130条第2項）で定める建築物で、騒音又は振動等住環境の悪化を防止するために国土交通省令で定める措置が講じられているものの建築について許可（第1項～第7項のただし書に限定）をする場合、同意の取得を要しない（第15項、第16項）（参考）。

表8 住居系地域の自動車車庫の用途規制

用途地域 \ 床(築造)面積	(1)単独自動車車庫					(2)附属自動車車庫
	(イ)建築物		(ロ)工作物			A＝同一敷地内の建築物に附属する自動車車庫で建築物であるものの床面積の合計 B＝同一敷地内の建築物に附属する自動車車庫の用途に供する工作物の築造面積の合計 C＝同一敷地内の建築物（自動車車庫の用途に供する部分を除く）の床面積の合計
	300m² 以下 かつ 2階以下	300m² 超 又は 3階以上	50m² 以下	50m² 超 300m² 以下	300m² 超	
第1種・第2種 低層住居専用地域 田園住居地域	×	×	○	×	×	①～④のいずれかで、かつ2以上の部分にないこと ① C＞600m² かつ B＞50m² の時：A＋B≦600m² ② C＞600m² かつ B≦50m² の時：A≦600m² ③ C≦600m² かつ B＞50m² の時：A＋B≦C ④ C≦600m² かつ B≦50m² の時：A≦C
第1種・第2種 中高層住居専用地域	○	×	○	○	×	①～④のいずれかで、かつ3階以上の部分にないこと ① C＞3000m² かつ B＞300m² の時：A＋B≦3000m² ② C＞3000m² かつ B≦300m² の時：A≦3000m² ③ C≦3000m² かつ B＞300m² の時：A＋B≦C ④ C≦3000m² かつ B≦300m² の時：A≦C
第1種・第2種 住居地域	○	×	○	○	×	①、②のいずれかで、かつ3階以上の部分にないこと ① B＞300m² の時：A＋B≦C ② B≦300m² の時：A≦C
準住居地域	制限条件なし					

敷地に用途地域の異なる地域がある場合、全敷地の過半の属する用途地域を適用するが、敷地内の建築物の位置及び面積には関係なく、敷地が対象である（≫法第91条）（図10）。

（参考）
①政令で定める建築物（令第130条第2項）
・日用品販売店舗（第1種・第2種低層住居専用地域）
・共同給食調理場（第1種中高層住居専用地域等）
・自動車修理工場（第1種住居地域等）
②省令で定める基準
（例）日用品販売店舗（コンビニエンス等）の場合
・騒音に関して、屋外に商品の販売等を行う場所を設けないこと
・交通に関して、一定の幅員を有する道路に接すること
・深夜営業する場合に一定の措置を講じること等

2 特別用途地区　≫法第49条

特別用途地区は、用途地域内の一定の地区において、当該地区の特性にふさわしい土地利用の増進、環境の保護等の特別な目的の実現を図るため、当該用途地域の指定を補完して定める地区である。特別用途地区の趣旨は、主に用途地域による用途規制について、制限を加重したり緩和したりすることにより、当該地区の特別な目的を果たそうとするものであり、用途地域の用途制限の上にさらに二重に制限がかぶせられ、都市計画で指定される。特別用途地区内の建築の制限、禁止に関する必要な規定は、地方公共団体の条例で定められる。また、用途地域による用途規制を緩和する場合には、一般的制限に重大な例外を設けることとなるので、国土交通大臣の承認を得る必要がある。

特別用途地区の種類については、中高層階住居専用地区、商業専用地区、特別工業地区、文教地区、小売店舗地区、厚生地区、娯楽レクリエーション地区、観光地区、特別業務地区、研究開発地区の他に地方公共団体が具体の都市計画において定めることができる。

なお、特別用途地区等における建築物の敷地、構造又は建築設備に関する制限で、当該地区の指定のために必要なものも、地方公共団体が条例で定めることができる（≫法第50条）。

3 特定用途制限地域　≫法第49条の2、令第130条の2

都市計画区域及び準都市計画区域については、都市計画に用途地域が定められていない土地の

区域（市街化調整区域を除く）内において、その良好な環境の形成又は保持のため、当該区域の特性に応じて合理的な土地利用が行われるよう、制限すべき特定の建築物等の概要を定めた**特定用途制限地域**を指定することができ、地方公共団体の条例で、建築物の用途の制限を定める。

4 卸売市場等の位置　》法第51条、令第130条の2の2、第130条の2の3

都市計画区域内では、**卸売市場、火葬場、と畜場、汚物処理場、ごみ焼却場、その他の処理施設**の用途に供する建築物は、都市にとっては必要な供給処理施設であると同時に、周辺の環境に大きな影響を及ぼす恐れがあるため、これらの敷地は都市計画においてその位置の決定したものでなければならない。ただし、特定行政庁が都道府県都市計画審議会（その敷地の位置を都市計画に定めるべき者が市町村であり、かつ、その敷地が所在する市町村に市町村都市計画審議会が置かれている場合は、当該市町村都市計画審議会）の議を経て許可した場合、又は規模、処理能力が軽微で、政令で定める規模の範囲内で、周辺の環境に大きな影響を及ぼす恐れがないものについては建築することができる。

※「**その他の処理施設**」とは　》令第130条の2の2
- 廃棄物処理法施行令第5条第1項のごみ処理施設（ごみ焼却場を除く）
- 廃棄物処理法施行令第7条第1項から第13号までの産業廃棄物の処理施設
- 海洋汚染等及び海上災害の防止に関する法律第3条第14号の廃油処理施設

6・3　容積率

1 容積率の制限　》法第52条第1項

容積率とは、**建築物の延べ面積の敷地面積に対する割合（%）**のことである。限られた市街地のなかでは、土地の合理的な高度利用が望まれる。都市への人口の集中による様々な問題に対して、道路、公園、下水道などの都市施設と建築物の均衡をとる必要から、容積率により建築物の規模をコントロールする。建築物の容積率は、原則として用途地域の区分に応じて都市計画で定められた限度（**指定容積率**）以下でなければならない（表9）。

容積率の限度は、この指定容積率に加えて、**前面道路の幅員による容積率**の2種類があり、それらのうちの厳しい方の値が、その敷地の容積率の限度となる。

2 道路幅員による容積率の限度　》法第52条第2項

建築物の敷地に接する前面道路の幅員が**12m以上**である場合には、都市計画で定められた数値（指定容積率）がそのまま当該敷地の容積率の限度となり、**12m未満**である場合には、前面道路の幅員に用途地域による係数を乗じて算出した数値と、都市計画で定められた指定容積率の数値のうち厳しい方が当該敷地の容積率の限度となる（図11、表9）。

- 住居系の用途地域内：前面道路の幅員［m］× 4/10
- その他の用途地域内：前面道路の幅員［m］× 6/10

表9　容積率の制限

用途地域	制限値　指定容積率 都市計画で定められる値（用途地域内は下記数値から指定）	道路幅員による数値 （W が12m 未満の場合に限る） W：前面道路の幅員の最大のもの（単位は m）
第1種低層住居専用地域 第2種低層住居専用地域 田園住居地域	50、60、80、100、150、200%	$W × 4/10$
第1種中高層住居専用地域 第2種中高層住居専用地域	100、150、200、300、400、500%	① $W × 4/10$ ただし特定行政庁が都道府県都市計画審議会の議を経て指定する区域内では $W × 6/10$ ②（高層住居誘導地区）$W × 6/10$ ただし特定行政庁が都道府県都市計画審議会の議を経て指定する区域内では $W × 4/10$ 又は $W × 8/10$
第1種住居地域 第2種住居地域 準住居地域	100、150、200、300、400、500% （750%）※	
近隣商業地域 準工業地域	100、150、200、300、400、500% （750%）※	$W × 6/10$ ただし特定行政庁が都道府県都市計画審議会の議を経て指定する区域内では $W × 4/10$ 又は $W × 8/10$
工業地域 工業専用地域	100、150、200、300、400%	
商業地域	200、300、400、500、600、700、800、900、1000、1100、1200、1300%	
用途地域無指定区域 （都市計画区域内）	(50、80、100、200、300、400%)	

注）用途地域無指定区域における（　）内は特定行政庁が都道府県都市計画審議会の議を経て指定した区域内に適用される数値である。
※高層住居誘導地区内の建築物で、住宅の用途に供する部分の床面積の合計が 2/3 以上のもの（容積率は、750% 以下の数値で都市計画で定める）。

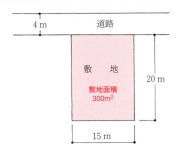

- 第1種住居地域（指定容積率 20/10）の場合
  道路幅員による数値
  　（道路幅員）4×4/10＝16/10
  したがって、16/10 が容積率の限度となる。
  敷地面積に対する延べ面積の最大は、
  　（敷地面積）300×16/10＝480m² となる。
- 近隣商業地域（指定容積率 30/10）、特定行政庁指定区域外の場合
  道路幅員による数値
  　4×6/10＝24/10
  したがって、24/10 が容積率の限度となる。
  敷地面積に対する延べ面積の最大は、
  　（敷地面積）300×24/10＝720m² となる。

図11　最大延べ面積の算定

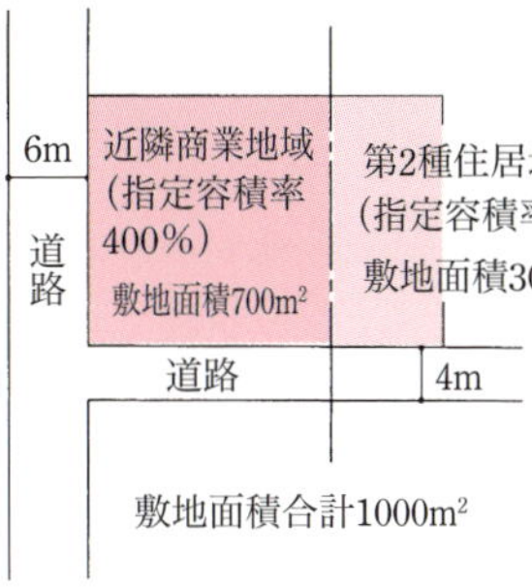

- 近隣商業地域部分の計算　6×6/10＝36/10
  道路幅員が12m 未満なので、指定容積率 40/10 より小さい、36/10 が制限値となる。　700×36/10＝2520m²
- 第2種住居地域部分の計算　6×4/10＝24/10
  指定容積率 20/10 の方が小さいので、20/10 が制限値となる。
  300×20/10＝600m²
  敷地面積に対する延べ面積の最大は、2520＋600＝3120m² となる。
  当該敷地の容積率制限値は、3120/1000＝31.2/10 となる。
  →312%

図12　異なった制限値の区域にまたがる場合

3 敷地が容積率の異なる2以上の地域にまたがる場合　≫法第52条第7項

敷地が容積率の異なる2以上の地域又は区域にまたがる場合は、それぞれについて延べ面積を計算し、その合計が全体として建築できる延べ面積になる（**加重平均**、図12）。

4 住宅の地階部分の容積率の緩和
≫法第 52 条第 3 項

建築物の地階で住宅（長屋、共同住宅、老人ホーム等を含む）の用途に供する部分については、当該建築物の住宅の用途に供する部分の床面積の合計の1/3を限度として、延べ面積に算入されない（図13〜15）。ただし、地方公共団体は条例で区域を限り、第3項に規定する地盤面を別に定めることができる（≫第5項）。

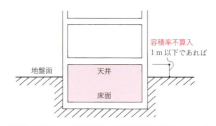

不算入の対象となる地下室は、建築基準法施行令1条2号に規定する地階のうち、その天井が地盤面からの高さ 1m 以下にあるものである。

図 13　地階と天井の位置と容積率不算入の考え方

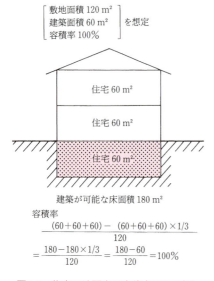

図 14　住宅の地下室の容積率の取り扱い

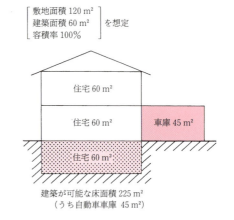

図 15　住宅の地下室の容積率の取り扱い（自動車車庫のある場合）

5 共同住宅・老人ホーム等の共用部分等の容積率の緩和　≫法第 52 条第 6 項

エレベーターの昇降路の部分、共同住宅・老人ホーム等の共用の廊下又は階段の用に供する部分は、容積制限の対象から除外される。共用の廊下の用途に供する部分には、エントランスホールやエレベーターホールで共用のものも含まれる。

また、住宅又は老人ホーム等に設ける機械室等に設置される省令（施行規則第10条の4の4）で定められた給湯設備その他建築設備＊で、特定行政庁が交通上、安全上、防火上及び衛生上支障がないと認め許可したものは、床面積から除かれる（建築審査会の同意不要）。

＊省令（告示）で定める給湯設備は、次のとおり。
(1) 電気ヒートポンプ給湯機
(2) 潜熱回収型給湯機
(3) ハイブリッド給湯機
(4) 燃料電池設備
(5) コージェネレーション設備

6 住宅を含む建築物の容積率の緩和　≫法第 52 条第 8 項、令第 135 条の 14、17

建築物の全部又は一部を住宅に供するもので、次の①及び②の条件に該当するものは、都市計

画で定められた容積率の数値の 1.5 倍以下で、住宅の床面積の割合に応じて、政令で定める方法により算出した数値を当該地域の容積率の限度とみなし、緩和することができる。

$$V_r = \frac{3V_c}{3 - R}$$

V_r：法第 52 条第 1 項第 5 号又は第 8 項の規定に基づき算出した数値
V_c：都市計画で定められた容積率の数値

$$R = \frac{\text{建築物の住宅の用に供する部分の床面積の合計}}{\text{建築物の延べ面積}}$$

① 第 1 種住居地域、第 2 種住居地域、準住居地域、近隣商業地域、商業地域又は準工業地域であること（高層住居誘導地区及び特定行政庁が都道府県都市計画審議会の議を経て指定する区域を除く）（》第 1 号）。
② 空地規模が政令で定める一定規模以上で、その空地の一定割合が道路に接し、かつ、敷地面積が政令で定める規模以上であること（》第 2 号、表 10）。

表 10　法 52 条 8 項 2 号の規定による空地の規模等

(イ) 空地の規模（令 135 条の 17 第 1 項）

法 53 条の規定による建蔽率 C の最高限度	空地の面積の規模 $B \geqq S \times A$ S の数値	地方公共団体が条例で定めることができる S の数値
$C \leqq 4.5/10$	$S = (1 - C) + 1.5/10$	$8.5/10 \geqq S > (1 - C) + 1.5/10$
$4.5/10 < C \leqq 5/10$		$(1 - C) + 3/10 \geqq S > (1 - C) + 1.5/10$
$5/10 < C \leqq 5.5/10$	$S = 6.5/10$	$(1 - C) + 3/10 \geqq S > 6.5/10$
$5.5/10 < C$	$S = (1 - C) + 2/10$	$(1 - C) + 3/10 \geqq S > (1 - C) + 2/10$
建蔽率限度の定めがない	$S = 2/10$	$3/10 \geqq S > 2/10$

A：敷地面積 [m²]　　B：空地の面積 [m²]　　C：建蔽率の最高限度

(ロ) 道路に接して有効な部分の空地の規模（令 135 条の 15 第 2 項）
上記の表に定める空地の面積 $B \times 1/2$ 以上であること。

(ハ) 敷地面積の規模（令 135 条の 17 第 3 項）

	地域・地区	敷地面積 A の規模	地方公共団体が条例で定めることのできる敷地面積の規模
①	第 1 種住居地域 第 2 種住居地域 準住居地域 準工業地域 （高層住居誘導地区及び特定行政庁が都道府県都市計画審議会の議を経て指定する区域を除く）	$A \geqq 2000\text{m}^2$	$500\text{m}^2 \leqq A < 4000\text{m}^2$
②	近隣商業地域（高層住居誘導地区及び特定行政庁が都道府県都市計画審議会の議を経て指定する区域を除く） 商業地域（特定行政庁が都道府県都市計画審議会の議を経て指定する区域を除く）	$A \geqq 1000\text{m}^2$	$500\text{m}^2 \leqq A < 2000\text{m}^2$

注 1) 建築物の敷地がこの表の①②の地域とこれらの地域として指定されていない区域にわたる場合、この表に掲げる地域の規定を適用する。
注 2) 建築物の敷地がこの表に掲げる地域①と②の地域にわたる場合、敷地の属する面積の大きい方の地域の規定を適用する。

7 特定道路による前面道路幅員の緩和 ≫法第 52 条第 9 項

敷地が、**特定道路**（**幅員 15m 以上の道路**を言う）に接続する幅員 6m 以上 12m 未満の道路に面する場合で、特定道路までの距離が 70m 以内で接する場合には、令第 135 条の 18 の規定に基づき計算した数値を加えた数値を、前面道路幅員として容積率の計算をする（図16）。

$$W_a = \frac{(12 - W_r)(70 - L)}{70}$$

W_a：前面道路幅員に加える数値 [m]　　　W_r：前面道路幅員 [m]
L：敷地から特定道路までの距離 [m]

ゆえに、緩和された前面道路の幅員 W [m] は、$W = W_r + W_a$ となる。

8 計画道路に接する場合の容積率の緩和 ≫法第 52 条第 10 項

敷地が都市計画において定められた**計画道路**に接する場合、特定行政庁の許可（建築審査会の同意を要する）を受ければ、**計画道路を前面道路とみなして容積率を算定することができる**。この場合、計画道路部分は敷地面積に算入できない。

9 壁面線の指定がある場合の容積率の緩和 ≫法第 52 条第 11 項

敷地の前面道路に沿って**壁面線**の指定がある場合、特定行政庁が次の①及び②の基準に適合すると認めて許可（建築審査会の同意を要する）した場合は、**壁面線を道路境界線とみなし、容積率を算定することができる**。この場合、前面道路と壁面線間の部分は敷地面積に算入できない。

① 街区において、前面道路と壁面線との間の部分が前面道路と一体的かつ連続的に有効に空地と確保されており、又は確保されることが見込まれること。
② 交通上、安全上、防火上及び衛生上支障がないこと。

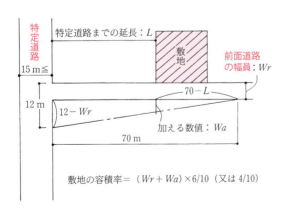

図 16　特定道路による緩和

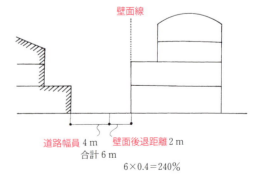

図 17　容積率の緩和

10 住居系地域で壁面線などの指定がある場合の容積率の緩和
≫法第52条第12項、13項、令第135条の19

住居系地域等において、前面道路の境界線から後退して壁面線の指定、又は地区計画の条例で定める壁面線の位置の制限がある場合、一定の空間が確保されれば、前面道路の境界線は当該壁面線等にあるものとみなして、前面道路幅員による容積率を適用する。ただし、容積率の限度は前面道路幅員×6/10以下でなければならない。また、前面道路と壁面線等との間の部分は、敷地面積から除外する（図17）。

11 その他の容積率の緩和 ≫法第52条第14項

次のような場合、特定行政庁が交通上、安全上、防火上及び衛生上支障がないと認め許可（建築審査会の同意を要する）したものは法第52条第1項〜第9項までの規定にかかわらず、その許可の範囲で、容積率の限度を超えることができる。
①同一敷地内の建築物の機械室等の床面積が著しく大きい場合
②敷地の周囲に広い公園、広場、道路などの空地を有する場合
③建築物のエネルギー消費性能（省エネ法第2条第1項第2号に規定する性能）の向上のための外壁工事及び屋外に面する部分の工事で構造上やむを得ないものとして省令で定めるもの

6・4 建蔽率

1 建蔽率制限 ≫法第53条第1項

建蔽率とは、建築物の建築面積の敷地面積に対する割合（％）のことである。建蔽率の制限は、敷地内に空地をある程度確保することにより、通風、日照、採光、延焼防止といった防災のための空間及び緑化や日常生活のための空間を確保することを目的としている。建築物の建蔽率は、原則として用途地域に応じて都市計画で定められた限度（指定建蔽率）以下でなければならない（表11）。

2 敷地が建蔽率制限の異なる2以上の地域にまたがる場合 ≫法第53条第2項

敷地が2以上の地域又は区域にわたる場合は、それぞれの地域ごとに建築面積を計算し、それらの建築面積を合計したものが、その敷地全体に建築することができる最大建築面積となる（加重平均）。(図18)

3 建蔽率の緩和 ≫法第53条第3項

次のイ、ロいずれかに該当するときは1/10、両方に該当するときは2/10を指定建蔽率に加える。
　イ　第1種・第2種住居、準住居、準工業、近隣商業及び商業地域で建蔽率の限度が8/10の地域外で、

表11　建蔽率の制限

	①都市計画で定める制限値	②防火地域内の耐火建築物等又は準防火地域内にある耐火建築物等及び準耐火建築物等の緩和	③特定行政庁指定の角地等の緩和	②+③の場合の緩和
第1種・第2種低層住居専用地域、第1種・第2種中高層住居専用地域、田園住居地域、工業専用地域	3/10、4/10、5/10、6/10のうち都市計画で定める割合	①+1/10	①+1/10	①+2/10
第1種・第2種住居地域、準住居地域、準工業地域	5/10、6/10、8/10のうち都市計画で定める割合	①+1/10 防火地域内の耐火建築物等で制限値が8/10の場合は制限なし	①+1/10	①+2/10 防火地域内の耐火建築物等で制限値が8/10の場合は制限なし
近隣商業地域	6/10、8/10のうち都市計画で定める割合	①+1/10 防火地域内の耐火建築物等で制限値が8/10の場合は制限なし	①+1/10	①+2/10 防火地域内の耐火建築物等で制限値が8/10の場合は制限なし
商業地域	8/10	防火地域内の耐火建築物は制限なし	8/10+1/10	防火地域内の耐火建築物は制限なし
工業地域	5/10、6/10のうち都市計画で定める割合	①+1/10	①+1/10	①+2/10
用途地域無指定区域（都市計画区域内）	3/10、4/10、5/10、6/10、7/10*のうち、特定行政庁が土地利用の状況等を考慮し、当該区域を区分して都道府県都市計画審議会の議を経て定める割合	①+1/10	①+1/10	①+2/10

＊無指定地域は、3/10、4/10、5/10、6/10、7/10のうち、特定行政庁が土地利用の状況等を考慮し、都道府県都市計画審議会の議を経て定める割合。
注）耐火建築物等：耐火建築物・延焼防止建築物　準耐火建築物等：準耐火建築物・準延焼防止建築物

　　　防火地域内にある耐火建築物等又は準防火地域内等にある耐火建築物等及び準耐火建築物等
　ロ　街区の角地等で特定行政庁が指定する敷地内にある建築物。

4 敷地内に壁面線等の指定がある場合　≫法第53条第4項、令第135条の21

　隣地境界線から後退して壁面線の指定がある場合、又は地区計画等の規定に基づく条例で定める壁面の位置の制限がある場合において、敷地内に壁面線等により指定された連続した空地として確保されるなど、特定行政庁が安全上、防火上及び衛生上支障がないと認めて許可した場合、建蔽率の限度を超えることができる。また、道路境界線から後退した壁面線についても、特定行政庁の許可範囲内で建蔽率が緩和される（法第53条第5項）。

　加えて建築物のエネルギー消費性能の向上（改修）のための外壁の工事及び屋外に面する部分の工事で構造上やむを得ないと認め許可したものも緩和される（法第53条第5項）。

5 建蔽率の制限を受けない場合　≫法第53条第6項

次の建築物については建蔽率の制限を適用しない。
①第1種・第2種住居地域、準住居地域、準工業地域、近隣商業地域及び商業地域で建ぺい率の限度が8/10の地域内で、防火地域内にある耐火建築物等。
②巡査派出所、公衆便所、公共歩廊など。

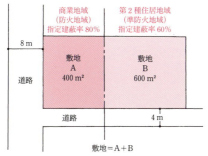

当該敷地（A＋B）に耐火建築物を建築する場合
- A敷地の建蔽率は、商業地域で80％かつ防火地域の建築物であるので、10/10である。
- B敷地の建蔽率は、第2種住居市域であるが、敷地の一部が防火地域にかかり、かつ角地であり、耐火建築物であるので、6/10→8/10に緩和される。

したがって、建築面積の最大が￥限度は、
(A) 400×（Aに対する建蔽率）10/10＋
(B) 600×（Bに対する建蔽率）
＝400＋480＝880m²

図18 敷地が制限の異なる2以上の地域にわたる場合

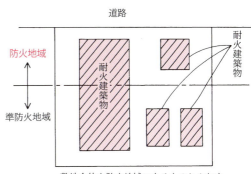

図19 建築物の敷地が防火地域の内外にわたる場合

③公園、広場、道路、川などの内にある建築物で、特定行政庁が安全上、防火上、衛生上支障がないと認めて許可したもの。ただし、許可する場合、あらかじめ建築審査会の同意を得る必要がある。

6 建築物の敷地が防火地域やその他の地域にわたる場合

≫法第53条第7項、8項

a）敷地が防火地域の内外にわたる場合（第7項）

敷地が防火地域と準防火地域、又は防火地域と指定のない地域にまたがる場合、その敷地内の全建築物が耐火建築物等であるときは、敷地全体が防火地域にあるものとみなして、建蔽率の緩和を受けることができる（図19）。

b）敷地が準防火地域と防火地域及び準防火地域以外の地域とにわたる場合（第8項）

その敷地内の全建築物が、耐火建築物等又は準耐火建築物等であるときは、敷地全体が準防火地域にあるものとみなして、建蔽率の緩和を受けることができる。

6・5 敷地面積の最低限度 ≫法第53条の2

敷地面積の制限は、一つの広い敷地を複数に分割してしまうようなミニ開発を防止し、良好な住環境を保護するために設けられたものである。建築物の敷地面積は、200m²を超えない範囲で都市計画で定められた敷地面積の最低限度以上でなければならない。ただし、次のいずれかに該当する場合は、最低限度未満とすることができる。

①建蔽率の限度が8/10の地域内で、かつ、防火地域内にある耐火建築物。
②公衆便所、巡査派出所等公益上必要なもの。

③敷地周囲に公園、広場、道路等の空地を有する建築物で、市街地の環境を害するおそれがないと認めて特定行政庁が許可したもの。

④建築物の用途上又は構造上やむを得ないと認めて特定行政庁が許可したもの。

ただし、③及び④において、特定行政庁が許可するにあたっては、建築審査会の同意が必要である。

6・6　外壁の後退距離　≫法第54条

　第1種低層住居専用地域、第2種低層住居専用地域又は田園住居地域においては、良好な住居の環境を保護するため、都市計画で外壁の後退距離（建築物の外壁又はこれに代わる柱の面から敷地境界線までの距離）を定めることができる。都市計画で定める外壁の後退距離は、1.5m又は1mである。

（後退距離の緩和）　≫令第135条の21

　次に該当する場合は、外壁の後退距離は制限されない。

①外壁又はこれに代わる柱の中心線の長さの合計が3m以下のもの。

②物置等で、軒高が2.3m以下で、かつ、床面積の合計が5m²以下のもの（図20）。

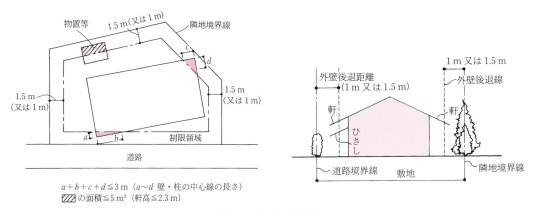

図20　外壁の後退距離

6・7　高さ制限

　高さ制限は、主に市街地における良好な住環境等を保護することや、建築物の高層化にともなう周辺地域における適正な建築空間の確保、災害の防止等を目的としている。この高さ制限には、絶対高さ制限、道路斜線制限、隣地斜線制限、北側斜線制限、日影規制及び高度地区がある。

1　絶対高さ制限　≫法第55条、令第130条の10

　第1種低層住居専用地域、第2種低層住居専用地域又は田園住居地域では、地域設定の趣旨か

ら、建築物の高さは 10m 又は 12m のうち都市計画で定められた数値以下としなければならない。ただし、次の①〜③に該当する場合は、10m 又 12m を超えることができる。また、①、②は特定行政庁の許可（建築審査会の同意を要する）を受ける必要があり、③は特定行政庁の許可ではなくて認定であり、10m 以下と定められた区域内においては、高さ 12m 以下に限られる（表 12）。

①敷地周囲に広い公園、広場、道路等があって、低層住宅の良好な環境を害するおそれがないもの。
②学校等用途上やむを得ないもの。
③建蔽率の制限値に応じて、一定以上の余分な空地を有し、かつ、敷地面積が一定以上で、低層住宅の良好な環境を害するおそれがないもの。

なお、③の特定行政庁が認める条件（≫令第 130 条の 10）は、下記の通り、高さ 10m 以下と定められた区域内で、次のイ）及びロ）の両方を満たした場合である。

イ）一定の空地を確保すること　空地率 $= \dfrac{\text{敷地内の空地面積}}{\text{敷地面積}}$

・建蔽率の限度が定められている場合　空地率 $\geq (1 - \text{建ぺい率の限度}) + \dfrac{1}{10}$

・建蔽率の限度が定められていない場合　空地率 $\geq \dfrac{1}{10}$

ロ）1500m² 以上の敷地規模であること

表 12　絶対高さ制限の緩和

高さ制限の区域	高さ（特定行政庁が認めるもの又は許可したもの）	要件	建築審査会の同意
10m	12m（認定）	その敷地内に政令で定める空地があり、かつ、その敷地面積が政令で定める規模以上で、低層住宅に係る良好な住居の環境を害するおそれがないと認める場合（令第 130 条の 10）	不要
10m 12m	制限なし（許可）	その敷地の周辺に広い公園、広場、道路等の空地があって、低層住宅に係る良好な住居の環境を害するおそれのない場合 学校その他の建築物であって、用途上やむを得ない場合	必要

また、再生可能エネルギー源（太陽光・風力等、エネルギー源として永続的に利用可能なもの）を利用する設備の設置のために必要な屋根に関する工事等を行う構造上やむを得ない建築物で、特定行政庁が認めて許可（建築審査会の同意を要する）したものの高さは、これらの規定による限度を超えることができる（法第 55 条第 3 項）。

2 道路斜線制限　≫法第 56 条第 1 項第 1 号、法別表第 3

道路斜線は、その道路の採光・通風をある程度確保し、街並みの統一的な景観等を確保するために、道路の幅員に応じて道路に接する建築物の高さを制限しようとするものである。

a）道路斜線の起点

道路斜線の起点は、前面道路の反対側の境界線にあり、起点の高さは、前面道路の路面の中心の高さである。

表 13　道路斜線の勾配

用途地域	勾配
住居系	$\dfrac{1.25}{1}$
商業系・工業系	$\dfrac{1.5}{1}$
無指定	$\dfrac{1.25}{1}$ 又は $\dfrac{1.5}{1}$

表14 各種斜線制限の立ち上がりと勾配

地域・地区・区域	道路斜線（勾配）	隣地斜線（立ち上がり＋勾配）	北側斜線（立ち上がり＋勾配）
第1種低層住居専用地域 第2種低層住居専用地域 田園住居地域	$\dfrac{1.25}{1}$		$5m+\dfrac{1.25}{1}$
第1種中高層住居専用地域 第2種中高層住居専用地域	$\dfrac{1.25}{1}$	$20m+\dfrac{1.25}{1}$	$10m+\dfrac{1.25}{1}$ 注1
第1種住居地域 第2種住居地域 準住居地域	$\left(\dfrac{1.5}{1}\right)$ 注2	$\left(31m+\dfrac{2.5}{1}\right)$ 注2	
近隣商業地域 商業地域 準工業地域 工業地域 工業専用地域	$\dfrac{1.5}{1}$	$31m+\dfrac{2.5}{1}$ （隣地斜線適用除外） 注3	
第1種、第2種住居地域、準住居地域又は準工業地域内における高層住居誘導地区内の建築物で、住宅の用途に供する部分の床面積の合計が、延べ面積の2/3以上のもの			
無指定	$\left[\begin{array}{c}\dfrac{1.25}{1}\\ 又は\\ \dfrac{1.5}{1}\end{array}\right]$ 注4	$\left[\begin{array}{c}20m+\dfrac{1.25}{1}\\ 又は\\ 31m+\dfrac{2.5}{1}\end{array}\right]$ 注4	

注1）日影規制の対象区域内にある第1種中高層及び第2種中高層住居専用地域内の建築物は北側斜線制限の適用を受けない（法56条1項3号）。
注2）第1種・第2種中高層住居専用地域（容積率の限度が40/10以上とされている地域に限る）、第1種・第2種住居地域又は準住居地域で、特定行政庁が都道府県都市計画審議会の議を経て指定した区域。
注3）近隣商業地域、商業地域、準工業地域、工業地域、工業専用地域内又は高層住居誘導地区内の建築物で、住宅の用途に供する部分の床面積の合計が、延べ面積の2/3以上であるものは、特定行政庁が都道府県都市計画審議会の議を経て指定した区域。
注4）用途地域の指定のない区域における〔 〕内は、特定行政庁が都道府県都市計画審議会の義を経て指定した区域内に適用される数値である。

b）**道路斜線の勾配**（表13）

●道路斜線制限の計算式

（前面道路の反対側の境界線）×勾配

c）**道路斜線の適用距離**

道路斜線制限は、前面道路の反対側の境界線から、用途地域や容積率の限度に応じて定められた一定の水平距離（適用距離）以内の範囲に限り適用される（図21、表15）。

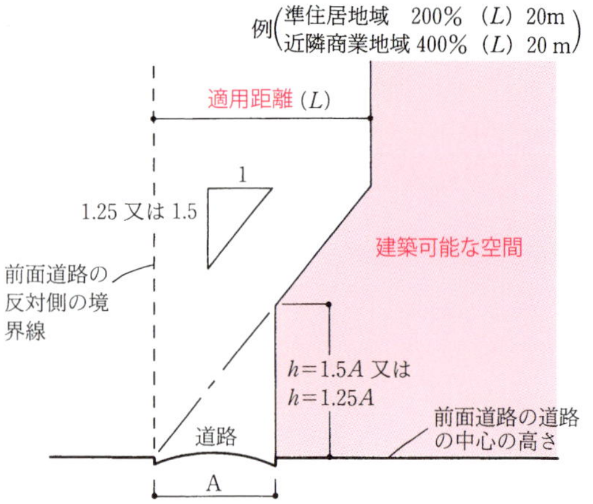

d）**セットバックによる緩和**　≫法第56条第2項

建築物を道路から後退させ、敷地の道路側に空地を設けた場合には、後退した距離だけ前面道路の反対側にある境界線は外側にあるものとして、道路斜線制限を適用する（図22）。また、道路斜線の適用距離も建築物の後退距離に応じて移動する（図23）。なお、後退距離は建築物（地盤面下の部分等を除く）から前面道路の境界線までの水平距離のうち最小のもので測定する（図24、25）。

e）**後退距離の算定において建築物から除かれる部分**　≫令第130条の12

後退部分とみなされて道路斜線制限の緩和対象となる空地には、次に挙げるものが建築できる。

①物置等（図26）

図21 道路斜線制限の勾配

表15　道路斜線の適用距離（L）＊

地域・地区・区域	容積率（t）	適用距離（m）
第1種低層住居専用地域 第2種低層住居専用地域 第1種中高層住居専用地域 第2種中高層住居専用地域 第1種住居地域 第2種住居地域 準住居地域 田園住居地域	$t \leq \dfrac{20}{10}$	20
	$\dfrac{20}{10} < t \leq \dfrac{30}{10}$	25
	$\dfrac{30}{10} < t \leq \dfrac{40}{10}$	30
	$\dfrac{40}{10} < t$	35
近隣商業地域 商業地域	$t \leq \dfrac{40}{10}$	20
	$\dfrac{40}{10} < t \leq \dfrac{60}{10}$	25
	$\dfrac{60}{10} < t \leq \dfrac{80}{10}$	30
	$\dfrac{80}{10} < t \leq \dfrac{100}{10}$	35
	$\dfrac{100}{10} < t \leq \dfrac{110}{10}$	40
	$\dfrac{110}{10} < t \leq \dfrac{120}{10}$	45
	$\dfrac{120}{10} < t$	50
準工業地域 工業地域 工業専用地域	$t \leq \dfrac{20}{10}$	20
	$\dfrac{20}{10} < t \leq \dfrac{30}{10}$	25
	$\dfrac{30}{10} < t \leq \dfrac{40}{10}$	30
	$\dfrac{40}{10} < t$	35
第1種、第2種住居地域、準住居地域又は準工業地域内、高層住居誘導地区内の建築物で、住宅の用途に供する部分の床面積の合計が延べ面積の 2/3 以上のもの		35
無指定	$t \leq \dfrac{20}{10}$	20
	$\dfrac{20}{10} < t \leq \dfrac{30}{10}$	25
	$\dfrac{30}{10} < t$	30

＊適用距離（L）：法別表第3（は）欄の距離
注）第1種・第2種中高層住宅専用地域（容積率の限度が 40/10 以上とされている地域に限る）、第1種・第2種住居地域又は準住居地域で、特定行政庁が都道府県都市計画審議会の議を経て指定する区域内にあっては、適用距離（L）については、「25m」とあるのは「20m」と、「30m」とあるのは「25m」と、「35m」とあるのは「30m」とする。

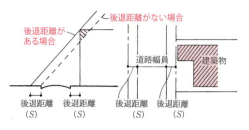

図22　セットバックによる緩和①

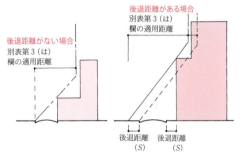

図23　セットバックによる緩和②

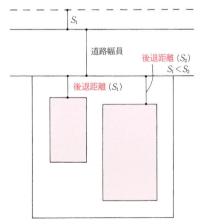

図24　セットバックによる緩和③

図25　セットバックによる緩和④

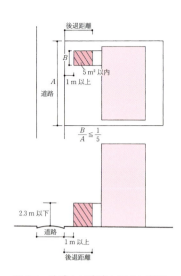
図26 外壁より突出してよい部分（物置等）

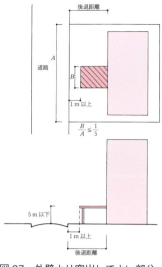
図27 外壁より突出してよい部分（ポーチ等）

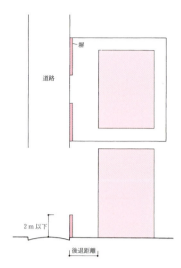
図28 外壁より突出してよい部分（門、塀等①）

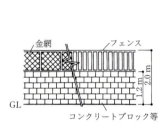
図29 外壁より突出してよい部分（門・塀等②）

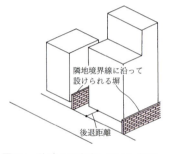
図30 外壁より突出してよい部分（門・塀等③）

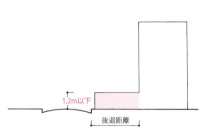
図31 外壁より突出してよい部分（高さ1.2m以下の建築物の部分）

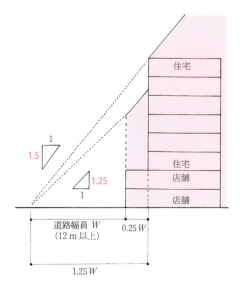
図32 住居系地域で道路幅員が12m以上の場合

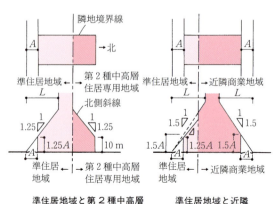
図33 建築物の敷地が2以上の用途地域等にまたがる場合①

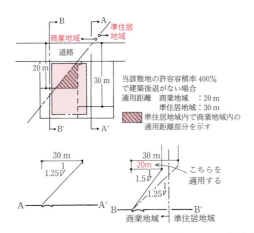

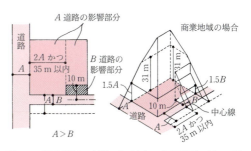

図35 道路斜線の緩和（2以上の前面道路がある場合）①

図34 建築物の敷地が2以上の用途地域等にまたがる場合②

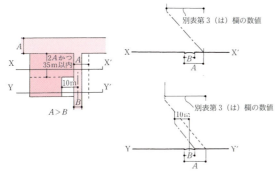

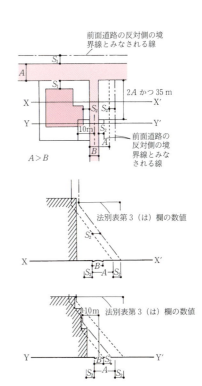

図36 道路斜線の緩和（2以上の前面道路がある場合）②

図37 道路斜線の緩和（2以上の前面道路がある場合）③

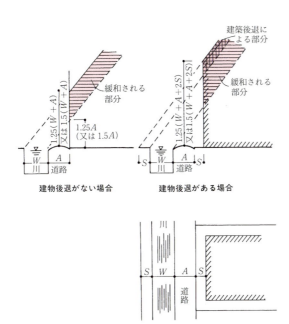

図38 道路斜線の緩和（前面道路の反対側に公園等がある場合）

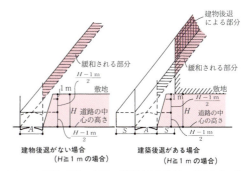

図39 道路斜線の緩和（道路面と敷地の地盤面に高低差がある場合）

・軒の高さが前面道路の路面の中心から2.3m以下で、かつ、床面積の合計が5m²以内
・間口率が1/5以下
・前面道路の境界線から1m以上後退

②ポーチ等（図27）
・前面道路の路面の中心からの高さが5m以下
・間口率が1/5以下
・前面道路の境界線から1m以上後退

③門又は塀（図28〜30）
・道路に沿って設けられる前面道路の路面の中心からの高さが2m以下の門又は塀で、前面道路の路面の中心から高さが1.2mを超える部分が網状等の形状のもの
・隣地境界線に沿って設けられる門又は塀

④歩廊又は渡り廊下等
・特定行政庁が規則で定めたもの

⑤その他
・前面道路の路面の中心からの高さが1.2m以下の建築物の部分（図31）

f）住居系地域で道路幅員が12m以上の場合　≫法第56条第3項、第4項

第1種・第2種中高層住居専用地域、第1種・第2種住居地域又は準住居地域において、前面道路の幅員が12m以上である建築物について、前面道路の反対側の境界線から水平距離が前面道路の幅員の1.25倍以上の範囲においては、道路斜線制限の勾配を1.5とすることができる（図32）。

また、同条第4項の規定により前面道路の境界線より後退して建築する場合は、同条第2項のセットバックによる緩和の規定を適用する。

g）建築物の敷地が2以上の用途地域等にまたがる場合　≫法第56条第5項、令第130条の11

建築物が斜線制限の異なる2以上の地域又は地区にまたがる場合は、それぞれの斜線制限を適用する。ただし、道路斜線の適用距離については、道路に接する地域又は区域の適用距離（≫法別表第3）とする（図33、34）。

h）道路斜線制限の緩和　≫法第56条第6項

①2以上の前面道路がある場合　≫令第132条

幅員の広い道路境界線から、その道路幅員の2倍かつ35m以内の区域、及び狭い幅員の道路の中心から10mを超える区域については、狭い幅員の道路は広い幅員の道路と同じ幅と考える。道路斜線の適用距離が地域等と容積率とによって定められているため、2以上の道路がある場合も幅員が最大の前面道路の反対側の境界線から適用される（図35〜37）。

前面道路の境界線から後退した建築物については、その後退距離に応じて道路斜線制限が移動する。

②前面道路の反対側に公園等がある場合　≫令第134条

前面道路の反対側に、公園、広場、水面等がある場合は、前面道路の反対側の境界線までの水平距離の代わりに公園等の反対側の境界線をとる（図38）。

③道路面と敷地の地盤面に高低差がある場合　≫令第135条の2

　道路斜線は、前面道路の路面の中心から高さを測るが、地盤面が道路より1m以上高い場合には、その高低差から1mを引いた数値の1/2だけ、道路が高い位置にあるものとみなす（図39）。

$$h = \frac{H-1}{2}$$

h：緩和される高さ [m]
H：前面道路と敷地の地盤面との高低差 [m]

3 隣地斜線制限　≫法第56条第1項第2号

a）隣地斜線制限による建築物の各部分の高さ

　建築物の高さは、住居系地域では隣地境界線からの距離の1.25倍に20mを加えたもの、その他の地域では隣地境界線からの距離の2.5倍に31mを加えたもの以下としなければならない（表16）。

表16　隣地斜線制限

用途地域	立上がり＋勾配
住居系（低層住居専用地域は除く）	$20m + \frac{1.25}{1}$
商業系・工業系	$31m + \frac{2.5}{1}$
無指定	$20m + \frac{1.25}{1}$ 又は $31m + \frac{2.5}{1}$

b）セットバックによる緩和

　隣地境界線から後退して建築する場合は、地上20m又は31mを超える建築物の部分から隣地境界線までの最小の水平距離だけ隣地境界線が反対側に移動したものとみなして隣地斜線を適用する。なお、地上20m又は31mを超える建築物の部分から隣地境界線までの水平距離は、隣地境界線ごとに敷地単位で算定する（図40、41）。

c）隣地斜線制限の緩和

①敷地が公園、水面等に接する場合　≫令第135条の3第1項第1号

　敷地が公園（街区公園を除く）、広場、水面等に接する場合は、境界線を公園、広場、水面等の幅の1/2だけ外側にあるものとみなして、隣地斜線制限を適用する（図42）。

②敷地の地盤面に高低差がある場合　≫令第135条の3第1項第2号

　敷地の地盤面が隣地の地盤面より1m以上低い場合は、その高低差から1mを引いたものの1/2だけ敷地が高い位置にあるものとみなし、隣地斜線制限を適用する（図43）。

$$h = \frac{H-1}{2}$$

h：緩和される高さ [m]　　H：敷地の地盤面と隣地の地盤面との高低差 [m]

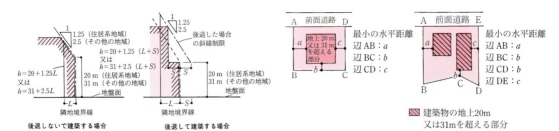

図40　セットバックによる緩和①　　　　　図41　セットバックによる緩和②

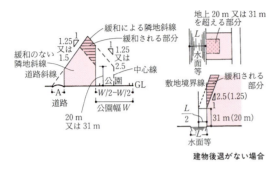

図42　敷地が公園、水面等に接する場合

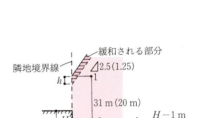

図43　敷地の地盤面に高低差がある場合

4　北側斜線制限　》法第56条第1項第3号

第1種・第2種低層住居専用地域、第1種・第2種中高層住居専用地域及び田園住居地域は、これらの地域の性格上、北側隣地の日照等の影響を考慮して、北側からの斜線制限が設けられている。

a）北側斜線制限による建築物の各部分の高さ

①第1種・第2種低層住居専用地域・田園住居地域

$$建築物の各部分の高さ \leqq 5m + \frac{1.25}{1} \times L$$

②第1種・第2種中高層住居専用地域

$$建築物の各部分の高さ \leqq 10m + \frac{1.25}{1} \times L$$

　　　＊L：当該部分から隣地境界線又は道路の反対側の境界線までの真北方向の水平距離
　　　（図44）

b）北側斜線制限における留意事項

①制限を受ける地域又は地区が2以上にわたる場合は、異なる区域に属する部分ごとに、その部分が属する区域の制限が適用される（》法第56条第5項）。

②日影規制の対象区域に指定された第1種・第2種中高層住居専用地域では、北側斜線は適用されない（》法第56条第1項第3号）。

③北側斜線からは塔屋等の屋上部分の突出は認められない（》令第2条第1項第6号）。

④北側斜線は、道路斜線や隣地斜線と異なり、後退による緩和は適用されない。従って、建築

物の各部分の高さは、各部分から境界線までの真北方向の距離で計算した制限数値内でなければならない。

c) **北側斜線の緩和** ≫令第135条の4

①北側の前面道路の反対側に水面、線路敷等がある場合、前面道路の反対側の境界線が、水面、線路敷等の1/2だけ外側にあるものとみなす（図45）。

②建築物の敷地が北側で水面、線路敷等に接する場合、隣地境界線は当該水面、線路敷等の1/2だけ外側にあるものとみなす（図46）。

③敷地の地盤面が北側隣地の地盤面より1m以上低い場合は、その高低差から1mを引いた高さの1/2だけ地盤面が高い位置にあるものとみなす（図47）。

$$h = \frac{H-1}{2}$$

　　　h：緩和される高さ[m]
　　　H：敷地の地盤面と隣地の地盤面との高低差[m]

④令第131条の2第2項の規定により計画道路等を前面道路とみなす場合には、その計画道路等内の隣地境界線はないものとみなす。これは計画道路等の斜線が働くからである。

＊①及び②における水面、線路敷による緩和には、公園、広場は含まれない。

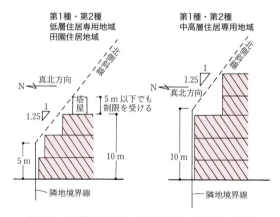

図44 北側斜線制限による建築物の各部分の高さ

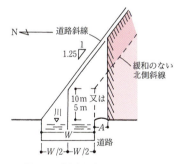

図45 北側斜線制限の緩和①

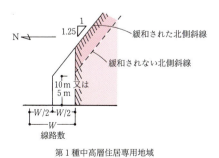

図46 北側斜線制限の緩和②

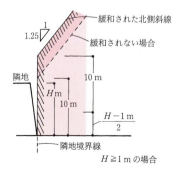

図47 北側斜線制限の緩和③

5 天空率

a) **性能による斜線制限の適用除外** ≫法第56条第7項、令第135条の5～11

政令で定める、地上の一定の位置において、仕様規定による道路、隣地、北側の各斜線制限により確保される採光、通風等と同程度以上の採光、通風等が確保されるものとして政令の定める基準に適合する建築物については、当該斜線制限を適用しない。一般的に天空率を適用すると、道路斜線や隣地斜線等に比べて、高層建築物が計画しやすい（図48）。

b) **天空率の定義** ≫令第135条の5

天空率は、建築物を天空に正射影した場合の全天に対する空の面積の割合。

$$R_s = \frac{A_s - A_b}{A_s} \times 100 \ [\%]$$

R_s：天空率
A_s：地上のある位置を中心として、その水平面上に想定する半球（想定半球）の水平投影面積（天空図の円の面積）
A_b：建築物及びその敷地の地盤をA_sの想定半球と同一の想定半球に投影した投影面積の水平投影面積（天空図の建物の影の面積）

c) **各斜線制限を適用しない建築物の形態規制の基準** ≫令第135条の6～8

道路高さ制限
隣地高さ制限 ｝ 適合建築物の天空率 ≦ 計画建築物の天空率
北側高さ制限

d) **各斜線制限を適用しない場合の天空率算定のための想定半球中心位置の基準**（図49、表17）
　　　≫令第135条の9～11

天空率の算定位置はそれぞれ異なったものとなる。道路斜線では、前面位置の敷地と反対側の道路境界線上に算定位置を定め、敷地が面する部分の幅を道路幅員の1/2以下の間隔で均等に配置した点とする。

隣地斜線では、隣地境界線に平行に外側にとる。水平距離と算定位置の間隔は、住居系及び無指定区域の用途地域では16mと8m、その他の用途地域では12.4mと6.2mである。

北側斜線では、第1種・第2種低層住居専用地域、田園住居地域は隣地境界線から真北方向へ水平距離4m外側で、間隔は1m以内、第1種・第2種中高層住居専用地域では、8m外側で間隔は2m以内とする。

天空率では、斜線制限対象外の階段室等（塔屋等）の高さも対象としているが、広告塔などの工作物の高さは含まない。

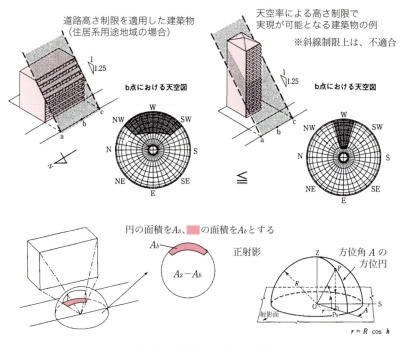

図48　天空率による高さ制限

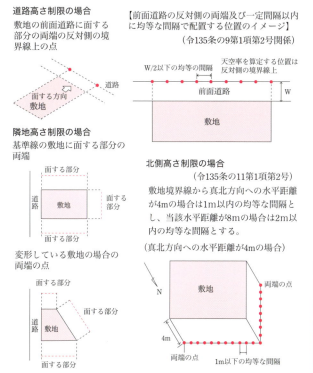

図49　天空率の算定位置

表17　想定半球の中心点位置の基準（令第135条の9～11）

斜線の種類	天空率算定のための想定半球の中心点位置			
道路斜線を適用しない場合	・敷地の前面道路に面する部分の両端の反対側の境界線上の点 ・前面道路の反対側の境界線上の前面道路の幅員の1/2以内の均等な点全て			
隣地斜線を適用しない場合	住居系及び無指定の区域	斜線勾配1.25の場合	16m外側の線が基準線	・基準線の敷地に面する部分の両端の点 ・基準線上の8m以内の均等な点全て
	全ての区域	斜線勾配2.5の場合	12.4m外側の基準線	・基準線の敷地に面する部分の両端の点 ・基準線上の6.2m以内の均等な点全て
北側斜線を適用しない場合	第1種・第2種低層住居専用地域、田園住居地域			・敷地の真北方向基準線上へ敷地の両端から4mの点 ・基準線上の1m以内の均等な点全て
	第1種、第2種中高層住居専用地域			・敷地の真北方向基準線上へ敷地の両端から8mの点 ・基準線上の2m以内の均等な点全て

6 日影による中高層建築物の高さの制限（日影規制） »法第56条の2

日影規制は、建築物から生じる日影を一定の時間以下に規制し、その建築物の周辺地域の日照条件の悪化を防ぎ、地域レベルでの日照等を確保するために、良好な住環境を守るのに必要な最低基準として定められた。

a）対象区域　»法第56条の2、法別表第4

日影規制では、対象となる建築物、敷地境界線から一定の水平距離の位置における日影時間等が定められているが、日影規制対象区域及び日影時間は、気候、風土、土地利用など地方の実情を勘案して地方公共団体の条例で指定される。その条例で指定することのできる区域（対象区域）は、第1種・第2種低層住居専用地域、田園住居地域、第1種・第2種中高層住居専用地域、第1種・第2種住居地域、準住居地域、近隣商業地域、準工業地域又は用途地域の指定のない区域に限られる。従って、商業地域、工業地域及び工業専用地域では指定することができない（表18）。

b）対象建築物　»法別表第4

日影規制は、日照阻害の影響範囲の大きい中高層建築物を主な対象としている。第1種・第2種低層住居専用地域、都市計画区域内で用途地域の指定のない区域（い）では、軒の高さ7mを超える建築物又は地階を除く階数が3以上の建築物、一方、第1種・第2種中高層住居専用地域、第1種・第2種住居地域、準住居地域、近隣商業地域、準工業地域、都市計画区域内で用途地域の指定のない区域（3）では、高さが10mを超える建築物が対象となる（表18）。

c）軒の高さ及び建築物の高さの算定

軒の高さ及び建築物の高さは、地盤面（»令第2条第2項）から測る。

①軒の高さ（7m）の算定

地盤面から建築物の小屋組又はこれに代わる横架材を支持する壁、敷げた又は柱の上端までの高さを算定する（»令第2条第1項第7号）。

②建築物の高さ（10m）の算定の緩和

階段室等の屋上部分の水平投影面積の合計が建築面積の1/8以内の場合は、その部分の高さは5mまでは建築物の高さに算入しない。ただし、階段室等の屋上部分が5mを超えた場合は、屋上部分の高さから5mを減じた数値を建築物の高さに算入する（»令第2条第1項第6号ロ、ハ、図50）。

d）日影時間

冬至日の真太陽時による午前8時から午後4時まで（北海道の区域内にあっては、午前9時から午後3時まで）の間に、地上（平均地盤面）1.5m、4m、6.5m（これらの数値は概ね1階から3階の各階の窓の中心付近の位置）の高さの水平面で測定した日影時間は、各地域、地区で定められた日影時間の規制値を超えてはならない（図51）。

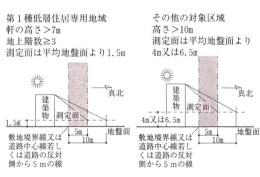

図50　軒の高さ及び建築物の高さの算定

表18 日影による中高層建築物の高さの制限

	(い) 地域又は区域	(ろ) 制限を受ける建築物	(は) 平均地盤面からの高さ		(に) 敷地境界線からの水平距離が10m以内の範囲における日影時間	敷地境界線からの水平距離が10mを超える範囲における日影時間
(1)	第1種低層住居専用地域・第2種低層住居専用地域又は田園住居地域	軒の高さが7mを超える建築物又は地階を除く階数が3以上の建築物	1.5m	①	3時間(道の区域内にあっては、2時間)	2時間(道の区域内にあっては、1.5時間)
				②	4時間(道の区域内にあっては、3時間)	2.5時間(道の区域内にあっては2時間)
				③	5時間(道の区域内にあっては、4時間)	3時間(道の区域内にあっては、2.5時間)
(2)	第1種中高層住居専用地域又は第2種中高層住居専用地域	高さが10mを超える建築物	4m又は6.5m	①	3時間(道の区域内にあっては、2時間)	2時間(道の区域内にあっては、1.5時間)
				②	4時間(道の区域内にあっては、3時間)	2.5時間(道の区域内にあっては、2時間)
				③	5時間(道の区域内にあっては、4時間)	3時間(道の区域内にあっては、2.5時間)
(3)	第1種住居地域、第2種住居地域、準住居地域、近隣商業地域又は準工業地域	高さが10mを超える建築物	4m又は6.5m	①	4時間(道の区域内にあっては、3時間)	2.5時間(道の区域内にあっては、2時間)
				②	5時間(道の区域内にあっては、4時間)	3時間(道の区域内にあっては、2.5時間)
(4)	用途地域の指定のない区域(地方公共団体がその地方の気候及び風土、当該区域の土地利用の状況を勘案して条例で指定する区域)	軒の高さが7mを超える建築物又は地階を除く階数が3以上の建築物(イ)	1.5m	①	3時間(道の区域内にあっては、2時間)	2時間(道の区域内にあっては、1.5時間)
				②	4時間(道の区域内にあっては、3時間)	2.5時間(道の区域内にあっては、2時間)
				③	5時間(道の区域内にあっては、4時間)	3時間(道の区域内にあっては、2.5時間)
		高さが10mを超える建築物(ロ)	4m	①	3時間(道の区域内にあっては、2時間)	2時間(道の区域内にあっては、1.5時間)
				②	4時間(道の区域内にあっては、3時間)	2.5時間(道の区域内にあっては、2時間)
				③	5時間(道の区域内にあっては、4時間))	3時間(道の区域内にあっては、2.5時間)

表において、平均地盤面からの高さとは、当該建築物が周囲の地面と接する位置の平均の高さにおける水平面からの高さをいうものとする。
注1) ( )内の時間は北海道の区域にかかるもの。
注2) 屋上突出部(階段室等で屋上部分の水平投影面積が建築面積の1/8以下の場合に限る)については、その部分の高さが5mまでは高さに算入しない。
注3) 高層住居誘導地区内の建築物(住宅の用途に供する部分の床面積の合計が延べ面積の2/3以上のもの)については、地区内は適用除外(法57条の5、4項)。
注4) 表中(2)(3)の項においては、当該各項に掲げる平均地盤面の高さのうちから地方公共団体が条例で指定する。
注5) 都市再生特別地区内は、適用除外。

なお、特定行政庁が土地の状況等により周囲の居住環境を害する恐れがないと認めて建築審査会の同意を得て許可した場合は、この限りでない。加えて、許可を受けた建築物について、周囲の居住環境を害するおそれがないものとして令第135条の12第1項、第2項で定める位置及び規模の範囲内において増築、改築、移転する場合、再度の許可は不要である。

e) 日影規制のその他の規定
①同一敷地内に二以上の建築物がある場合
　同一敷地に二以上の建築物がある場合は、これらの建築物を一つの建築物とみなし、どちらかの建築物が制限を受ける高さ以上であれば、その全ての建築物に日影規制の制限が適用される(»法第56条の2第2項、図52、53)。

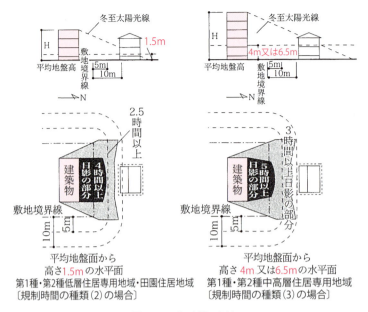

図 51　日影時間の測定

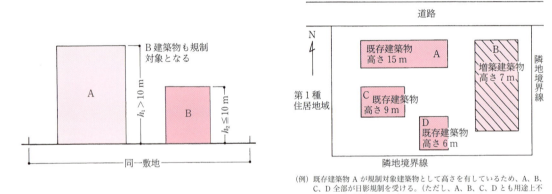

図 52　敷地内に 2 棟の建築物がある場合（第 1 種・第 2 種低層住居専用地域以外）

図 53　同一敷地に 2 以上の建築物がある場合

②**敷地が道路等に接している場合**

　建築物の敷地が道路、水面、線路敷き等に接する場合、その敷地境界線を外側にみなし、測定線を移行することにより日影規制が緩和される（≫法第 56 条の 2 第 3 項、令第 135 条の 12 第 1 項第 1 号）。

- 道路等の幅員が 10m 以下の場合
  敷地境界線が道路等の幅の 1/2 だけ外側にあるものとみなし、道路等の中心線を境界線とみなす（図 54）。
- 道路等の幅が 10m を超える場合
  道路等の反対側の境界線から敷地側に水平距離で 5m 寄った線を敷地境界線とみなす。この場合、日影の制限範囲となる 5m の測定線は、道路等の反対側の境界線上となり、10m の測定線は、その境界線よりさらに 5m 外側の測定線となる（図 55）。

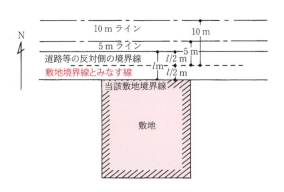

図54 敷地に接する道路の幅が10m以下の場合

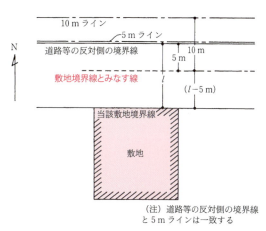

(注)道路等の反対側の境界線と5mラインは一致する

図55 敷地に接する道路の幅が10mを超える場合

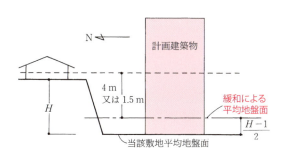

図56 敷地と隣地に1m以上の高低差がある場合

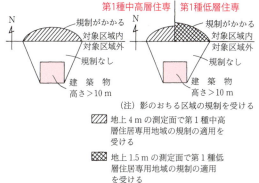

図57 建築物の日影が制限の異なる対象区域の内外等にわたる場合

③敷地と隣地に1m以上の高低差がある場合

建築物の敷地の平均地盤面が、隣地又は連続する土地で日影を及ぼす土地の地盤面より1m以上低い場合は、その高低差から1mを引いたものの1/2だけ、敷地の平均地盤面が高い位置にあるものとみなす（≫令第135条の12第1項第2号、図56）。

④建築物の日影が制限の異なる対象区域の内外等にわたる場合

対象区域外（商業地域、工業地域、工業専用地域等）にある10mを超える建築物が、冬至日の真太陽時の8時から16時までに対象区域内（住居系地域等）に日影を生じさせた場合は、その対象区域内に建築物があるものとして規制を受ける（≫法第56条の2第4項）。

日影規制対象区域内に建つ対象建築物が、工業地域等の規制対象区域外に日影を落としても、規制の対象にならない。

建築物の日影が制限の異なる区域にわたる場合は、対象建築物は、日影を生じさせた区域の規制を受ける（日影を生じさせた区域に対象建築物があるものとみなす）（≫法第56条の2第5項、令第135条の13、図57）。

＊第1種・第2種中高層住居専用地域で、日影対象区域内では、北側斜線制限（≫法第56

条第1項第3号）は適用されない。これは、日影規制が北側斜線制限より厳しいからである。

6・8　防火地域・準防火地域

都市計画上の地域地区の一つとして**防火地域**及び**準防火地域**があり、都市計画法第9条第21項の規定では、「市街地における火災の危険を防除するための地域」とされている。これは建築物が密集した市街地において火災が発生した場合、大惨事になる恐れがあるため、一定規模以上の建築物に対して制限を加えたものである。一般的に防火地域の方が準防火地域より防火上の規制が厳しい。また、防火地域及び準防火地域以外の市街地でも、火災の延焼防止といった目的から**建築物の屋根を不燃化する区域**として特定行政庁が指定する（都市計画区域外でも指定できる）。

1 防火地域・準防火地域内の建築物に対する制限　≫法第61条、令第136条の2

防火地域又は準防火地域内の建築物にある建築物は、壁、柱、床その他の建築物の部分及び防火設備について、**通常の火災により周囲への延焼を防止**するために必要とされる性能に関して防火・準防火地域別及び建築物の規模に応じて政令で定める技術的基準に適合するもので、国土交通大臣が定めた構法を用いるもの又は認定を受けたものとしなければならない。

（建築制限の内容）
- 外壁の開口部で、延焼のおそれのある部分に、防火戸又は防火設備を設ける。
- 壁、柱、床等、及び上記防火設備は、通常の火災による周囲への延焼を防止するための性能を有するものとする。

a）防火地域の制限

階数	100m²以下	100m²超
4以上	耐火建築物（1号イ）・延焼防止建築物（1号ロ）	
3		
2	準耐火建築物（2号イ）・準延焼防止建築物（2号ロ）	
1		

b）準防火地域の制限

階数	500m²以下	500m²超 1500m²以下	1500m²超
4以上	耐火建築物（1号イ）・延焼防止建築物（1号ロ）		
3	準耐火建築物（2号イ）・準延焼防止建築物（2号ロ）		
2	防火構造の建築物（木造：3号イ、ロ）・同等性能建築物（非木造：4号イ、ロ）		
1			

2 延焼防止建築物、準延焼防止建築物の基準　≫令第136条の2

法61条において、建築物に防火・準防火地域で求められている要求性能が「延焼防止性能」であること、耐火建築物及び準耐火建築物は、延焼防止性能を有しており、市街地の安全の向上に寄与していることから、近年技術的知見の蓄積により、木造建築物等でも壁、柱、床等と当該建築物及び準耐火建築物と同等以上の延焼防止性能があることが確認された。

延焼防止建築物（令第136条の2第1号ロ）及び準延焼防止建築物（令第136条の2第2号ロ）の基準について

(1)延焼防止建築物の基準（R1年告示第194号第2第1項第1号）【3階建耐火建築物相当（防火地域／準防火地域の1500m²超）】

用途	主要構造部等への要求性能			条件となる仕様					
	外殻		内部	階数	延べ面積	外壁開口部の開口率	SP設置	区画面積	竪穴区画
	外壁、屋根の軒裏	防火設備（両面）	間仕切壁、柱等						
共同住宅、ホテル等（法別表第1(2)項用途）	90分間準耐火構造	20分間防火構造	60分準耐火構造	3以下	3000m²以下	セットバック距離Sに応じて開口率を制限 $S \leq 1m \Rightarrow 0.05$ $1m < S \leq 3m \Rightarrow S/10 - 0.05$ $3 > S \Rightarrow 0.25$	有	100m²以下	有
物販店舗	90分間準耐火構造	30分間防火設備						500m²以下	
事務所/劇場等/学校等/飲食店（法別表第1(1)(3)(4)項用途（物品販売店舗以外）	75分間準耐火構造	20分間防火設備						500m²以下	
一戸建住宅	75分間準耐火構造	20分間防火設備	45分準耐火構造		200m²以下			―	

(2)準延焼防止建築物の基準（R1年告示第194号第4第1号）【3階建準耐火建築物相当（準防火地域）】
○準防火地域における3階建の建築物（延べ面積500m²以下）

3 その他共通基準

a) **屋根の性能**　≫法第62条、令第136条の2の2
　①市街地における通常の火災による火の粉により、防火上有害な発炎をしないもの。
　②市街地における通常の火災による火の粉により、屋内に達する防火上有害な溶融、き裂などの損傷を生じないもの。

b) **門・塀**　≫令第136条の2第5号、令和元年告示第194号
　高さ2mを超え、以下に該当するものは、延焼防止上支障のない構造としなければならない。
　①防火地域内にある建築物に附属するもの。
　②準防火地域内にある木造建築物等に附属するもの（延焼範囲内）。
{構造}
　門　・不燃材で造る、又は覆う
　　　・道に面する部分を厚さ24mm以上の木材で造る
　塀　・不燃材で造る、又は覆う
　　　・道に面する部分を厚さ24mm以上の木材で造る

・土塗真壁構造で厚さが 30mm 以上（木材表面張も可）

c）隣地境界線に接する外壁　≫法第 63 条

外壁を耐火構造とした場合には、その外壁を隣地境界線に接して設けることができる。

d）看板等　≫法第 64 条

防火地域内の看板、広告塔、装飾塔などの工作物で下記のものについては、主要な部分を不燃材料で造り、又は覆わなければならない。

・建築物の屋上に設けるもの
・高さ 3m を超えるもの

4　建築物が防火地域又は準防火地域の内外にわたる場合　≫法第 65 条

建築物が防火地域と準防火地域、あるいはこれらの地域と無指定区域とにまたがる場合は、防火壁で区画されている場合を除き、建築物の全部について、制限の厳しい方の地域に属しているものとして取り扱う（図59）。

5　法第 22 条区域（屋根不燃区域）

≫法第 22 条、第 23 条、第 24 条

第 4 章の 4・1「防火規定」のところで触れたが、この地域は法第 22 条の規定により、防火・準防火地域以外の市街地で特定行政庁の指定を受けた区域で、主たる目的が屋根の不燃化にあることから、「法22条区域」あるいは「屋根不燃区域」とも呼ばれている。防火・準防火地域よりも規制が緩やかである（表22）。この区域では、建

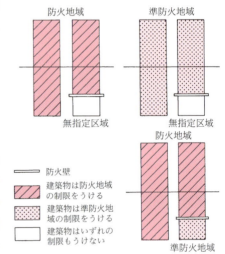

図59　建築物が防火地域または準防火地域の内外にわたる場合

築物の屋根を不燃化しなければならない。木造の建築物の外壁で延焼の恐れのある部分は、延焼防止上、土塗壁（準防火性能を有する構造に）とする。しかし、準防火地域内のように防火構造あるいは開口部に防火設備（防火戸）を設ける必要はない。

表22　屋根に必要な性能

屋根	火災	要件
22 条区域の建築物の屋根（法第 22 条、令第 109 条の 8）	通常の火災	・防火上有害な発炎をしないこと。 ・屋内に火炎が達する損傷を生じないこと。防火上有害な損傷を生じないこと（不燃性の物品を保管する倉庫等で屋根以外の主要構造部が準不燃材料で造られたものの屋根を除く）
防火地域及び準防火地域の建築物の屋根（法第 62 条、令第 136 条の 2 の 2）	市街地における通常の火災	

注）市街地における通常の火災による火の粉は、通常の区域よりも建築物周辺の市街地が稠密であり、火の粉の大きさも大きくなることが予想されるため、当該地域での火災の状況を考慮してより大きな火の粉に対する性能を求めることとした。

6 建築物が法第22条の指定区域の内外にわたる場合　》法第24条の2

　建築物（敷地ではなく建築物本体）が法第22条の指定区域の内外にわたる場合は、建築物の面積の大小に関係なく、建築物全体が法第22条の指定区域内にあるものとみなす。

6・9 総合設計制度

1 総合設計制度の狙い　》法第59条の2

　最近の市街地の環境条件は著しく変化を遂げており、敷地の狭小化、オープンスペースの不足等の問題が生じている。これらの問題を抱かえた市街地の環境改善のためには、都市計画による規制・誘導とともに、個々の建築活動においても、これに対応した手法が必要である。

　その一つの手法として、街路とは別に、建築物相互間にヒューマンスケールの小公園、広場等を設け、高密化しつつある市街地空間に、人々の感情を癒すことのできる空地を創出しようとするものである。よって、このような空地の整備を中心として、市街地環境の整備改善を図るため個々の建築活動の規制・誘導を行うことが総合設計制度の理念・目的であり、その方策として、性能型基準の採用による設計の自由度の向上、望ましい市街地環境の形成に積極的に寄与するものに対して、容積率の割増し、高さ制限の緩和等のインセンティブを付与するものである。

図60　総合設計制度の適用を受けて敷地の一部を公開空地にしたビルの例

表23　総合設計制度の適用に必要な空地率（令136条1項）

法53条の規定による建蔽率 C の最高限度	空地の面積の敷地面積に対する割合（空地率 B）
$C \leq \dfrac{5}{10}$	$B \geq (1-C)+\dfrac{1.5}{10}\left(又は\dfrac{1}{10}\right)$
$\dfrac{5}{10} < C \leq \dfrac{5.5}{10}$	$B \geq \dfrac{6.5}{10}\left(又は\dfrac{6}{10}\right)$
$\dfrac{5.5}{10} < C$	$B \geq (1-C)+\dfrac{2}{10}\left(又は\dfrac{1.5}{10}\right)$
最高限度の定めがない場合	$B \geq \dfrac{2}{10}\left(又は\dfrac{1.5}{10}\right)$

2 総合設計制度適用の主な要件 ≫令第136条

　総合設計制度は、一定規模以上の敷地内に一定割合以上の空地を確保した建築物で、特定行政庁が、交通上、安全上、防火上及び衛生上支障がなく、かつ、建蔽率、容積率及び各部分の高さについて総合的な判断がなされることにより、市街地環境の整備改善に資すると認めて許可したものについては、容積率及び各部の高さは、その許可の範囲内において、法第52条第1項から第9項まで、第55条第1項、第56条又は第57条の2第6項の規定による限度を超えることができる。ただし、総合設計制度では、日影規制の制限は満足させなければならない。

　総合設計制度の適用を受けるための条件は、次の通りであるが、国土交通省の技術的助言として、「総合設計許可準則」や「総合設計許可準則に関する技術基準」がある。

① 一定規模以上の敷地面積を有すること
② 敷地内に一定規模以上の空地（絶対空地）を確保すること
③ 絶対空地の一部を、歩行者が日常自由に利用できるような空地（公開空地）として整備すること（例：広場、歩道、植え込み、池、公衆便所等）
④ 敷地が一定以上の幅員の道路に接していること（図61、表23～25）

表24　総合設計制度の適用に必要な敷地面積の規模

地域又は区域	敷地面積Aの規模〔令136条3項〕	特定行政庁が規則で定めることができる敷地面積Aの規模〔令136条3項〕
第1種低層住居専用地域 第2種低層住居専用地域 田園住居地域	$A \geqq 3000\text{m}^2$	$1000\text{m}^2 \leqq A < 3000\text{m}^2$
第1種中高層住居専用地域 第2種中高層住居専用地域 第1種住居地域 第2種住居地域 準住居地域 準工業地域 工業地域 工業専用地域	$A \geqq 2000\text{m}^2$	$500\text{m}^2 \leqq A < 2000\text{m}^2$
近隣商業地域 商業地域	$A \geqq 1000\text{m}^2$	$500\text{m}^2 \leqq A < 1000\text{m}^2$
用途地域の指定のない区域	$A \geqq 2000\text{m}^2$	$1000\text{m}^2 \leqq A < 2000\text{m}^2$

表25　技術的助言に基づく総合設計制度の区分

名称	容積率の限度	備考
街区設計型総合設計制度	概ね基準容積率の1.5倍	敷地が街区の少なくとも一辺全てを占める場合
都心居住型総合設計制度	基準容積率の2.0倍かつ400％増以内	住宅の割合が3/4以上の場合
再開発方針等適合型総合設計制度	基準容積率の1.75倍かつ250％増以内	再開発方針、地区計画等に適合する場合
市街地住宅総合設計制度	基準容積率の1.75倍かつ300％増以内	住宅の割合が1/4以上の場合
総合設計制度	基準容積率の1.5倍かつ200％増以内	

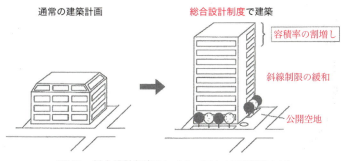

図61 総合設計制度のしくみ（国土交通省資料より）

6・10 地区計画

1 地区計画制度の概要　≫都市計画法、法第68条の2～法第68条の8

　地区計画制度は、一体的に整備及び保全を図るべき地区について、道路、公園等の地区施設の配置及び規模に関する事項、建築物の形態・用途・敷地等に関する事項、その他の土地利用の制限に関する事項を総合的かつ一体的に一つの計画として定め、その計画に沿って開発行為、建築行為等を規制・誘導することにより、地区の特性に相応した良好な市街地の整備及び保全を図ろうとする制度であり、市町村が地区住民の意向を十分に反映しながら策定するきめ細やかな都市計画である。

2 地区計画の種類　≫都市計画法第12条の4

　地区計画には、一般型（基本形）の地区計画（再開発等促進区、開発整備促進区、市街化調整区域等の地区計画を含む）、防災街区整備地区計画、歴史的風致維持向上地区計画、沿道地区計画及び集落地区計画の5種類がある（図62）。

3 地区計画で定めるもの　≫都市計画法第12条の4第2項

　地区計画に関する都市計画には、地区計画等の種類、名称、区域及び区域の面積を定めることとなっている。
　その他、一般の地区計画については、地区計画の目標、当該区域の整備、開発及び保全に関する方針（「地区計画の方針」）、道路・公園等の地区施設及び「地区整備計画」を定めることとなっている（≫都市計画法第12条の5第2項）。
　「地区計画の方針」は、地区の基本的な整備の方向を示すものであり、その内容は地区住民等に対して直接拘束力を持つものではない。一方、「地区整備計画」は、地区住民等に対して拘束力を持つものであることから、開発行為、建築行為の規制・誘導の根拠となる。ただし、区域内にお

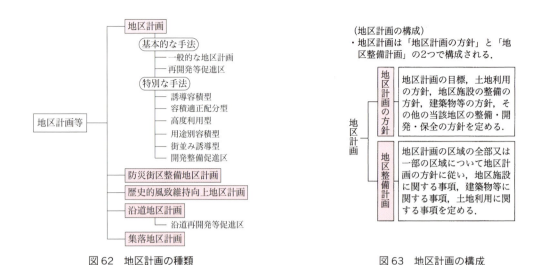

図 62　地区計画の種類　　　　　　　　　　図 63　地区計画の構成

表 26　地区計画と建築協定の比較

	地区計画	建築協定
根拠法	都市計画法	建築基準法
決定主体	市区町村（区域内住民等の合意を図る）	区域内住民（合意した住民に対し効力が働く）
対象区域	市街化区域、市街化調整区域、未線引きの用途地域の指定区域	全域（都市計画区域外含む）
計画事項	下記の両方を都市計画決定 ・地区計画の方針 ・方針に基づく地区整備計画	住宅地としての良好な環境や商店街としての利便を高度に維持するため、法の基準よりも高度の基準を定める
手続き	市町村→公聴会又は縦覧→利害関係者の意見→案の縦覧→住民等の意見→知事の同意（必要事項のみ）→市町村都市計画決定告示	区域内住民（全員の合意）→公聴会→市町村の意見→特定行政庁の認可・公告
建築物の規制	・土地の区画形質の変更、建築物の建築や用途、形態、意匠の変更を行うものは、市町村に届出をしなければならない ・届出内容が地区計画に適合しない場合、届出者に対し設計変更等の勧告ができる ・建築物に関する事項を条例化した場合、建築確認の審査基準となる	・建築物の敷地、位置、構造、用途、形態、意匠又は建築設備に関する基準を協定し協定委員会等で自主的に審査、規制する ・違反者に対しては協定委員会等で措置し、従わないときは裁判所へ訴願できる
期限	期限なし	協定で定める期間

いて「地区整備計画」を定めることができない特別な事情がある場合には、「地区整備計画」を定めることを要しない（»都市計画法第 12 条の 5）。

「地区整備計画」とは、地区施設（主として街区内の居住者等の利用に供される道路、公園等の公共空地）及び建築物等の整備並びに土地利用に関する計画のことである。地区施設の配置及び規模、建築物等の用途の制限、容積率の最高・最低限度、建蔽率の最高限度、敷地面積又は建築面積の最低限度、壁面の位置の制限、高さの最高・最低限度、建築物等の形態・色彩等の意匠の制限などのうち、地区計画の目標を達成するために必要な事項が定められる。地区整備計画が定められた区域内では、開発行為、建築行為等が規制・誘導の対象となるほか、都市計画で定められた建築物の制限の内容を市町村の条例において定めることにより建築物の規制を行うこととされている（図 63）。

6・11 高度地区・高度利用地区

1 高度地区 ≫法第58条、都市計画法第9条第18項

高度地区は、用途地域内において市街地の環境を維持し、又は土地利用の増進を図るため、建築物の高さの最高限度（**最高限高度地区**）又は最低限度（**最低限高度地区**）を定める地区である。

高度地区内においては、建築物の高さは、都市計画で定められた内容に適合するものでなければならない（図64、65）。

ただし、高度地区内においては、再生可能エネルギー源の利用に資する設備の設置のため必要な屋根に関する工事等を行う構造上やむを得ない建築物で、特定行政庁が市街地の環境を害するおそれがないと認め許可（建築審査会の同意を要する）したものの高さは、最高限度を超えることができる。

a）最高限高度地区

高さの最高限度を定めて、あまり高い建築物が建たないようにし、市街地の環境や都市景観の保全を図る。この最高限高度地区の規制方法は、各地方公共団体によって①「**北側斜線型**」、②「**絶対高さ型**」、③「**①と②の併用型**」の3タイプに分けられる。

b）最低限高度地区

高さの最低限度を定めて、それ以上の高さの建築物を確保することにより、市街地の土地利用

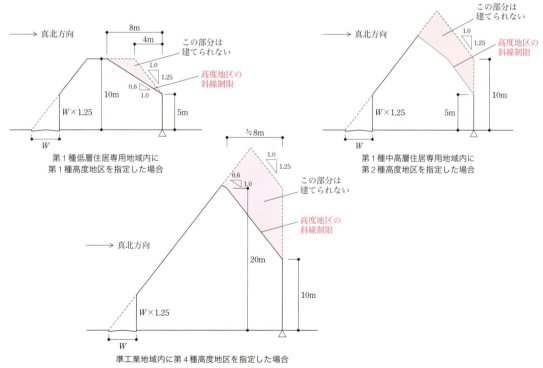

図64 用途地域と高度地区を組み合わせた例

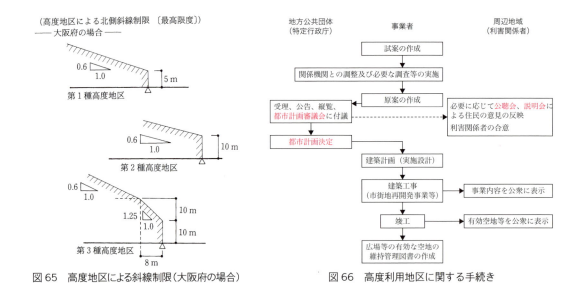

図65 高度地区による斜線制限（大阪府の場合）　　図66 高度利用地区に関する手続き

の増進や災害時の火災に対する防御壁としての避難地・避難路の確保を図る。

2 高度利用地区　≫法第59条、都市計画法第9条第19項

高度利用地区は市街地の高度利用を図る地域・地区であるが、単に高度利用を図るだけでなく、市街地において細分化した敷地の統合（0.5ha以上）を促進し、防災性の向上と合理的かつ健全な高度利用と都市機能の更新を図ることを目的としている。

高度利用地区は用途地域のあるところに重ねて指定され、用途地域の指定を補完する。小規模建築物の建築を抑制するとともに建築物の敷地内に有効な空地を確保することで、土地の高度利用に特化した制限を設ける地区に定められる。高度利用地区内の建築物は、都市計画により定められた制限項目の内容に適合するものでなければならない。ちなみに、市街地再開発事業の施行区域は、高度利用地区でなければならない。

● **高度利用地区の制限項目（都市計画で定める）**
　・容積率の最高限度及び最低限度
　・建蔽率の最高限度
　・建築面積の最低限度
　・壁面の位置の制限

上記の制限項目は都市計画で、その地区ごとに定められるが、次の建築物は緩和される。
①木造、鉄骨造等除却の容易な、階数が2以下でかつ地階を有しない建築物
②公衆便所、巡査派出所等の公益上必要なもの
③学校、駅舎、卸売市場等の公益上必要な建築物で、特定行政庁が許可したもの

以上の他、一定の敷地内空地がある場合などで、特定行政庁が許可した建築物については、前面道路の幅員による高さの斜線制限は適用されない。

6・12 特定街区

1 特定街区制度の概要 ≫法第 60 条、都市計画法第 9 条第 20 項

特定街区は、個々の単位ではなく街区単位で良好な市街地を形成するために、都市計画で指定される地区である。都市機能の更新や優れた都市空間の形成・保全を目的とした一定規模以上のプロジェクト（街区の規模としては原則 0.5ha 以上）を、一般的な建築基準法の規制にとらわれず、都市計画の観点から望ましいものへと誘導していくために設けられた制度である。

特定街区の建築物については、容積率、建蔽率、高さ制限など一般の形態規制を適用せず、その街区に相応しい建築物の形態等についての制限を個別に都市計画決定することにより、良好な都市空間の整備を図っていくものである。

①特定街区の都市計画で定める規定（≫都市計画法第 8 条第 3 項第 2 号）
・容積率の最高限度
・高さの最高限度
・壁面の位置の制限

②特定街区の建築基準法の適用除外規定（≫法第 60 条第 3 項）
・容積率（≫法第 52 条）
・建蔽率（≫法第 53 条）
・敷地面積の最低限度（≫法第 53 条の 2）
・第 1 種・第 2 種低層住居専用地域及び田園住居地域内の外壁後退距離（≫法第 54 条）
・第 1 種・第 2 種低層住居専用地域及び田園住居地域内の高さの限度（≫法第 55 条）
・建築物の各部分の高さ（斜線制限等）（≫法第 56 条）
・中高層建築物の日影規制（≫法第 56 条の 2）
・高架の工作物内に設ける建築物等に対する制限の緩和（≫法第 57 条）
・特例容積率適用地区内の容積率の特例（≫法第 57 条の 2）

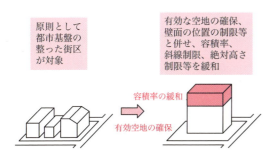

図 67　特定街区制度①（容積率の緩和）（国土交通省資料より）

図 68　特定街区制度②（未利用の容積率を他の敷地に移転）（国土交通省資料より）

- 特例容積率適用地区の指定の取消し（≫法第57条の3）
- 同地域内の高さの限度（≫法第57条の4）
- 高層住居誘導地区（≫法第57条の5）
- 高度地区（≫法第58条）
- 高度利用地区（≫法第59条）
- 敷地内に広い空地を有する建築物の容積率の特例（≫法第59条の2）

2 総合設計制度との違い

この特定街区制度と総合設計制度（≫法第59条の2）は、容積率や斜線制限などの規制を緩和するという点は同じだが、大きな相違点は、**特定街区制度**は街区単位で、都市計画審議会の議決を経て都市計画決定されるものであるのに対し、**総合設計制度**は敷地単位で、建築審査会の同意を得て特定行政庁により許可されることである（表27）。

表27 特定街区と総合設計制度との違い

	特定街区	総合設計制度
発意主体	地方公共団体 地主等の全員同意が義務づけられているため、実態上は開発者の発意による場合が多い	開発者 (地主、建築主等)
手続き	都市計画決定 (案の縦覧、都計審の議、知事の同意)	建築基準法上の認可 (建築審査会の同意、特定行政庁の許可)
適用対象	都市計画上の意味の大きい位置、規模の街区 (実態上は、一定の道路に接した一定面積以上の街区)	一定面積以上の任意の建築敷地
ボーナス	ある程度大胆なボーナスが可能	本来の制限の趣旨の範囲内で運用すべきもの
総合評価	行政側が街区にあるべき姿として能動的に指定するという建前から、相当な都市計画上の大義名分（貢献する内容）が求められる	一般的制限の特例措置であるので、良好なまちづくりにとっての積極面がなければならないが、特定街区に比して技術的な判断で割り切りやすい

6・13 その他の地域・地区の制限の特例

1 特例容積率適用地区　≫法第57条の2、令第135条の23、都市計画法第9条第16項

特例容積率適用地区として都市計画で指定され、複数の敷地内で建設する建築物の容積率を移転することが認められている地区で、未利用となっている建築物の容積の活用を促進して、土地の有効利用などを図るために導入された建築基準法上の特例制度の一つである。

例えば、指定容積率が800%の地区で、容積率を300%しか利用していない敷地がある場合、未使用の500%分を、同じ地区の他の敷地に上乗せし、指定容積率を超える建築物を建設できる。

容積率を移転する敷地は必ずしも隣接していなくてもよい。これによって区域内での「**空中権**」の売買が可能となる。当該地区の指定に当たっては、原則として特例容積の指定基準、建築物の高さの上限が定められている。

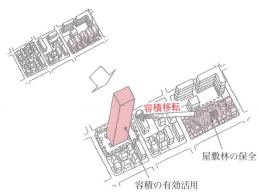

図69 特例容積率適用地区制度により「空中権」を周辺の「新丸の内ビル」「東京ビル」「ツインタワー」などに売却して資金を調達し、名建築駅舎を保存再生した東京駅の例

図70 特例容積率適用地区（国土交通省資料より）

2 高層住居誘導地区　≫法第57条の5、都市計画法第9条第17項

郊外への拡散した住宅地を都心部に呼び戻し、利便性の高い高層住宅の建築を促進するため、住宅と非住宅の混在を前提とした用途地域における高層住宅の建設を誘導すべき地区を都市計画において位置づける。

高層住居誘導地区は、第1種・第2種住居地域、準住居地域、近隣商業地域、準工業地域で、指定容積率が400%又は500%である地域に指定される。当該地区内では、都市計画において建蔽率の最高限度又は敷地の最低限度が定められた場合には、建築物はこの内容に適合しなければならない。また、次のような制限の緩和がある。

①容積率の緩和
　住宅の用途に供する部分の床面積が2/3以上である建築物について、その住宅の割合に応じた容積率の引き上げ（指定容積率の1.5倍以下）
②前面道路幅員による容積率の緩和
　商業系用途地域と同じ制限を適用（幅員×6/10）
③斜線制限の緩和
　商業系用途地域と同じ制限を適用（道路・隣地斜線制限の勾配）
④日影規制の適用除外

3 都市再生特別地区　≫法第60条の2、都市計画法第8条第1項第4号の2

都市再生緊急整備地区のうち、都市の再生に貢献し、土地の合理的かつ高度利用を図る必要があると認められる区域を、都市計画に都市再生特別地区と定める。当該地区においては、地域地区の種類、位置、区域、面積のほか、建築物の用途、容積率の最高限度と最低限度、建蔽率の最高限度、建築面積の最低限度、壁面の位置の制限を定める。これらの規定は建築物の誘導のため

に必要な範囲で定めるものであり、その地区の防災、交通、衛生等に関する機能が確保されるように定める。

都市再生特別地区内の建築物は、都市計画で定められた内容に適合するものでなければならないが、移転・除却が容易なもの、公益上必要な建築物は対象外となる。また、建築基準法の規定のうち、第48条〜第49条の2、第56条、第57条の4、第58条は適用されない。

4 景観地区　》法第68条

景観法に基づき、市町村は、都市計画区域又は準都市計画区域について、市街地の良好な景観の形成を図るため、都市計画に**景観地区**を定めることができる。景観地区に関する都市計画には、**建築物の形態、意匠の制限**が定められ、必要な場合、**高さの最高限度又は最低限度、壁面の位置の制限、敷地面積の最低限度**も定められる。

景観地区内の建築物は、都市計画で定められた内容に適合するものでなければならないが、公益上必要なもの等は、制限対象から除外される。

6・14　複数建築物に関する特例

1 一定の複数建築物に対する制限の特例　》法第86条

建築物の敷地は用途上不可分の関係にあるものでない限り、「**一敷地一建物**」が原則である。用途上不可分であることにより、本来別敷地とすべきものを一定の条件のもと総合的に設計した場

表28　一定の複数建築物に対する制限の特例　特例対象規定（法第86条第1項、2項）

規定内容	条項	
法22条地域の木造建築物等の外壁	法23条	1
接道	法43条	2
容積率、容積率算定のための道路	法53条1〜14項	3
建蔽率	法53条1項、2項	4
1種・2種低層住居専用地域・田園住居地域の外壁後退	法54条1項	5
1種・2種低層住居専用地域・田園住居地域の高さの限度	法55条2項	6
各種斜線制限	法56条1〜4、6、7項	7
日影規制	法56条の2、1〜3項	8
特例容積適用地区内の容積率の特例	法57条の2	9
特例容積率の指定の取消	法57条の3、1〜4項	10
高度利用地区	法59条1,3項	11
総合設計制度	法59条の2、1項	12
特定街区	法60条1項	13
準防火地域内の木造建築物等	法62条2項	14
外壁の開口部の防火設備（防火戸）	法64条	15
再開発等促進区又は沿道再開発等促進区内の緩和	法68条の3、1〜3項	16

合には、特定行政庁がその建築物の位置、構造上の安全性、防火上及び衛生上支障がないと認めることにより、接道、容積率、建蔽率、外壁後退、高さ制限、日影規制などの規定（特例対象規定）の適用について、2以上の建築物を同一敷地内にあるものとみなして取り扱うことができる（表28）。

一定の複数建築物に対する制限の特例には、まだ建築物が建っていない更地（一団地）に2以上の構えをなす建築物を総合的設計によって建築、大規模の修繕又は大規模の模様替をするもの（「**総合的設計による一団地**」»法第86条第1項）と、一定の一団の土地の区域内に、現に存在する建築物の位置及び構造を前提として総合的見地からした設計によって、当該区域内に建築物が建築等される場合（「**連担建築物設計制度**」»法第86条第2項）とがある（表29）。

なお、法第86条により特定行政庁が認定した場合には、その区域等が公告され、当該区域内では、採光に有効な開口部面積の算定規定（»令第20条）についても同一敷地内とみなされる。

2 連担建築物設計制度 »法第86条第2項

連担建築物設計制度の活用により、容積率や建蔽率の低い既存の建築物の容積等を移転することができる。また、狭い道路に接する敷地を広い道路に接する敷地と一団にすることで、容積率を大きくしたり、道路斜線等の高さの制限を緩和することができる。これらの特例の適用を受けるには、定められた基準に適合していることについて、特定行政庁の認定を受けなければならず、その適用を受ける区域については公

図71　連担建築物設計制度のイメージ図

敷地としての連続性を確保した一団の土地の区域内にあることが必要であり，道路，河川等を含む場合は不可.

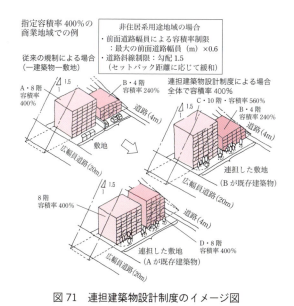

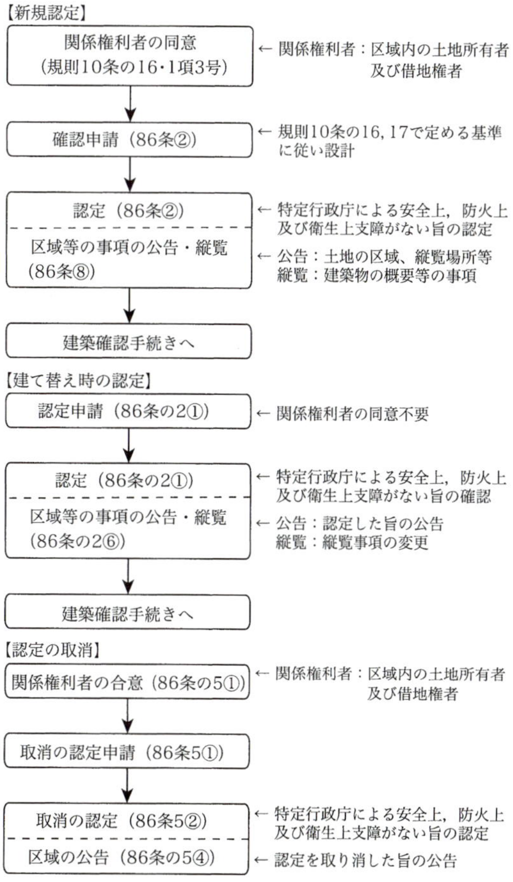

図72　連担建築物設計制度の手続き

告される。

連坦建築物設計制度のイメージ及び手続は図71、72の通りである。

表29　連担建築物設計制度の基準（法第86条第2項、4項、規則10条の17）

基準	内容
①道路に通ずる通路の設置	対象区域内の各建築物の用途、規模、位置、構造に応じて、避難、通行の安全のための十分な幅員の通路
②開口部の防火上の措置	対象区域の各建築物の外壁の開口部の位置、構造の、建築物間の距離に応じた防火上適切な措置
③対象区域内の空地等の確保	対象区域内の各建築物の高さに応じた、採光、通風上有効な空地等
④日影規制と同程度の高さの制限	対象区域内の他の建築物の居住用の部分に対して、当該区域の日影規制と同程度に日影を生じさせないような高さ

6・15　建築協定

建築基準法は、第1条に規定しているように「最低の基準」であり、全国一律に適用していることから、それぞれの地域に応じた住みよい住環境や個性あるまちづくりには必ずしも十分ではない。そこで、都市計画や条例の規定による制限によらず、地域住民が自主的に、環境の保全や改善のために、建築基準法を補完するきめ細やかな基準を設定して、これを特定行政庁が認可することにより、公的な拘束力を与えるのが**建築協定**である。

なお、地区計画において定めることができる内容と建築協定において定めることができる内容とは共通点が多いが、前者は都市計画決定を行ったり、建築条例を定めて建築確認の対象とするのに比べ、後者はそういった手続を経ず、**土地所有者等全員の合意に基づく自主的な協定**である（»法第69条～第77条）。

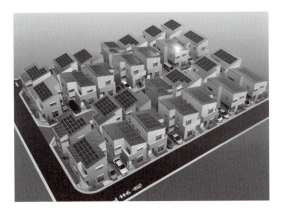

図73　建築協定を活用してつくられた住宅地の例
大阪市内における希少な建築協定区域である。当該区域の建築協定の内容には、
　①建築物の用途は戸建専用住宅
　②階数は地上2階以下
　③高さ10mを超えない
　④道路境界線からの外壁後退距離は1m以上
　⑤敷地面積の3%以上の緑地を確保する
　⑥敷地の区画の分割の禁止
等の規定が明記されている。このような協定により、調和のとれた統一した街並みが創出され、長期間良好な住環境が維持されていく。

1　建築協定で定めることができる基準

①建築物の敷地（敷地の最低面積、敷地の分割禁止等）
②建築物の位置（道路境界線、隣地境界線からの壁面後退等）

③建築物の構造
④建築物の用途
⑤建築物の形態（斜線制限、階数、建蔽率、容積率等）
⑥建築物の意匠（敷地内の緑化、塀の構造等）
⑦建築設備

表30　建築協定で定める事項

項目	基準の内容
敷地	敷地の分割禁止、地盤高の変更の禁止、敷地面積の最低限度を設定
位置	道路境界線又は隣地境界線からの外壁後退
構造	耐火建築物・準耐火建築物とする、ブロック塀の禁止
用途	共同住宅の禁止、店舗の禁止、工業地における住宅の禁止
形態	階数、最高の高さ、軒の高さ、建蔽率、容積率、へいの高さ等の基準を定める
意匠	建築物の屋根、外壁の形態、色彩の基準を定める
建築設備	便所を水洗式にする

2　建築協定の締結とその効力　≫法第75条、第76条の2

　建築協定は原則として区域内の土地所有者、借地権者等の全員の合意により締結される。そして建築協定の効力は、当該協定の公告のあった日以降において、協定区域内の土地所有者、借地権者等となった者に対しても及ぶ。ただし、借地権の目的となっている土地については、借地権者が合意すれば土地所有者には効力は及ばない。

3　特定行政庁による認可　≫法第70条〜第73条、第76条

　建築協定を締結しようとする土地の所有者、借地権者は、建築協定区域、建築物に関する基準、協定の有効期限及び協定違反があった場合の措置（民事上の措置）について定めた**協定書**を作成し、全員の**合意書**を添付し、特定行政庁へ認可申請を提出しなければならない。協定は本来、民事的なものであるが、協定の意義を高めるため特定行政庁に対して手続を行う。**地元の市町村長は公告及び協定書の縦覧後、公開による意見の聴取を行う**。特定行政庁が認可した場合には、その旨を公告し、併せて地元市町村では協定書を一般の縦覧に供する。建築協定を廃止する場合には、関係権利者の**過半数の合意**が必要である。なお、特定行政庁の認可の対象となる建築協定は、市町村が条例で建築協定を締結できる旨を定めた区域内だけに限定される。

4　一人協定　≫法第76条の3

　土地所有者が一人しかいない土地については、当該土地所有者が一人で建築協定を設定できる。これを「**一人協定**」という。主に宅地分譲を行う不動産業者等が分譲前に締結することが多い協定である。一人協定は、分譲地などにおいて建築協定を容易に締結できるよう定められた制度で、認可を受けた建築協定は、認可の日から3年以内に建築協定の区域内の所有者等が二人以上になった時から効力を生じることになる。

5 建築物の借主の地位 ≫法第77条

建築協定は、原則として土地所有者等が締結しうるものであることから、借家人は除外されているが、店舗部分の造作、建築物の広告看板等借家人の権限に関する制限が存在する場合には、借家人も所有者等とみなし、効力が及ぶものとして協定に加わる。

練習問題

問題 6-1 図のような敷地において、建築基準法上、**新築することができる建築物の延べ面積の最大のもの**は、次のうちどれか。ただし、建築物には、住宅、自動車車庫等の用途に供する部分はないものとする。

1. 2660m²
2. 2750m²
3. 2930m²
4. 2990m²

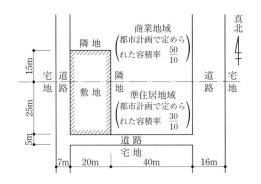

問題 6-2 図のような敷地において、耐火建築物を新築する場合、建築基準法上、建築することができる**建築面積の最大のもの**は、次のうちどれか。

1. 570m²
2. 615m²
3. 640m²
4. 670m²

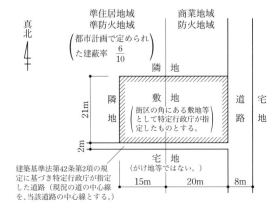

問題 6-3 図のように、敷地に建築物を新築する場合、建築基準法上、A点における地盤面からの**建築物の高さの最高限度**は、次のうちどれか。ただし、図に記載されているものを除き、指定等はないものとし、日影による中高層の建築物の高さの制限及び天空率に関する規定は考慮しないものとする。なお、建築物は、玄関ポーチ（高さ3m）の部分を除き、すべての部分において、高さの最高限度まで建築されるものとする。

1. 27.70m
2. 27.45m
3. 24.10m
4. 21.50m

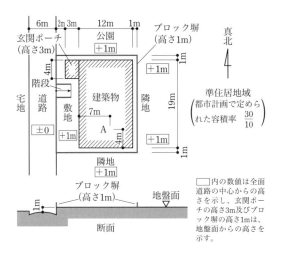

7章

建築士法

7・1　目的　≫法第1条

　建築士法の目的は、建築物の設計、工事監理等を行う技術者の資格を定めて、業務の適正化を図り、建築物の質の向上に寄与することである。具体的には、建築物の設計・工事監理等を行う技術者の資格を定めて、業務の適正化を図るという建築士個人の規制と、それを営業とする事務所等に対する規制である。

7・2　建築士の種類と免許　≫法第2条、第4条、第5条

　国土交通大臣又は都道府県知事が行う**建築士試験**に合格した後、登録免許税を納入して、免許を受けて建築士になる。**一級建築士**の免許は国土交通大臣が、**二級建築士**及び**木造建築士**の免許は都道府県知事が与える。

7・3　設計と工事監理の定義　≫法第2条

　「**設計**」とは、その者の責任において設計図書を作成することを言う。ここで「**設計図書**」とは、建築物の建築工事の実施のために必要な図書（原寸図その他これらに類するものを除く）及び仕様書を言う。この設計図書の中に、国土交通省令等で定める「**構造設計図書**」及び「**設備設計図書**」が含まれる。

　「**工事監理**」とは、その者の責任において、工事を設計図書と照合し、それが設計図書のとおり実施されているかいないかを確認することを言う。

7・4　建築士でなければできない設計及び工事監理　≫法第3条、第3条の2、第3条の3

建築士が設計及び工事監理できる建築物の範囲は、表1のように定められている。

表1　建築士の業務範囲

延べ面積 \ 構造	木造その他右欄以外の構造			鉄筋コンクリート造、鉄骨造、石造、レンガ造 コンクリートブロック造、無筋コンクリート造		
	階数1	階数2	階数3	高さ13m、軒高9m以下		高さ13m、軒高9mを超えるもの
				階数2以下	階数3以上	
～30m²	(誰でもよい)			(誰でもよい)		(一級及び二級建築士)
～100m²						
～300m²	一級及び二級建築士又は 木造建築士(木造に限る)			(一級及び二級建築士)		
～500m²						
～1000m²	※	※	※	(一級建築士)		
1000m²～	※					

注1)　※は学校、病院、百貨店、劇場、映画館、観覧場、公会堂、集会場(オーディトリアムを有しないものを除く)の場合は、一級建築士でなければならない。
注2)　高さ13m、軒の高さ9mを超える木造建築物は、一級建築士でなければならない。
注3)　増築、改築、大規模の修繕、大規模の模様替えをする場合は、その部分を新築するものとみなす。
注4)　都道府県条例で延べ面積の制限を別に定めることができる。

7・5　業務

1　設計及び工事監理　≫法第18条

①設計に係る建築物が法令等に適合するようにする。
②設計を行う場合、設計の委託者に対し、設計内容に関して適切な説明を行う。
③工事が設計図書のとおり実施されていないと認めるときは、直ちに施工者に注意を与え、これに従わないときは、建築主に報告する。
④建築士は、延べ面積が2000m²を超える建築物の建築設備に係る設計又は工事監理を行う場合、建築設備士の意見を聴くよう努めなければならない。ただし、設備設計一級建築士が設計を行う場合には、この限りでない。

2 設計の変更　≫法第19条

建築士は、他の建築士の設計した設計図書の一部を変更しようとするときは、原則として、その建築士の承諾を得る。承諾の求められない事由があるとき、又は承諾を得られなかったときは、自己の責任において、その設計図書の一部を変更することができる。

3 建築士免許証等の提示　≫法第19条の2

建築士は、設計等の委託者（委託しようとする者を含む）から請求があったときは、建築士免許証等を提示しなければならない。

4 表示行為　≫法第20条（図1）

①一級建築士、二級建築士又は木造建築士の別を明らかにし、記名、捺印を設計図書に行わなければならない。設計変更の場合も同様である。
②各建築士は、構造計算によって建築物の安全性を確認したときは、その旨の証明書（省令で定めたもの）を設計の委託者に交付する。ただし、以下の⑤及び⑥の場合は、この限りでない。
③工事監理を終了したときは、直ちに、省令に定められた書式にて、その結果を文書で建築主に報告する。
④大規模の建築物等の設計又は工事監理を行う場合において、建築設備士の意見を聴いたときは、設計図書又は上記報告書にその旨を明らかにする。
⑤構造設計一級建築士又は設備設計一級建築士が、建築基準法第20条第1号又は第2号に掲げる建築物の構造設計を行ったとき、あるいは階数が3以上で床面積の合計が5000m²を超える建築物の設備設計を行ったときは、当該構造設計図書又は設備設計図書に構造設計一級建築士又は設備設計一級建築士である旨の表示をしなければならない。
⑥構造設計一級建築士又は設備設計一級建築士以外の一級建築士は、上記⑤に係る建築物の構造設計又は設備設計を行ったときは、構造設計一級建築士にその構造設計、設備設計一級建築士にその設備設計に係る建築物が構造関係規定又は設備関係規定に適合するかどうかの確認を求めなければならない。
⑦構造設計一級建築士又は設備設計一級建築士が上記⑥により確認を求められたときは、その建築物が構造関係規定又は設備関係規定に適合することを確認したとき又は適合することを確認できないときは、当該構造設計図書又は設備設計図書にその旨を表示して記名及び捺印をしなければならない。。
⑧構造設計一級建築士又は設備設計一級建築士は、上記⑥の確認を求めた一級建築士から請求があったときは、構造設計一級建築士証又は設備設計一級建築士証を提示しなければならない。

5 その他の業務 »法第21条

建築士は、設計及び工事監理を行うほか、次に掲げる業務を行うことができる。ただし、木造建築士にあっては、木造建築物に関する業務に限る。
- 建築工事契約に関する事務
- 建築工事の指導監督
- 建築物に関する調査又は鑑定
- 建築物に関する法令又は条例の規定に基づく手続の代理
- その他

6 非建築士等に対する名義貸しの禁止 »法第21条の2

建築士は、無資格で設計又は工事監理を行っている者等に対し、自己の名義を利用させてはならない。

7 設計受託契約等
»法第22条の3の2～第22条の3の4

原則設計受託契約等の当事者間においては、対等な立場での公正な契約締結を行い、誠実に履行しなければならない。

延べ面積300m²を超える建築物の新築に係る設計受託契約又は工事監理受託契約について、当該契約の当事者は、前述の趣旨に従ってそれぞれ書面に署名又は記名押印し、相互に交付しなければならない。

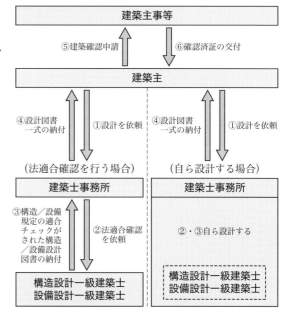

■一定の建築物に対する法適合チェックの義務付け
高度な専門能力を必要とする一定の建築物の構造設計・設備設計については、構造設計一級建築士・設備設計一級建築士の関与が義務付けられる。この場合の関与とは、構造設計一級建築士・設備設計一級建築士が自ら設計するか、構造設計一級建築士・設備設計一級建築士以外の一級建築士が行った建築物の構造設計・設備設計が法律で定められた基準を満たしているかどうかを確認することを言う。

【構造設計一級建築士の関与が義務付けられる建築物】
建築士法第3条第1項に定める建築物のうち建築基準法第20条第1号、第2号に該当する建築物。例えば、木造で高さ13m又は軒高9mを超える建築物、鉄骨造4階建て以上の建築物、鉄筋コンクリート造で高さ20mを超える建築物等。

【設備設計一級建築士の関与が義務付けられる建築物】
3階建て以上で床面積が5000m²を超える建築物。

図1 法適合のチェックフロー

7・6 建築士事務所

a) 登録 »法第23条～第23条の10

建築士又はこれらの者を使用する者は、他人の求めに応じ報酬を得て、設計、工事監理、建築工事契約に関する事務、建築工事の指導監督、建築物に関する調査・鑑定、建築物の建築に関する法令・条例の規定に基づく手続の代理を業として行おうとするときは、一級建築士事務所、二

級建築士事務所又は木造建築士事務所を定めて、その建築士事務所について、所在地を所轄する都道府県知事の登録を受けなければならない。

当該登録は、5年間有効であり、引き続いて業を行おうとするときは、登録の更新を受ける。この場合、有効期間満了の日前30日までに（満了の日から数えて30日前までに）登録申請書を提出しなければならない（≫施行規則第18条）。

建設業法で建設業者の許可を受けていても、建築士法でいう建築物の設計、工事監理を業とする場合は、建築士事務所の登録が必要である。

建設業法では2府県に支店等を有する場合は、国土交通大臣の許可だけでよいが、建築士法では、その支店等がそれぞれに建築物の設計等を業とする場合は、建築士事務所の登録は、各府県ごとの支店等の所在地で都道府県知事の登録を受ける必要がある。

b） 事務所の管理　≫法第24条

建築士事務所の開設者は、各種建築士事務所ごとに、当該建築士事務所を管理する専任の一級建築士、二級建築士又は木造建築士を置かなければならない。

管理建築士は、建築士として3年以上の設計その他の国土交通省令で定める業務に従事し、指定事務所登録機関が行う講習の課程を修めた者でなければならない。また、その建築士事務所の業務に係る以下に掲げる技術的事項を総括する。ただし、管理建築士が、建築士事務所の開設者でない場合は、建築士事務所の開設者に対し、これらに掲げる技術的事項に関し、その建築士事務所の業務が円滑かつ適切に行われるよう必要な意見を述べるとともに、当該開設者は、その管理建築士の意見を尊重しなければならない。

①受託可能な業務の量、難易度及び内容に応じて必要とする期間の設定
②受託しようとする業務を担当させる建築士等の選定及び配置
③他の建築士事務所の提携及び業務範囲の案の作成
④建築士事務所に所属する建築士等の監督及び業務遂行の適正の確保

c） 名義貸しの禁止　≫法第24条の2

建築士事務所の開設者は、自己の名義をもって、他人の建築士事務所の業務を営ませてはならない。

d） 再委託の制限　≫法第24の3

建築士事務所の開設者は、委託者の許諾を得た場合においても、委託を受けた設計又は工事監理の業務を建築士事務所の開設者以外の者に委託してはならない。また、延べ面積が300m²を超える建築物の新築工事については、委託者が許諾しても、委託を受けた設計又は工事監理の業務を、それぞれ一括再委託すること（いわゆる丸投げ）は禁止されている。

e） 帳簿の備付等及び図書の保存　≫法第24条の4、施行規則第21条

建築士事務所の開設者は、その業務に関する事項を記載した帳簿（契約年月日、相手方、業務の種類と終了年月日、報酬額、従事した建築士の氏名、委託者の氏名、設備技術者の意見等を記載した帳簿を作成）を備え、これを事業年度の末日から15年間保存しなければならない。

建築士事務所の開設者は、建築士でなければ作成できない設計図書のうち、配置図、各階平面図、2面以上の立面図、2面以上の断面図、構造計算書、構造詳細図及び工事監理報告書を15年

間保存しなければならない。

f) 標識の掲示　≫法第24条の5
建築事務所の開設者は、その事務所において、公衆の見やすい場所に国土交通省令で定める標識を掲示しなければならない。

g) 書類の閲覧　≫法第24条の6
建築士事務所の開設者は、業務の実績等を記載した書類を備え置き、建築主の求めに応じて閲覧させる。

h) 書面の交付　≫法第24条の8
建築士事務所の開設者は、建築主から設計又は工事監理の委託を受けることを内容とする契約を締結したときは、委託内容について、一定の事項を記載した書面を当該委託者に交付する。

i) 保険契約の締結等　≫法第24条の9
建築士事務所の開設者は、設計等の業務に関し生じた損害を賠償するために必要な金額を担保するための保険契約の締結等の措置を講ずるよう努めなければならない。

練習問題

問題 7-1 次の設問のうち、建築士法上、**不適合な**ものはどれか。

1. 建築関係法令に違反し、禁固以上の刑に処せられた建築士については、執行猶予の言渡しがあった場合であっても、建築士の免許を取り消される。
2. 業務に関して不誠実な行為をして建築士の免許を取り消され、その取消しの日から起算して5年を経過しない者は、建築士の免許を受けることができない。
3. 一級建築士が懲戒処分を受けたときは、国土交通大臣により、処分の年月日、氏名、登録番号、処分の内容、処分の原因となった事実等が公告される。
4. 建築士が道路交通法違反等の建築と関係しない罪を犯し、禁固以上の刑に処せられた場合には、建築士の免許の取消しの対象とはならない。

問題 7-2 次の設問のうち、建築士法上、**不適合な**ものはどれか。

1. 「設計」とは、その者の責任において設計図書を作成することを言い、「構造設計」とは構造設計図書の設計を、「設備設計」とは設備設計図書の設計を言う。
2. 「工事監理」とは、その者の責任において、建築工事の指導監督を行うとともに、当該工事を設計図書と照合し、それが設計図書のとおりに実施されているかいないかを確認することを言う。
3. 建築士事務所に属する構造設計一級建築士は、一級建築士定期講習と構造設計一級建築士定期講習の両方を受けなければならない。
4. 設備設計一級建築士は、設備設計以外の設計を含めた、建築物の設計を行うことができる。

8章 その他の関係法令

8・1 都市計画法

1 都市計画の概要

a) 目的　》法第1条

都市計画法第1条に目的、第2条に理念が示されている。第1条に「都市の健全な発展と秩序ある整備を図り、国土の均衡ある発展と公共の福祉の増進に寄与する」ことが目的であるとされ、都市計画法で定めるのは、次の事項とされている。

- 都市計画の内容及び手続
- 都市計画制度
- 都市計画事業
- その他都市計画に関する必要な事項

b) 都市計画区域　》法第5条、令第2条

市又は人口、就業者数などが一定の要件（》令第2条）に該当する町村の中心の市街地を含み、自然的及び社会的条件などを勘案して、一体の都市として総合的に整備、開発、保全する必要がある区域で都道府県が指定する区域である。この指定をするときは、あらかじめ、関係市町村及び都道府県都市計画審議会の意見を聴くとともに、国土交通大臣に協議し、同意を得なければならない。

● 町村の中心市街地の要件　》令第2条

①当該町村の人口が1万人以上であり、かつ、商工業その他の都市的業態に従事する者の数が全従業者数の50％以上であること。

②当該町村の発展の動向、人口及び産業の将来の見通し等からみて、概ね10年以内に①に該当することとなると認められること。

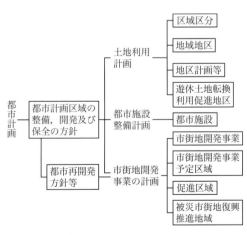

図1　都市計画の内容

③当該町村の中心の市街地を形成している区域内の人口が3000人以上であること。

④温泉その他の観光資源があることにより多数人が集中するため、特に、良好な都市環境の形成を図る必要があること。

⑤火災、震災その他の災害により当該町村の市街地を形成している区域内の相当数の建築物が滅失した場合において、当該町村の市街地の健全な復興を図る必要があること。

c) **準都市計画区域** ≫法第5条の2

都道府県は、都市計画区域外のうち、相当数の住居などの建築物の建築又は敷地の造成が行われると見込まれる一定の区域で、自然的及び社会的条件などを勘案して、そのまま土地利用を整序することなく放置すれば、将来都市としての整備、開発及び保全に支障が生じるおそれがあると認められる区域を、**準都市計画区域**として指定する。

この指定をするときは、関係市町村及び都道府県都市計画審議会の意見を聴き、国土交通省令で定めるところにより、公告することによって行われる。

2 都市計画の内容

a) **市街化区域及び市街化調整区域の区域区分** ≫法第7条

都市計画区域とは、その区域全てを市街化するものではない。積極的に市街化して整備する区域と、放置すれば無秩序な都市のスプロール化を招くおそれのある区域を定めてコントロールし、計画的な市街化及び抑制を図る必要がある。

そこで、必要に応じ都市計画区域を**市街化区域**(既に市街地を形成している区域(既成市街地)及び概ね10年以内に優先的かつ計画的に市街化を図るべき区域)と**市街化調整区域**(市街化を抑制すべき区域)とに区域区分する。全ての都市計画区域で区分するとは限らないが、実際にこの区域区分が行われたのは、大都市圏及びその周辺都市に限られた(**首都圏整備法・近畿圏整備法・中部圏開発整備法**による特定の区域等)。

＊スプロール：大都市への人口集中や地価の高騰によって、郊外へ無秩序に都市が開発される現象を言う。

b) **地域地区** ≫法第8条、第9条

都市計画によって指定される**地域地区**は、都市の姿を決定する重要な要素である。代表的なものに**用途地域**があり、土地利用の根幹に関わる規制である。他に防火・準防火地域等の地域指定もあるが、これらの地域指定は主として建築物の規制を伴うもので、その建築規制の内容は建築基準法のように別の法律で定められる。都市計画法第8条では、第1項に第1号から第16号まで都市計画として定めることができる20種類の地域・地区を規定している。これらのうち必要なものだけを指定すればよい。ただし、市街化区域内においては、少なくとも用途地域だけは定めなければならない。地域地区の主な種類については、下記のとおりである。

①用途地域　　　　　　②特別用途地区
③特定用途制限地域　　④特例容積率適用地区
⑤高層住居誘導地区　　⑥高度地区又は高度利用地区

表1 都市計画の地域地区における規制等の内容

	地域の目的	都市計画で定める内容	建築基準法との関係等
用途地域	都市計画法第9条に規定する各用途地域の指定目的	容積率、建蔽率、外壁の後退距離、敷地面積の最低限度、高さ制限	法第52条、第53条、第53条の2、第54条、第55条、第56条
特別用途地区	用途地域内の土地利用の増進、環境の保護等		法第49条、法に基づく条例
特定用途制限地域	用途地域の無指定区域(市街化調整区域を除く)内の良好な環境の形成又は保持	制限すべき特定の建築物等の用途の概要	法第49条の2、法に基づく条例
特例容積率適用地区	低層住居専用地域及び工業専用地域以外の地域内の建築物の容積の活用を促進して土地の高度利用を図る	建築物の高さの最高限度	法第57条の2
高層住居誘導地区	一種・二種住居・準住居・近商、準工地域で用途を適正に配分し、利便性の高い高層住宅建築物の誘導	容積率、建蔽率、敷地面積の最低限度	法第57条の5
高度地区	市街地の環境維持、土地利用の増進	高さの最高限度又は最低限度	法第58条
高度利用地区	土地の高度利用、都市機能の更新	容積率の最高限度及び・建蔽率の最高限度・最低限度、建築面積の最低限度、壁面の位置	法第59条
特定街区	市街地の整備改善	容積率、高さ制限、壁面の位置	法第60条
防火地域・準防火地域	市街地の防火対策		法第61条、第62条
景観地区	農村漁村等における良好な景観の形成の促進	高さの最高又は最低限度、壁面の位置、敷地面積の最低限度	法第68条
都市再生特別地区	都市機能の高度化、都市の居住環境の向上	誘導すべき用途、容積率の最高限度及び最低限度、建蔽率の最高限度、建築面積の最低限度、高さの最高限度、壁面の位置	法第60条の2
特定防災街区整備地区	密集市街地における特定防災機能の確保	敷地面積の最低限度、壁面の位置	法第67条の2

⑦特定街区　　　　　　⑧都市再生特別地区
⑨防火地区又は準防火地域　⑩景観地区
⑪風致地区　　　　　　⑫伝統的建造物群保存地区
⑬駐車場整備地区　　　⑭臨港地区
⑮その他

c) 都市施設　》法第11条、令第6条

都市施設は、都市機能の根幹に関わるものであることから、都市施設の都市計画は、本来その都市にとって必要なものが都市計画区域内において定められるべきであるが、この都市施設に限り必要であれば、都市計画区域外においても、これらの施設を定めることができる。

都市施設には、交通施設(道路、都市高速鉄道等)、公共空地(公園、広場、墓園等)、供給処理施設(水道、下水道、電気・ガス供給施設、ごみ焼却場等)、教育文化施設(学校、図書館、研究施設等)、医療・社会福祉施設(病院、保育所等)、一団地の官公庁施設など広範囲なものがある。

d) **市街地開発事業** ≫法第12条

前述の都市施設が都市の骨格を整備するものであり、それぞれ機能的に特定されたものであるのに対して、**市街地開発事業**は、都市の限られた区域を市街地として総合的かつ面的に整備・開発しようとするものである。このような市街地整備事業には、次の7種類の事業がある。

①土地区画整理事業　　　　②新住宅市街地開発事業
③工業団地造成事業　　　　④市街地再開発事業
⑤新都市基盤整備事業　　　⑥住宅街区整備事業
⑦防災街区整備事業

e) **地区計画等** ≫法第12条の4〜13、令第7条の3

地区計画とは、法第12条の5の規定によると「建築物の建築形態、公共施設その他の施設の配置等からみて、一体としてそれぞれの区域の特性にふさわしい態様を備えた良好な環境の各街区を整備し、開発し、及び保全するための計画」とされている。必ずしも、市街化区域内に限定されるものでもなく、市街化調整区域内においても決定することができる。

地区計画等には、この地区計画の他に防災街区整備地区計画、歴史的風致維持向上地区計画、沿道地区計画、集落地区計画の計画があり、それらの計画を総称して「**地区計画等**」と定義している（≫法第4条第9項）。

地区計画等については、地区計画の種類、名称、位置及び区域、区域の面積を定め、その他の道路・公園等の地区施設、建築物等の整備及び土地利用計画（**地区整備計画**）を定め、地区計画の目標、区域の整備、開発、保全方針を定める。ただし、地区計画を都市計画に定める際、区域内に地区整備計画を定めることができない特別の事情があるときは、地区整備計画を定めなくてもよい（168頁、6章図63参照）。

3 都市計画の決定

a) **都市計画を定める者** ≫法第15条、令第9条、第10条

①一般の地域地区や都市施設などの都市計画は、原則として市町村が定める。ただし、市街化区域、市街化調整区域に関する都市計画、広域的見地から決定すべき地域地区、都市施設又は根幹的都市施設などの都市計画は都道府県が定める。

②市町村が定める都市計画は、議会で定められた建設に関する基本構想に即し、かつ、都道府県が定めた都市計画に適合したものでなければならない。

③市町村が定めた都市計画が、都道府県が定めた都市計画に抵触するときは、都道府県が定めた都市計画が優先する。

b) **公聴会の開催** ≫法第16条、令第10条の2、第10条の3

都道府県又は市町村は、都市計画の案を作成しようとする場合において、必要があると認めるときは、公聴会の開催等、住民の意見を反映させる措置を講ずる。

c) **都市計画の案の縦覧等** ≫法第17条、令第11条

①都道府県又は市町村は、都市計画を決定しようとするときは、あらかじめ公告し、その案を

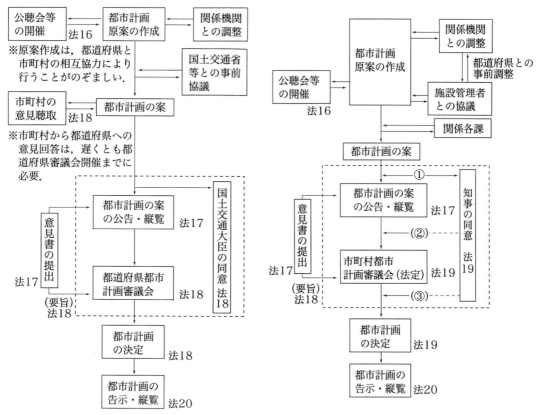

図2 都市計画決定手続①（都道府県が定める都市計画決定手続の例）

公告の日から2週間公衆の縦覧に供しなければならない。

②都市計画の案の公告があったとき、関係市町村の住民及び利害関係人は、縦覧の期間内に都道府県又は市町村に意見書を提出することができる。

※知事の同意
①同意基準に照らして支障がないことが確認でき次第、速やかに同意を行うことを基本とする。
②利害関係人が多くかつ広域に及ぶ案件は、意見書の提出状況を勘案した上で同意を行うケースがある。
③法制上、市町村審議会は、都道府県の同意の有無に関わらず開催可能。この場合、市町村審議会後の同意となる。

図3 都市計画決定手続②（市町村が定める都市計画決定手続の例）

d) 都道府県の都市計画の決定（図2） ≫法第18条、令第12条～第14条
①都道府県は関係市町村の意見を聞き、かつ、都道府県都市計画審議会の議を経て都市計画を決定する。
②都市計画の案を都道府県都市計画審議会に付議するときは、縦覧により提出された意見書の要旨を都道府県都市計画審議会に提出しなければならない。
③大都市及びその周辺の都市計画区域に係る都市計画又は、国の利害に重大な関係がある都市計画を決定しようとするときは、国土交通大臣の同意を得なければならない。

e) 市町村の都市計画の決定等（図3） ≫法第18条の2、第19条、令第14条の2
①市町村は、議会で定められた建設に関する基本構想や市街化区域及び市街化調整区域の整備、開発及び保全の方針に即し、都市計画の基本方針を定める。

②市町村が定める都市計画は、当該市町村が定めた都市計画に関する基本方針に即したものでなければならない。

③市町村は、都道府県知事の同意を得て都市計画を決定する。知事が同意するときは、都道府県都市計画審議会の議を経なければならない。

f) 都市計画の告示等　≫法第 20 条

都道府県又は市町村は、都市計画を決定したときは、その旨を告示する。都市計画は、その告示があった日から効力を生じる。

4　開発行為等の規制

a) 開発行為の許可　≫法第 29 条、令第 19 条～第 22 条

都市計画区域又は準都市計画区域内の無秩序な市街化を防止するため、当該区域内において開発行為を行おうとする者は、都道府県知事の許可を受ける（市街化区域、市街化調整区域の区分がされていない都市計画区域及び準都市計画区域の 3000m² 以上の開発行為についても同様とする）。ただし、表 2 にあげる開発行為は許可を要しない。

- ●開発行為
  主として建築物の建築又は特定工作物の建設の用に供する目的で行う土地の区画形質の変更を言う（≫法第 4 条第 12 項）。
- ●開発区域
  開発行為をする土地の区域を言う（≫法第 4 条第 13 項）。
- ●第 1 種特定工作物
  コンクリートプラント等の周辺地域の環境の悪化をもたらす恐れのある工作物で政令（≫令第 1 条）で定めるもの。
  ・アスファルトプラント
  ・クラッシャープラント
  ・危険物の貯蔵又は処理に供する工作物
- ●第 2 種特定工作物
  ゴルフ場等の大規模な工作物で政令で定めるもの。
  ・規模が 1ha 以上の野球場、庭球場、陸上競技場、遊園地、レジャー施設である工作物（学校教育法に基づく大学、都市公園法上の都市公園等は除く）

b) 公共施設の管理者の同意　≫法第 32 条、令第 23 条

開発許可を申請しようとする者は、開発行為に関係ある公共施設（道路、公園等）の管理者の同意を得、かつ、当該開発行為又は当該開発行為に関する工事により設置される公共施設を管理することとなる者と協議しなければならない。

表 2　開発行為

	市街化区域内	区域区分が定められていない 都市計画区域及び準都市計画区域内
一定規模未満のもの (法 29 条 1 号、令 19 条)	規模 1000m²（3 大都市圏の一定の市街化区域においては 500m²）未満のもの（知事、中核市の長又は特例市の長は 300～1000m² 未満の間の別の規模を定められる）	規模 3000m² 未満のもの（知事、中核市の長又は特例市の長は 300～3000m² 未満の間の別の規模を定められる）
農・林・漁業用建設物のための開発行為 (法 29 条 2 号、令 20 条)		農業、林業、漁業用の建築物及びこれらの業務を行う者の居住用の建築物のためのもの
公益上必要な建築物のための開発行為 (法 29 条 3 号、令 21 条)	駅舎などの鉄道の施設、社会福祉施設、医療施設、学校（大学、専修学校、各種学校を除く）、公民館、変電所、その他政令で 31 項目にわたって規制されている	
都市計画事業（法 29 条 4 号）	都市計画事業の施行として行うもの	
土地区画整理事業（法 29 条 5 号）	土地区画整理事業の施行として行うもの	
市街地再開発事業（法 29 条 6 号）	市街地再開発の事業の施行として行うもの	
住宅街区整備事業（法 29 条 7 号）	住宅街区整備事業の施行として行うもの	
防災街区整備事業（法 29 条 8 号）	防災街区整備事業の施行として行うもの	
公有水面埋立事業（法 29 条 9 号）	公有水面埋立法による免許を受けて、まだ告示されていないもの	
非常災害のために行う開発行為 (法 29 条 10 号)	非常災害のための応急措置として行うもの	
軽易な行為その他の行為 (法 29 条 11 号、令 22 条)	仮設建築物、車庫、物置などの付属建築物のためのもの、10m² 以内の増築行為のためのもの等 調整区域内居住者の利便のための店舗等（延べ面積 50m² 以内かつ 50% 以上がこの業務の用に供されるもの）（開発規模 100m² 以内）	

c) 開発の許可基準　》法第 33 条、令第 25 条～第 29 条

開発許可の基準は、市街地として最低限度必要な水準を確保するために設けられたものである。

開発行為に際しての一般的な基準として、予定建築物等の用途が用途地域内の用途の制限に適合している必要があるとともに、地区計画等が定められている場合、その内容に即している等の他、道路の幅員、公園及び広場の面積、消防水利、排水などに関して、技術基準が政令及び省令に定められている。

d) 市街化調整区域内の開発行為等の制限　》法第 34 条

市街化調整区域は、原則として市街化を抑制すべき区域であるから、許可を受けられる開発行為は限定される他、開発行為を伴わない建築行為も制限される。

e) 変更の許可　》法第 35 条の 2

開発許可を受けた者は、開発区域、予定建築物の用途などの変更をしようとする場合は、原則として都道府県知事の許可が必要である。設計者の資格、公共施設の管理者の同意などの規定は、変更についても原則適用される。なお、軽微な変更の場合は届出で足りる。

f) 工事完了の検査　》法第 36 条

開発許可を受けた者は、開発工事が完了したときは、国土交通省令に従い、その旨を都道府県知事に届け出る。都道府県知事は、その届出があったときは、遅滞なく、当該工事が開発許可の内容に適合しているかどうか検査し、当該開発許可の内容に適合していると認めたときは、検査済証を交付し、速やかに当該工事が完了した旨を公告しなければならない。

g) **建築制限**　≫法第 37 条

　開発許可を受けた開発区域内の土地では、都道府県知事による開発許可に係る工事を完了した旨の公告があるまでの間は、原則として建築物を建築し、特定工作物を建設してはならない。ただし、工事用の仮設建築物や知事が支障がないと認めたときは、この限りでない。

h) **開発許可を受けた土地の建築制限**　≫法第 42 条

　工事完了の公告の後は、開発許可に関わる予定建築物以外の建築物を建築してはならない。ただし、都道府県知事が当該開発区域における利便の増進もしくは周辺地域の環境の保全上支障がないと認めて許可したとき、又は建築物及び第一種特定工作物（建築基準法第 88 条第 2 項の政令で指定する工作物）にあっては、当該開発区域内の土地について用途地域等が定められているときは、この限りでない。

i) **開発許可を受けた土地以外の土地における建築制限**　≫法第 43 条、令第 34 条、第 35 条

　市街化調整区域内のうち開発許可を受けた開発区域外の区域内において、建築物を建築する場合は、都道府県知事の許可を受けなければならない。ただし、国の建築物、都市計画事業として行う建築物、仮設建築物などについては許可を要しない。

j) **都市計画施設等の区域内の建築制限**　≫法第 53 条～第 55 条

　都市計画施設の区域又は市街地開発事業施行区域内において、建築物を建築しようとする場合は、知事（市の区域では市長）の許可が必要である。ただし、都市計画事業として行う建築物、非常災害のため必要な応急措置として行うもの、2 階建以下の木造建築物（地階を有しない）の改築又は移転などについては、許可を受けることを要しない。

　都市計画施設等の区域内の建築物について、次のイ）、ロ）の両方の要件に該当し、かつ容易に移転又は除却できる建築物については、知事等は許可をしなければならない。

　　イ) 階数 2 以下で地階を有しないこと。
　　ロ) 主要構造部が、木造、鉄骨造、コンクリートブロック造等であること。

k) **風致地区内の建築制限**　≫法第 58 条

　都市計画として指定した風致地区内で、建築物の建築、宅地の造成、木材の伐採その他の行為については、「風致地区内における建築等の規制に係る条例の制定に関する基準を定める政令」の基準に従い、地方公共団体の条例で、都市の風致を維持するため必要な規制をすることができる。

8・2　建設業法

1　法の目的　≫法第 1 条

　建設業を営む者の資質の向上、建設工事の請負契約の適正化を図って、建設工事の適正な施工を確保し、発注者の保護と建設業の健全な発達を促進し、公共の福祉の増進に寄与する。

2 用語の定義　≫法第2条

- 建設工事：土木建築に関する工事で、表3に掲げる29業種のものを言う。
- 建設業　：元請、下請その他いかなる名義をもってするかに関係なく、建設工事の完成を請け負う営業を言う。
- 建設業者：建設業の許可を受けて建設業を営む者。
- 下請契約：建設工事を請け負った者が、他の建設業を営む者との間で結ぶ請負契約。
- 発注者　：建設工事（他の者から請け負ったものを除く）の注文者。
- 元請負人：下請契約における注文者で建設業者であるもの。
- 下請負人：下請契約における請負人。

3 建設業の許可

a) 許可の要件　≫法第3条第1項、令第1条

建設業を営もうとする者は、次の区分により許可を受ける。

① 国土交通大臣の許可：2以上の都道府県に営業所を設けて営業する場合。
② 都道府県知事の許可：一つの都道府県内のみに営業所を設けて営業する場合。

b) 特定建設業と一般建設業の許可　≫法第3条第1項、第4項、法第5条〜第16条、令第2条

表3　建設工事の種類

土木一式工事	土木工事業
建築一式工事	建築工事業
大工工事	大工工事業
左官工事	左官工事業
とび・土工・コンクリート工事	とび・土工工事業
石工事	石工事業
屋根工事	屋根工事業
電気工事	電気工事業
管工事	管工事業
タイル・れんが・ブロック工事	タイル・れんが・ブロック工事業
鋼構造物工事	鋼構造物工事業
鉄筋工事	鉄筋工事業
舗装工事	舗装工事業
しゅんせつ工事	しゅんせつ工事業
板金工事	板金工事業
ガラス工事	ガラス工事業
塗装工事	塗装工事業
防水工事	防水工事業
内装仕上工事	内装仕上工事業
機械器具設置工事	機械器具設置工事業
熱絶縁工事	熱絶縁工事業
電気通信工事	電気通信工事業
造園工事	造園工事業
さく井工事	さく井工事業
建具工事	建具工事業
水道施設工事	水道施設工事業
消防施設工事	消防施設工事業
清掃施設工事	清掃施設工事業
解体工事	解体工事業

特定建設業とは、発注者から直接請け負う1件の工事金額の一部又は全部について、4500万円（ただし、建築一式工事では7000万円）以上となる下請契約（2以上下請契約を結ぶ場合はその合計）を結んで行う建設業を言い、**一般建設業**は、それ以外の建設業を言う。一般的に、特定建設業の許可は、下請業者の保護が目的であるため、一般建設業の許可より厳しい基準が設けられている。

c) 建設業の種別による許可　≫法第3条第2項、第4項

建設業の許可は工事の種別（29種類）に応じて、それぞれ与えられる。建設業者は、その許可を受けた工事以外の工事を請け負うことができない。ただし、許可を受けた建設工事に附帯する工事は、請け負うことができる。

d) **許可の例外措置** ≫令第1条の2

次に挙げるものは軽微な工事とみなして、許可は不要である。

①建築一式工事の場合

工事1件の請負金額が1500万円未満の工事、又は延べ面積が150m²未満の木造住宅工事。

②その他の工事の場合

工事1件の請負金額が500万円未満の工事

e) **許可の更新** ≫法第3条第3項

建設業の許可は、5年ごとに更新を受けなければ効力を失う。

4 請負契約

a) **建設工事の請負契約の原則** ≫法第18条

請負契約の当事者は、各々の対等な立場における合意に基づいて公正な契約を結び、信義に従って誠実に履行しなければならない。

b) **請負契約の内容** ≫法第19条

工事内容、請負代金の額、工事着手の時期及び完成の時期等を書面に記載し、署名又は記名押印をして、相互に交付しなければならない。

c) **不当に低い請負代金の禁止** ≫法第19条の3

注文者は、自己の取引上の地位を不当に利用して、原価に満たない金額を請負代金の金額とする契約を結んではならない。この注文者には、建築主だけでなく、元請が下請に出す場合の元請も含まれている。

d) **建設工事の見積期間** ≫法第20条、令第6条

入札又は随意契約によって契約する場合には、一定の見積期間を設けなければならない。建設工事の見積期間は、次に掲げるとおりとする。ただし、やむを得ない事情があるときは、表中の②及び③の期間については、5日以内に限り短縮することができる（表4）。

表4 建設工事の見積期間

工事1件の予定価格	見積期間
① 500万円未満	1日以上
② 500万円以上5000万円未満	10日以上
③ 5000万円以上	15日以上

e) **一括下請負の禁止** ≫法第22条、令第6条の3

建設業者は、その請け負った建設工事をいかなる方法をもってするかを問わず、一括して他人に請け負わせてはならない。また、建設業を営む者は、建設業者からその請け負った工事を一括して請け負ってはならない。ただし、元請人があらかじめ発注者の書面による承諾を得た場合は、共同住宅の新築工事を除き、これらの規定は、適用されない。

f) **下請負人の変更請求** ≫法第23条

注文者は、原則として不適当と認められる下請負人があるときは、その変更を請求することができる。

5 建設工事紛争審査会　≫法第 25 条〜第 25 条の 24

建設工事に関する紛争を解決するために、国土交通省に中央建設工事紛争審査会を、都道府県に都道府県建設工事紛争審査会を置く。紛争審査会は、斡旋、調停及び仲裁を行う。

6 主任技術者等の設置　≫法第 26 条、令第 27 条

①建設業者は、その請け負った建設工事を施工するときは、法律で定めた資格のある主任技術者を工事現場に配し、施工の技術上の管理をつかさどらせる。この主任技術者の資格は、建設業の許可を受けるのに必要な技術者資格と同じである（表5）。

②発注者から直接建設工事を請負った特定建設業者は、下請契約の額が 4500 万円（建築工事の場合は 7000 万円）以上になるときは、法律で定められた資格のある監理技術者を置かなければならない。監理技術者の資格は、主任技術者より厳しい。

③公共性のある重要な工事で請負代金の額が 4000 万円（建築工事の場合は 8000 万円）以上のものは、工事現場に専任の主任技術者又は監理技術者を置かなければならない。

表 5　技術者の資格一覧

建設業法の許可を受けている業種		指定建設業（7 業種） 土木一式工事、建築一式工事、管工事、鋼構造物、舗装、電気、造園			その他（左以外の 21 業種） 大工、左官、とび、土工、コンクリート、石、屋根、タイル、煉瓦、ブロック、鉄筋、その他		
許可の種類		特定建設業		一般建設業	特定建設業		一般建設業
元請工事における下請金額の合計		4500 万円以上（建築一式工事は 7000 万円）	4500 万円未満（建築一式工事は 7000 万円）	4500 万円以上は契約できない（建築一式工事は 7000 万円）	4500 万円以上（建築一式工事は 7000 万円）	4500 万円未満（建築一式工事は 7000 万円）	4500 万円以上は契約できない（建築一式工事は 7000 万円）
工事現場の技術者制度	工事現場に置くべき技術者	監理技術者	主任技術者		監理技術者	主任技術者	
	技術者の資格要件	・一級国家資格者 ・国土交通大臣特別認定者	・一級国家資格者 ・二級国家資格者 ・実務経験者		・一級国家資格者 ・実務経験者	・一級国家資格者 ・二級国家資格者 ・実務経験者	
	技術者の現場専任	公共性のある工作物に関する建設工事*であって、請負金額が 4000 万円（建築一式工事は 8000 万円）以上となる工事					
	監理技術者資格者証の必要性	発注者が国、公共団体等のとき必要	必要ない		発注者が国、公共団体等のとき必要	必要ない	

* ①国又は地方公共団体が注文者である建築物及び工作物に関する工事
　②鉄道、道路、河川、飛行場、港湾施設、上下水道、電気施設、学校、福祉施設、図書館、美術館、教会、病院、百貨店、ホテル、共同住宅、ごみ処理施設等（個人住宅を除く）

7 標識の掲示　≫法第40条

建設業者は、その店舗及び工事現場ごとに、公衆の見やすい場所に国土交通省で定めた様式により、標識を揚げなければならない（図4）。

建設業の許可票			
商号又は名称			
代表者の氏名			
主任技術者の氏名		専任の有無	
	資格名	資格者証交付番号	
一般建設業又は特定建設業の別			
許可を受けた建設業			
許可番号		国土交通大臣　許可（　）第　　　　号 知事　　　　許可（　）第　　　　号	
許可年月日			

(注) 標識の寸法：縦25cm以上、横35cm以上

図4　建設業者が工事現場に掲げる標識（見本）

8・3　高齢者、障害者等の移動等の円滑化の促進に関する法律（バリアフリー新法）

高齢者、身体障害者等の日常生活及び社会生活における円滑な移動及び建築物等の利用上の利便性・安全性の向上を促進するため、デパート、ホテルなどの不特定多数の者が利用する建築物等（**特殊建築物**）の建築主等は、出入口、廊下、階段、便所等を高齢者、身体障害者などが円滑に利用できるようにするための措置を講ずるよう努めなければならない（≫法第6条）。

そこで、国土交通大臣が建築主等の判断基準となるべき事項を定め、所管行政庁（建築主事を置く市町村長、特別区長又は都道府県知事）は、当該基準（**建築物移動等円滑化基準**）を勘案して、必要な指導、助言等ができる（≫法第3条）。

また、所管行政庁は「建築物移動等円滑化基準」に適合しているなど、特定建築物の優良な計画に対して認定することができる。これと併せて認定に際し、建築基準法の建築確認や容積率等の緩和の特例措置が設けられている（≫法第5条）。

1 バリアフリー化のために建築主等が講ずべき措置

a) 特別特定建築物の建築主等の基準適合義務等　　≫法第14条、令第9条

建築主等は、一定規模以上の**特別特定建築物**（床面積≧2000m²、公衆便所≧50m²）の建築をしようとするときは、バリアフリー化のために必要な政令で定める基準（建築物移動等円滑化基準）に適合させなければならない。なお、対象とする建築物の用途や、規模や建築物移動等円滑

化基準の内容については、地方公共団体の条例に必要な事項を付加することにより、強化することができる。

建築物移動等円滑化基準は、建築基準法の建築基準関係規定（**≫同法第6条第1項、同令第9条**）とみなされ、建築主事等の確認、検査の対象となる。なお、当該基準に適合義務の対象とならない建築主等であっても、建築しようとし、又は所有し、管理し、もしくは占有する特別特定建築物を建築物移動等円滑化基準に適合させる努力をしなければならない。

b) **特定建築物の建築主等の努力義務等** ≫法第16条

建築主等は、**特定建築物**（特別特定建築物を除く）の建築をしようとするときは、当該特定建築物を建築物移動等円滑化基準に適合させるために必要な措置を講ずるよう努めなければならない。特定建築物の建築物特定施設の修繕、模様替えをするときも同様である。

2 特定建築物の建築等及び維持保全の計画の認定 ≫法第17条

建築主等は、特定建築物の建築、修繕又は模様替えをしようとするときは、特定建築物の建築等及び維持保全の計画を作成し、所管行政庁の認定を申請することができる。所管行政庁は、申請の計画が、建築物移動等円滑化基準を超え、かつ、バリアフリー化のために誘導すべき省令で定める建築物特定施設の構造及び配置に関する基準に適合し、その資金計画が、適切なものであると認める場合には、認定することができる。

認定の申請者は、所管行政庁に対し、申請に併せて建築基準法の規定による確認申請書を提出して、特定建築物の建築等の計画が建築基準関係規定に適合する旨の建築主事の通知（**適合通知**）を受けるよう申し出ることができる。申し出を受けた所管行政庁は、速やかに建築等の計画を建築主事に通知しなければならない。

所管行政庁が、適合通知を受けて認定をしたときは、その計画は、建築基準法第6条第1項の規定による確認済証の交付があったものとみなされる。

3 認定特定建築物の容積率の特例 ≫令第19条

認定建築物は、バリアフリー化により、建築物特定施設の床面積が一般の建築物より大きくなる場合が多いことから、建築基準法による容積率制限の算定となる延べ面積について、建築物特定施設の床面積のうち、令第24条で定める床面積は、除外されている。

4 既存の特定建築物に設けるエレベーターについての建築基準法の特例
≫法第23条

既存の特定建築物に専ら車いす使用者用のエレベーターを設置する場合に、エレベーターが所定の基準に適合し、所管行政庁が防火上及び避難上支障がないと認めるときは、その特定建築物に対する建築基準法の防火規定（**≫法第27条、第61条、第62条第1項**）の適用については、

エレベーターの構造は耐火構造とみなす。

5 建築基準法第52条第14項第1号適用による容積率の特例　≫法第24条

　建築物特定施設（共同住宅の共用の廊下及び階段を除く）の床面積が高齢者、障害者等の円滑な利用を確保するため通常の床面積よりも著しく大きい建築物で、主務大臣が定める基準に適合するものについては、当該建築物を建築基準法第52条第14項第1号に規定する建築物とみなして、容積率の緩和が適用される。

（用語の定義）
- 特定建築物　　　：学校、病院、劇場、観覧場、集会場、展示場、百貨店、ホテル、事務所、共同住宅、老人ホーム等、多数の者が利用するものとして令第4条で定める建築物又はその部分を言い、これらに附属する建築物特定施設を含む（≫法第2条第16号）。
- 特別特定建築物：不特定かつ多数の者が利用し、又は主として高齢者、障害者等が利用する特定建築物であって、移動等円滑化が特に必要なものとして令第5条に定める建築物（≫法第2条第17号）。
- 建築物特定施設：出入口、廊下、階段、傾斜路、エレベーター、便所、ホテル等の客室、敷地内の通路、駐車場等の建築物で、令第6条に規定する施設（≫法第2条第18条）。

a) 特定建築物（「建築物移動等円滑化基準」への努力義務施設）
　①学校
　②病院又は診療所
　③劇場、観覧場、映画館又は演芸場
　④集会場又は公会堂
　⑤展示場
　⑥卸売市場又は百貨店、マーケットその他の物品販売業を営む店舗
　⑦ホテル又は旅館
　⑧事務所
　⑨共同住宅、寄宿舎又は下宿
　⑩老人ホーム、保育所、福祉ホームその他これらに類するもの
　⑪老人福祉センター、児童厚生施設、身体障害者福祉センター等
　⑫体育館、水泳場、ボーリング場その他これらに類する運動施設又は遊技場
　⑬博物館、美術館又は図書館
　⑭公衆浴場
　⑮飲食店又はキャバレー、料理店、ナイトクラブ、ダンスホール等
　⑯理髪店、クリーニング取次店、質屋、貸衣装屋、銀行等サービス業を営む店舗
　⑰自動車教習所又は学習塾、華道教室、囲碁教室等

⑱工場
⑲車両の停車場又は船舶もしくは航空機の発着場を構成する建築物で旅客又は待合の用に供するもの
⑳自動車の停留又は駐車のための施設
㉑公衆便所
㉒公共用歩廊

b）特別特定建築物（「建築物移動等円滑化基準」への適合義務施設）
①特別支援学校
②病院又は診療所
③劇場、観覧場、映画館又は演芸場
④集会場又は公会堂
⑤展示場
⑥百貨店、マーケットその他の物品販売業を営む店舗
⑦ホテル又は旅館
⑧保健所、税務署その他不特定かつ多数の者が利用する官公署
⑨老人ホーム、福祉ホーム等（主として高齢者、障害者等が利用するものに限る）
⑩老人福祉センター、児童厚生施設、身体障害者福祉センター等
⑪体育館（一般公共の用に供されるものに限る）、水泳場（一般公共の用に供されるものに限る）、ボーリング場又は遊技場
⑫博物館、美術館又は図書館
⑬公衆浴場
⑭飲食店
⑮理髪店、クリーニング取次店、質屋、貸衣装屋、銀行等サービス業を営む店舗
⑯車両の停車場又は船舶もしくは航空機の発着場を構成する建築物で旅客の乗降又は待合の用に供するもの
⑰自動車の停留又は駐車のための施設（一般公共の用に供されるものに限る）
⑱公衆便所
⑲公共用歩廊

8・4 消防法

1 消防法の目的　≫法第1条

　火災の予防・警戒・鎮圧により、国民の生命、身体及び財産を火災から保護するとともに、火災又は地震等の災害による被害を軽減することを目的としている。消防法の内容は、火災が発生した際における消火活動等に関する規定は比較的少なく、火災の予防と警戒に重点がおかれた法

表6 消防用設備等

消防用設備	消火設備	①消火器、簡易消化器具（水バケツ、水槽、乾燥砂） ②屋内消火栓設備 ③スプリンクラー設備、水噴霧消火設備、泡消火設備、粉末消火設備等 ④屋外消火栓設備 ⑤動力消防ポンプ設備
	警報設備	①自動火災報知設備 ②電気火災警報器 ③消防機関へ通報する火災報知設備 ④警鐘、非常ベル、サイレン等
	避難設備	①すべり台、避難はしご、救助袋、緩降機等 ②誘導灯、誘導標識
	消防用水	①防火水槽 ②貯水池
	消防活動上必要な設備	①排煙設備 ②連結送水管 ③非常コンセント設備 ④無線通信補助設備

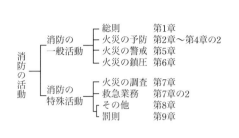

図5 消防法の主構成

律である。概ね次のような事項に分かれている。

①火災予防関係：防火対象物としての建築物（≫令別表第一）に対しての所要措置、建築物の許可、確認等に際しての同意等
②防火管理者の設定
③危険物の貯蔵等に関する規定
④防火対象物としての建築物に対する規模に応じた消防設備の設置
⑤消防機器の検定
⑥火災の警戒、消火活動、救急業務等

また、消防法の主な構成は、図5のようになっている。

2 防火対象物

一般的に消防法に規定する防火対象物を建築物という意味で捉えている。しかし、消防法による消防設備等を設置する場合、その対象となる防火対象物ごとにその内容が異なることから、建築物（工作物も含む）がどの防火対象物として扱われるか注意を要する。

3 予防に関する規定

a）消防機関の予防活動　≫法第3条～第6条

危険な行為（火遊び、たき火、危険物の処理等）に対する命令、査察（立ち入り検査等）、防火対象物に対する改修、移転、除去、工事の中止、使用禁止などの措置を命令することができる。

b）建築許可等についての同意　≫法第7条

建築物は、火災の際に人命に危険が及ぶ可能性が高いことから、建築物の新築、改築、増築、修繕、模様替え、用途変更、使用について許可、認可、確認する権限のある行政庁等は、その施

工地又は所在地を管轄する消防長又は消防署長の同意を得なければ、許可等をすることができない。建築基準法にも同様の規定がある。建築確認の同意については、消防長等は、その計画が建築の防火の規定に抵触していない限り、同意しなければならないこと、および同意に要する期間（3日〜7日）が、建築基準法と同じく消防法でも定められている。

c）防火管理者　≫法第8条〜第8条の2の4

一定の防火対象物については、消防計画の作成、消防計画に基づく消火、通報及び避難の訓練、一定の消防用設備等の点検業務などを行う**防火管理者**を置かなければならない。

d）住宅用防災機器の設置　≫法第9条の2

住宅（兼用住宅では、住宅以外の部分を除く）には、市町村の条例で定められる住宅用防災機器の設置及び維持に関する基準に従って、住宅用防災機器を設置し、維持しなければならない。

e）危険物貯蔵等の規制　≫法第10条〜第17条の4

指定数量以上の危険物についての貯蔵所、製造所、取扱所を限定し、それらの施設の位置、構造及び設備の基準を、危険物の規制に関する政令で定めている。

消防法、建築基準法のいずれにも危険物に対する規制があるが、その種別は同じでない。

f）消防用設備等の設置　≫法第17条〜第17条の4、令7条

消防用設備等には、消防の用に供する設備（消火設備、警報設備及び避難設備）、消防用水及び消火活動上必要な施設があり、防火対象物ごとに必要となる基準、規格に応じた消防用設備等を設けるとともに、その届出・検査・点検・報告・命令等の諸規定が設けられている。（表6）

また、増築、改築、修繕、模様替えに係る防火対象物について、消防用設備等の設置が既存の建築物にも適用される場合がある。すなわち、法改正等以前から存在した一定規模以上の建築物にも設置が義務付けられる（≫法第17条の2の5第2項第4号）。

g）防火対象物についての点検・報告　≫法第17条の3の3、令第36条

特定の防火対象物の関係者は、消防法によって設置した消防用設備等の機能を維持するために、次のような義務がある。

①特定防火対象物で、1000m² 以上のもの、及びこれ以外の防火対象物で1000m² 以上のもののうち消防長等が指定したものについては、消防設備士又は消防設備点検資格者に点検させ、1年に1回、消防長等に報告しなければならない。

②①以外の防火対象物については、自ら定期的に点検し、消防長等に報告しなければならない。

練習問題

問題 8-1 床面積の合計が 2100m² の図書館を新築しようとする場合における次の記述のうち、高齢者、障害者等の移動等の円滑化の促進に関する法律上、**不適合な**ものはどれか。
1. 当該図書館に設ける階段のうち、不特定かつ多数の者が利用し、又は主として高齢者、障害者等が利用するものは、踊場を除き、手すりを設けなければならない。
2. 当該図書館の建築主等は、特定建築物の建築等及び維持保全の計画を作成し、所管行政庁の認定を申請することができる。
3. 当該図書館の敷地に車いす使用者用駐車施設を設ける場合、その車いす使用者駐車施設から利用居室までの経路のうち 1 以上を、移動等円滑化経路にしなければならない。
4. 当該図書館における移動円滑化経路を構成する階段に代わる傾斜路の幅は、90cm 以上としなければならない。

問題 8-2 次の設問のうち、都市計画法上、**不適合な**ものはどれか。
1. 開発許可を受けた区域内の土地においては、予定される建築物の建築に関する確認済証の交付を受けた場合には、開発行為に関する工事と予定される建築物の建築工事を同時に行うことができる。
2. 市街化調整区域内については、原則として用途地域を定めないものとされているが、地区計画は定めることができる。
3. 地方公共団体は、条例で、開発区域内において予定される建築物の敷地面積の最低限度に関する制限を定めることができる。
4. 市町村長は、地区計画による地区整備計画が定められている区域内において、建築等の届出に係る行為が当該地区計画に適合しないと認めるときは、その届出をした者に対し、その届出に係る行為に関し必要な措置をとることを勧告することができる。

問題 8-3 次の設問のうち、消防法上、**不適合な**ものはどれか。ただし、建築物は、いずれも無窓階を有しないものとし、指定可燃物の貯蔵及び取扱いは行わないものとする。
1. 延べ面積 130m²、地上 2 階建ての飲食店については、消火器又は簡易消火用具を設置しなくてもよい。
2. 防火対象物が開口部のない防火構造の床又は壁で区画されているときは、その区画された部分は、消防用設備等の設置及び維持の技術上の基準の規定の適用については、それぞれ別の防火対象物とみなす。
3. 地上 6 階建ての図書館には、避難口誘導灯を設けなくてもよい。
4. 主要構造部を耐火構造とし、かつ、壁及び天井の室内に面する部分の仕上げを不燃材料でした延べ面積 1600m² の遊技場については、屋内消火栓設備を設置しなくてもよい。

練 習 問 題 解 答

＊解説における条項等は、問題作成時の法令で解説しています。

2 章

問題 2-1

1. 法第 2 条第 6 号の規定により、正しい。
2. 法第 56 条の 2 第 1 項及び法別表第 4 の規定により、法別表第 4 最下欄において、令第 2 条第 2 項の 3m 以内ごとの平均の高さによる平均ではなく、当該建築物が周囲の敷地と接する位置の平均の高さにおける水平面からの高さを言い、敷地全体の平均地盤面である。誤り。
3. 法第 64 条の規定により、正しい。
4. 法第 6 条第 1 項及び令第 9 条第 9 号の規定により、正しい。　　　　　　　　　　　正解 2

問題 2-2

1. 法第 87 条第 1 項の規定により、法第 7 条第 1 項の「建築主事の検査を申請しなければならない」を「建築主事に届け出なければならないと」と読み替えるものとするとあるので、正しい。
2. 法第 87 条第 1 項の規定により、寄宿舎は法第 6 条第 1 項第 1 号の特殊建築物であるが、100m² を超えていないので正しい。
3. 法第 87 条第 3 項第 3 号及び令第 137 条の 18 第 2 項第 2 号の規定により、建築後に用途地域が変更されたため、現行の用途地域の規定に適合しなくなり、法第 3 条第 2 項の既存不適格建築物として扱うことができ、基準時における出力の 1.2 倍、すなわち、3.0kW × 1.2 = 3.6kW までは変更できる。誤り。
4. 法第 87 条第 1 項及び令第 137 条の 17 第 1 項第 5 号の規定により、共同住宅と寄宿舎は類似用途にならないため、確認済証の交付を受けなければならない。正しい。　　　　　　　　　正解 3

問題 2-3

1. 令第 2 条第 1 項第 4 号、3 項及び法第 52 条第 3 項により、住宅、駐車場を含まない。従って、延べ面積は 40m² + 5 × 800m² + 100m² = 4140m² となり、誤りである。
2. 令第 2 条第 1 項第 8 号により、防災センターは倉庫、機械室等に入らないので、階数に算入する。屋上の昇降機塔は建築面積の 1/20 であるから階数に算入しない。よって、階数は 6 である。正しい。
3. 令第 1 条第 2 号により最下階の防災センターは、地階となる。正しい。
4. 令第 2 条第 1 項第 6 号ロ及び 2 項により、地盤面は道路面より 1.5m 高い位置にある。1.5m + 4 × 3m + 1.5m + 3m = 18m となり、正しい。　正解 1

3 章

問題 3-1

令第 23 条第 1 項より、中学校の階段の蹴上は 18cm 以下、踏面は 26cm 以上、階高が 3m を超えるため、令第 24 条の規定により直階段の踊場は 1.2m 以上必要である。段数は階高÷最大蹴上寸法より求める。360cm ÷ 18cm = 20 となり、段数から踊場があるため 2（踊場がなければ 1 を減ずる）を減じたものに踏面の最小値を乗じ、踊場の踏み幅の最小値を加えたものが l の最小値となる。

$(20 - 2) \times 26\text{cm} + 120\text{cm} = 588\text{cm}$

$l = 5.88\text{m}$　　　　　　　　　　　　　　正解 2

問題 3-2

1. 令第 129 条の 7 第 3 号により正しい。
2. 令第 129 条の 4 第 2 項第 2 号の規定におけるエレベーター強度検証法による、主要な部分等断面に生ずる常時の応力度は、$G_1 + \alpha_1(G_2 + P)$ で計算する（G_1：昇降する部分以外の部分の固定荷重、G_2：昇降する部分の固定荷重、P：かごの積載荷重、α_1：国土交通大臣が加速度を考慮して定める数値。設問は α が欠落している。よって、誤りである。
3. 令第 129 条の 12 第 3 項の規定により、P（積載荷重）= 2.6kN/m² × A（踏段面の面積）で計算した数値以上とする。2.6kN/m² × 8m² = 20.8kN と

なり、21kN とすることができる。正しい。

4. 令第126条の2のただし書きにより、同条第1項第1号に該当するため排煙設備は不要となる。正しい。　　　　　　　　　　　　　**正解 2**

問題 3-3

1. 法第86条の7第1項及び令第137条の6第1号の規定により、正しい。
2. 令第129条の2の5第3項第3号により正しい。
3. 令第129条の2の6第1第2号の規定により、給気口は居室の天井の高さの1/2以下の高さに設ける必要があることから、2/3以下とするのは誤りである。
4. 令第129条の2の5第2項第3号により正しい。　**正解 3**

4 章

問題 4-1

1. 法第27条第1項、法別表第1及び令第115条の2の2の規定に基づき、法別表第1(2)項により3階建て共同住宅は耐火建築物としなければならないが、法第27条第1項ただし書きにより、令第115条の2の2に定める技術的基準に適合する準耐火建築物とすることができ、同条第1項第1号により耐火壁である外壁は加熱開始後1時間構造耐力上支障のある変形、溶融、破壊等の損傷の生じないものでなければならない。従って、45分間とするのは建築基準法に適合しない。
2. 法第62条第1項及び令第109条の3の規定により適合する。
3. 法第27条第1項第3号及び令第108条の3第1項第1号により、主階が1階にない映画館は法第27条第1項第3号により耐火建築物としなければならない。耐火建築物は主要構造部を耐火構造にするか、令第108条の3第1項第3号に定める耐火性能検証法によって確かめられたものである。適合する。
4. 法第27条第2項第1号、法別表第1(3)項(に)欄により、耐火建築物又は準耐火建築物にしなければならない。適合する。　　　　　　　　　**正解 1**

問題 4-2

1. 令第114条第2項により適合する。

2. 令第112条第14項第1号ロ及び第2号イにより適合する。
3. 令第112条第9号により適合する。
4. 法第112条第15項の規定により、当該管と防火区画とのすき間はモルタルその他の不燃材料で埋めなければならない。よって、準不燃材料とするのは、適合しない。　　　　　**正解 4**

5 章

問題 5-1

1. 令第97条第1項によりコンクリートの圧縮の材料強度は F であり、せん断は $F/10$ であるから、圧縮の1/10となる。正しい。
2. 令第74条第2項により正しい。
3. 令第97条第2項及び令第91条第2項により正しい。
4. 令第91条第1項の規定により、長期のコンクリートの圧縮の許容応力度は $F/3$ であり、短期のコンクリートの圧縮の許容応力度は長期の2倍である。よって、$F/3 \times 2 = 2F/3$ となり3/4ではなく2/3である。誤りである。　**正解 4**

問題 5-2

1. 令第36条第1項により、令第70条（柱の防火被覆）及び令第79条（鉄筋のかぶり厚さ）の規定は耐久性等関係規定に該当する。正しい。
2. 高さ60mを超える建築物は法第20条第1号に該当するため、令第36条第1項の規定により、耐久性等関係規定に適合する構造方法を用いることとされている。よって、誤りである。
3. 令第36条第2項第1号の規定により、令第81条第2項第1号イの保有水平耐力計算を行えば、令第67条第1項各号及び令第68条第4項は規制から除外される。正しい。
4. 令第36条第2項第1号の規定により、令第81条第2項第1号イの保有水平耐力計算を行えば、令第77条第4号の帯筋比は規制から除外され、0.2%以上としなくてもよい。正しい。　**正解 2**

問題 5-3

1. 学校の屋上広場は令第85条第1項の表より2400N/m²、同条第2項より減らすことのできる

値は 2400 × 0.8 ＝ 1920N/m² 以上であるから、2400N/m² とするのは正しい。
2. 令第 85 条第 1 項の表より 2100N/m² となるので正しい。
3. 令第 85 条第 3 項の規定により、倉庫業を営む倉庫は 3900N/m² 未満であっても 3900N/m² としなければならない。よって、誤りである。
4. 令第 85 条第 1 項により 2600N/m² となる。正しい。

正解 3

6 章

問題 6-1

当該敷地の接続道路の幅員が 6m 以上 12m 未満ではないので、特定道路による緩和（法第 52 条第 9 項、令第 135 条の 17）規定は適用できない。

南側の前面道路の幅員は 5m、西側の道路幅員は 7m であることから当該敷地の道路幅員は法第 52 条第 2 項の規定により幅員の最大のものとするから 7m となる。

(準住居地域)

指定容積率 30/10 ＞道路による容積率は 7 × 4/10 ＝ 28/10、よって準住居地域の容積率は 28/10 となる。

建築可能な延べ面積は、25m × 20m × 28/10 ＝ 1400m²

(商業地域)

指定容積率 50/10 ＞道路による容積率 7 × 6/10 ＝ 42/10、したがって、42/10 が商業地域の容積率となる。

建築可能な延べ面積は、15m × 20m × 42/10 ＝ 1260m²

よって、当該敷地で可能な延べ面積は、1400m² ＋ 1260m² ＝ 2660m²

正解 1

問題 6-2

当該敷地の接続道路の幅員が 6m 以上 12m 未満でないので、特定道路による緩和（法第 52 条第 9 項、令第 135 条の 17）は適用されない。

法第 53 条第 6 項より耐火建築物を建築するので、この敷地は全て防火地域にあるものとみなす。

(商業地域)

法第 53 条第 1 項第 4 号より商業地域の指定建蔽率は 8/10、法第 53 条第 5 項第 1 号より建蔽率の規定が適用されないため 10/10 まで可能となる。敷地面積は法第 42 条第 2 項の規定により後退義務が発生するため（21 － 1）m × 20m ＝ 400m² となり、建築可能な建築面積は 400m² × 10/10 ＝ 400m²

(準住居地域)

指定建蔽率 6/10 法第 53 条第 3 項第 1 号及び第 2 号より、建蔽率は 6/10 ＋ 1/10 ＋ 1/10 ＝ 8/10 となる。敷地面積は（21 － 1）m × 15m ＝ 300m²、建築可能な建築面積は 300m² × 8/10 ＝ 240m²

よって、当該敷地に建築できる建築面積の最大値は 400m² ＋ 240m² ＝ 640m²

正解 3

問題 6-3

法第 56 条第 1 項により、準住居地域における高さ制限として、道路斜線制限隣及び隣地線制限について検討する。

(道路斜線制限)

西側道路より A 点までの距離は、令第 130 条の 12 第 1 号ロ、ハ、第 2 号により、玄関ポーチは、後退距離の算定より除かれる。また塀は同条第 3 号より、前面道路よりの高さが 1m ＋ 1m ＝ 2m となり、後退距離は緩和されない。従って、6m ＋ 2m ＋ 3m ＋ 7m ＝ 18m となる。

斜線制限適用距離は 6m × 4/10 ＝ 24/10 ＜ 30/10 であるので、法別表第 3 により 25m である。

よって、道路の中心より 1.25 × 18m ＝ 22.5m、地盤面よりは 22.5m － 1m ＝ 21.5m となる。

なお、令第 135 条の 2 第 1 項の規定は、道路と地盤面の高低差が 1m であるから適用されない。

(隣地斜線制限)

隣地斜線は A 点より 3 方向あるが、北側は明らかに遠いため東側と南側を確認し、最も近い側で計算する。

東側：（12 － 7）m ＋ 1m ＋ 1m ＝ 7m
南側：4m ＋ 1m ＋ 1m ＝ 6m

よって、20m ＋ 1.25 × 6m ＝ 27.5m となる。

従って、道路斜線制限と隣地斜線制限の数値のうち小さい方の値 21.5m となる。

正解 4

7章

問題 7-1

1. 建築士法第9条第1項第3号、第8条の2第3号及び第7条第3号の規定において、建築関連法令に違反し禁固刑に処せられ執行猶予の言渡しを受けても、士法第9条第1項第3号により建築士の免許は取り消される。正しい。
2. 建築士法第7条第5号、第10条第1項第2号により正しい。
3. 建築士法第10条第1項、第5項及び第7条第3号により正しい。
4. 道路交通法違反でも禁固以上の刑に処せられたときは建築士法第7条第3号に該当し、国土交通大臣は士法第9条第1項第2号又は第3号により免許を取り消さなくてはならない。よって、誤りである。　　**正解 4**

問題 7-2

1. 建築士法第2条第5項及び第6項により正しい。
2. 建築士法第2条第7項により、工事監理には建築工事の指導監督は含まれない。よって、誤りである。
3. 建築士法第22条の2第1号及び第4号により、免除の規定がないので、両方受講しなければならない。正しい。
4. 建築士法第10条の2第2項により、設備設計一級建築士は、一級建築士の業務も当然できるので、建築物の設計もできる。正しい。　　**正解 2**

8章

問題 8-1

1. バリアフリー新法施行令第12条第1号により正しい。
2. バリアフリー新法第17条第1項により正しい。
3. バリアフリー新法施行令第18条第1項により正しい。
4. バリアフリー新法施行令第18条第2項第4号イにおいて、図書館は同法施行令第5条第12号より特別特定建築物に該当し、同法施行令第9条の2000m²以上にも該当するので、同施行令第10条の建築物移動等円滑化基準に適合させなければならない。移動円滑化経路を構成する階段に代わる傾斜路の幅は、同施行令第18条第2項第4号イにより90cmではなく120cm以上である。よって、誤りである。　　**正解 4**

問題 8-2

1. 都計法第37条により、開発許可を受けた開発区域内の土地においては、工事完了の公告があるまでは、原則として、建築物を建築してはならない。確認済証の交付を受けても建築できない。よって、誤りである。
2. 都計法第13条第1項第7号及び第14号のイにより、市街化調整区域については原則として用途地域を定めないが、地区計画は都市計画区域における計画的な市街化を図る上で支障がないように定めることができる。
3. 都計法第33条第4項により、地方公共団体は条例で開発区域内において予定される建築物の敷地面積の最低限度に関する制限を定めることができる。正しい。
4. 都計法第58条の2第3項により正しい。　　**正解 1**

問題 8-3

1. 消防法施行令第10条第1項第2号により、飲食店は別表第1(3)ロに該当する。簡易消火用具の設置義務は150m²以上である。正しい。
2. 消防法施行令第8条により、区画された部分がそれぞれ別の防火対象物とみなされるのは、区画が耐火構造でなされた場合であり、設問の防火構造で区画された場合は別の防火対象物とはみなされない。よって、誤りである。
3. 消防法施行令第26条第1項第1号により、図書館は別表第1(8)に該当する。避難口誘導灯の設置義務は11階以上の部分である。正しい。
4. 遊技場は別表第1(2)ロに該当する。消防法施行令第11条第1項第2号では700m²以上に設置義務があるが、同条第2項により、主要構造部を耐火構造とし、仕上げを難燃材料以上としたので3倍の数値にできる。700m²×3＝2100m²までは設置義務はない。正しい。　　**正解 2**

索 引

【あ】
- イ準耐 …………… 18, 19, 81, 89
- 一次設計 ………………… 107
- 一般構造 ………………… 54
- 移転 ……………………… 19
- 違反建築物 ……………… 40

【か】
- 改築 ……………………… 19
- 確認申請 ………………… 25
- 完了検査 ………………… 30
- 既存不適格建築物 ……… 41
- 北側斜線制限 …………… 154
- 許可 ……………………… 34
- 許容応力度計算 ………… 107
- 空中権 …………………… 172
- 景観地区 ………………… 174
- 建築監視員 ……………… 40
- 建築基準関係規定 ……… 25
- 建築基準法 ……………… 5
- 建築基準法施行規則 …… 5
- 建築基準法施行令 ……… 5
- 建築協定 ………………… 176
- 建築士 …………………… 179
- 建築審査会 ……………… 37
- 建築物 ………………… 9, 38
- 建蔽率 …………………… 143
- 工作物 …………………… 38
- 工事監理 ………………… 179
- 構造計算適合性判定 …… 25
- 高層住居誘導地区 ……… 173
- 高度地区 ………………… 169
- 国土交通省告示 ………… 5

【さ】
- 採光無窓の居室 ………… 90
- 市街化区域 ……………… 186
- 市街化調整区域 ………… 186
- 市街地開発事業 ………… 188
- 遮炎性 ………………… 17, 85
- 遮炎性能 ……………… 16, 17
- 遮熱性 ………………… 16, 85
- 修繕 ……………………… 20
- 集団規定 ………………… 7
- 準耐火性能 ……………… 16
- 準都市計画区域 ………… 186
- 準不燃材料 ……………… 88
- 準防火地域 ……………… 162
- 準用工作物 ……………… 38
- 新築 ……………………… 19
- 設計図書 ………………… 179
- 絶対高さ制限 …………… 146
- 接道規定 ………………… 131
- 総合設計制度 …………… 165
- 増築 ……………………… 19

【た】
- 耐火性能 ………………… 12
- 耐火性能検証法 ………… 18
- 高さ制限 ………………… 146
- 単体規定 ………………… 7
- 地域地区 ………………… 186
- 地区計画 …………… 167, 188
- 中間検査 ………………… 30
- 直通階段 ………………… 91
- 通常の火災 ……………… 12
- 定期報告 ………………… 34
- 天空率 …………………… 156
- 道路斜線制限 …………… 147
- 特殊建築物 ……………… 9
- 特定街区 ………………… 171
- 特定道路 ………………… 142
- 特定防火設備 …………… 17
- 特例容積率適用地区 …… 172
- 都市計画区域 …………… 185
- 都市再生特別地区 ……… 173
- 都市施設 ………………… 187

【な】
- 難燃材料 ………………… 88
- 2項道路 ………………… 128
- 二次設計 ………………… 107

【は】
- 排煙設備 ………………… 99
- バリアフリー新法 ……… 196
- 日影規制 ………………… 158
- 非損傷性 ……………… 16, 85
- 一人協定 ………………… 177
- 避難階 …………………… 91
- 避難階段 ………………… 94
- 避難施設 ………………… 54
- 不燃材料 ………………… 88
- 不燃性能 ………………… 16
- 壁面線 …………………… 142
- 防火区画 ………… 81, 82, 83, 84
- 防火性能 ………………… 16
- 防火設備 ………………… 17
- 防火地域 ………………… 162
- 防火壁 …………………… 78
- 法22条区域 ……………… 76
- 保有水平耐力計算 ……… 107

【ま】
- みなし道路 ……………… 128
- 模様替 …………………… 20

【や】
- 有効採光面積 …………… 58
- 用途地域 …………… 134, 186

【ら】
- 隣地斜線制限 …………… 153
- 連担建築物設計制度 …… 175
- ロ準耐 ……………… 18, 19, 81

著者略歴

小嶋和平（こじま かずひら）
1947年生まれ。1970年大阪工業大学第一工学部建築学科卒業。
1970年〜2008年、守口市に奉職、主に建築指導行政に携わり、都市整備部長で退職。
現在、サンヨーホームズ株式会社顧問。
　元大阪工業大学工学部建築学科非常勤講師
　公益社団法人大阪府建築士会特任顧問
　元大阪府建設工事紛争審査会特別委員
　元守口市建築審査会委員
　一級建築士
　建築基準適合判定資格者
　インテリアプランナー
著書：『図解建築法規』（学芸出版社）
　　　『図解テキスト二級建築士学科Ⅱ建築法規』（学芸出版社）
　　　『図解これだけでわかる建築基準法』（学芸出版社）
　　　『一級建築士試験　建築法規のツボ』（学芸出版社）

図説 建築法規

2015年11月15日	第1版第1刷発行
2018年7月20日	第2版第1刷発行
2021年3月20日	第3版第1刷発行
2024年2月20日	第4版第1刷発行

著　者　小嶋和平
発行者　井口夏実
発行所　株式会社 学芸出版社
　　　　京都市下京区木津屋橋通西洞院東入
　　　　〒600-8216　電話 075-343-0811
　　　　http://www.gakugei-pub.jp/
　　　　E-mail info@gakugei-pub.jp

印　刷　創栄図書印刷
製　本　新生製本
装　丁　KOTO Design Inc. 山本剛史

Ⓒ Kojima Kazuhira 2015
ISBN978-4-7615-2612-2　　　　　　　　Printed in Japan

JCOPY 〈(社)出版者著作権管理機構委託出版物〉
本書の無断複写は著作権法上での例外を除き禁じられています。複写される場合は、そのつど事前に、(社)出版者著作権管理機構（電話 03-5244-5088、FAX 03-5244-5089、e-mail: info@jcopy.or.jp）の許諾を得てください。
本書を代行業者等の第三者に依頼してスキャンやデジタル化することは、たとえ個人や家庭内での利用でも著作権法違反です。